区域金融工程

QUYU JINRONG GONGCHENG

叶永刚／张培／宋凌峰 等◎著

人民出版社

前 言

2017年1月19日下午,我坐在窗前的书案旁,写作《区域金融工程》这部书稿的序言,望着眼前这叠厚厚的书稿,我的心中感慨万千!

这部书稿的写作计划其实很早。2002年,我们在中国的大地上,和全国的同行一起,率先创办了中国的金融工程学科。在创办这门学科的第一天,我们就告诫自己,中国的金融工程学科建设一定要在学习国外发达国家的基础上,走出具有自己特色的道路。当时国外只有微观意义上的金融工程,而没有宏观意义上的金融工程。我们要走的这条道路就是宏微观统一的金融工程道路。

2007年,我们在国内学术刊物上第一次提出了宏观金融工程的概念并勾画出了宏观金融工程的基本体系。我们的宏观金融工程是用金融去驱动经济发展的经济系统工程。它是要在控制风险的前提下,有效地配置资源,实现经济的可持续发展,以满足人们日益增长的物质文化需求。我们将宏观金融工程的应用划分为三个主要的研究领域:一是宏观金融风险管理,二是产业金融工程,三是区域金融工程。当时我们就构想,除了写作《宏观金融工程理论卷》、《中国与全球金融风险报告》、《产业金融工程》之外,我们还要写作一部《区域金融工程》,作为《县域金融工程》、《市域金融工程》、《省域金融工程》和《国家金融工程》的理论基础和方法论基础。

2011年,在完成了《宏观金融工程理论卷》、《中国与全球金融风险报告》和《产业金融工程》之后,我们很快就组织团队力量,开始了这部专著的研究和写作,并于2012年完成了这部书的初稿。但是当时我们觉得这部书稿还不太成熟,要是能够等到完成各层次区域金融工程研究后再来写作,这部书的质量一定会有更大的提高。谁知这部书稿一放就是多年。2016年,在完成了《县域金融工程》、《市域金融工程》和《省域金融工程》的研究之后，我们决定在重新修改的基础上写作《区域金融工程》。在一年左右的努力工作下，这部书稿终于呈现在大家的面前。

这部书一共有十一章，共分为两个部分，第一章至第七章为理论框架部分，第八章至第十一章为应用研究部分。

在第一部分，我们研究了区域金融工程的理论体系及其主要内容；在第二部分，我们主要研究了区域金融工程的四个层面，即县域金融工程、市域金融工程、省域金融工程和国家金融工程。

这部书稿的第一大特色是它的原创性。它运用我们所创立的宏观金融工程理论和方法，第一次提出了区域金融工程的概念，并对其理论体系进行了创新性的探索。

这部书稿的第二大特色是它将理论与实际紧密结合，它不仅为区域金融提出了理论上的依据，而且在应用研究上另辟蹊径，从县域金融工程、市域金融工程、省域金融工程和国家金融工程四个层面进行考察和分析。

这部书稿的第三大特色是其案例分析。该书在第二部分的应用研究中结合各地的实际情况进行了深入的现状分析和政策研究。

尽管我们在本书中付出了巨大的努力，但是由于这是一个全新的研究领域，有很多未知的地方还需要我们在今后的研究中进一步探索。不妥之处还希望我们的读者提出宝贵的意见和批评。

本书由叶永刚、张培和宋凌峰总策划和协调，张培和宋尚骞在整个写作过程和后期修改过程中，付出了大量艰辛的劳动。各章编写作者如下：第一章，张培；第二章，田长艳、童建魁；第三章，宋尚骞；第四章，王凌伟、晏晗；第五章，吴为、廖欣瑞；第六章，张梦露、高阳、牟建宇、杨圆圆；第七章，余巍、任远、杨圆圆；第八章，刘敏、杨俊杰、廖欣瑞；第九章，廖欣瑞；第十章，刘宇奇、张明、廖欣瑞；第十一章，王凌伟、彭薇、晏晗。

写完本书序言的最后一行，我抬头看窗外阳光照耀，春回大地。我情不自禁地欢呼一声：春天来了！

我们区域金融工程的春天呢，不也就是这样吗？我们已经在珞珈山这美丽的山水之间，创立了宏观金融工程和区域金融工程的理论与方法，我们已经在湖北省这广袤的原野上示范了县域金融工程、市域金融工程和省域金融工程。我们还将在中国的大地上向全人类示范国家金融工程，我们还会梦想着在全世界范围内示范全球金融工程……

我们也一样可以站在天空和大地之间，深情地呼唤——金融工程的春天来了！区域金融工程的春天来了！

叶永刚

2017 年 1 月 19 日

于武昌珞珈山

目　录

第一章 导 论

改革开放以来,中国经济持续快速地增长引发了全球的关注,2008 年爆发的全球金融危机以及随之而来的全球经济结构性调整对中国经济的快速可持续增长构成了挑战,中国经济增长速度有所放缓,关于中国经济能否持续较快增长的讨论一直在持续。金融是经济的血液,是经济发展的内在推动力,此次全球金融危机告诉我们,金融如果脱离了实体经济孤立发展,只会造就投机行为并产生资产价格泡沫。区域经济作为中国经济发展的重要单元对整体经济的支撑起着重要的作用。探索中国区域经济发展的金融支持模式,对于坚持金融与实体经济紧密结合,实现中国经济的成功转型并保持持续较快发展至关重要。区域金融工程旨在创造性地利用各种金融工具和手段,在控制区域宏观金融风险的前提条件下实现区域经济的跨越式发展。

本章首先介绍了区域金融工程的研究背景及意义,其次对国内外关于区域金融的研究进行了总结和分析,在此基础上提出区域金融工程的概念、理论分析框架、研究方法和技术路线等。

第一节 研究背景及意义

2008 年全球金融危机对世界经济带来了深远的影响,美国遭受经济衰退和高失业率的困扰,欧洲深陷主权债务危机的泥潭,亚洲受到欧美国家经济不景气的影响也难以独善其身,中国作为世界经济增长的重要一极,在进行经济结构调整的同时,也面临着经济下行的巨大压力。从图 1.1 的数据可以看出,自 2007 年中国经济增速达到 14.2% 的峰值以后,经济增速就一直处于下行通道当中(尽管 2010 年在中央政府 4 万亿元投资计划的刺激下有所反弹,整体下行的趋势并没有改变),2012 年前两季度 7.8% 的经济增长速度达到了近几年来的最低点。

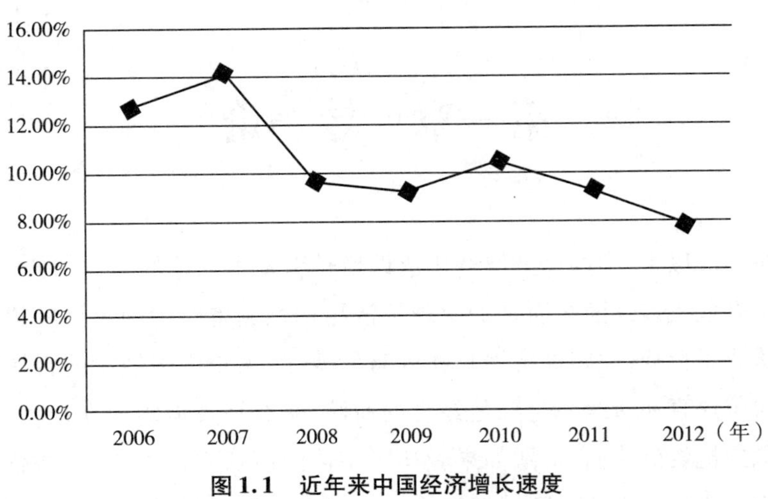

图 1.1　近年来中国经济增长速度

数据来源：中华人民共和国统计局①

为了实现经济的较快可持续发展，中国经济正面临着发展方式的转型，但转变为以内需拉动为主的经济发展方式面临着诸多的障碍，如收入分配不合理，劳动力成本提升、社会保障覆盖力度不足等问题。中国未来经济发展的突破口到底在哪里？如何破解制约经济发展的“瓶颈”？我们认为，发挥金融的手段至关重要。金融支持经济的发展可以从产业和区域两个角度进行观察。从产业角度上看，金融支持下的中国主导产业跨越式发展可以为中国经济提供源源不断的驱动力②；从区域角度上看，金融支持下的中国区域经济的协调可持续发展也是中国经济发展的重要改革方向。改革开放三十多年，沿海地区经济为中国经济较快发展提供了强大的动力，但此轮全球金融危机迫使中国经济发展方式进行转型，由传统的以投资和出口拉动的外向型经济向以内需拉动为主的经济转变，在这个过程中，中国中西部经济发展迎来了巨大机遇。从表 1.1 中的数据可以看出，中国经济增长总量的区域分布存在极大的差异，对中国经济增长总量贡献最大的华东七省（主要是东部沿海省份）的地区生产总值是西北五省地区生产总值的七倍之多，仅江苏一个省的国内生产总值（以下简称 GDP）

① 2012 年为前两季度数据。

② 详见《产业金融工程》。

就接近西北地区五省GDP总和的两倍,这种差异表现为中国地区经济增长的极端不平衡。从2006~2010年的数据来看,西南五省和西北五省对全国经济总量的贡献率有所提高,这除了外部因素的影响之外,也反映出国家更重视西部地区的经济发展,区域间经济的协调可持续发展成为中国经济发展的重要战略。

表1.1 中国地区生产总值贡献度

	2006年	2007年	2008年	2009年	2010年
华北(5)	0.145484	0.147119	0.148981	0.147847	0.147824
东北(3)	0.085009	0.084197	0.085232	0.085075	0.085789
华东(7)	0.379914	0.376972	0.372302	0.373238	0.370746
中南(6)	0.25792	0.259673	0.258685	0.258407	0.257974
西南(5)	0.082535	0.083066	0.084135	0.085422	0.085678
西北(5)	0.049138	0.048972	0.050664	0.05001	0.05199

数据来源:根据国家统计局网站数据整理

中国区域经济跨越式发展的驱动力从何而来?如何实现中国区域经济的协调可持续发展?我们认为,依靠金融的手段去实现,将金融与实体经济进行充分结合是一条长期有效路径,我们需要构建金融支持下的中国区域经济跨越式发展战略:一方面,探索金融支持下的区域经济跨越式发展模式;另一方面,使区域间金融资源的配置更加有效合理。做出这样的判断,既有理论上的依据,又是出于现实的考虑。

金融和经济的关系是国内外学者长期关注的理论热点问题。戈德史密斯(Goldsmith, 1969)、麦金农(Mckinnon,1973)等学者就金融在经济发展中的作用这一问题进行了大量的理论和实证研究,他们认为,金融服务的数量和质量可以部分解释经济增长率。但艾洪德(2004)在对中国区域金融发展与区域经济增长关系进行实证研究时发现:中国东部和全国的金融发展与经济增长之间存在正相关的关系,而中、西部二者之间几乎是负相关的关系。从中国的现实情况来看,一个在金融领域的改革和发展明显滞后的国家能够实现30年的经济高速增长实在让世人刮目相看。部分学者将这一现象归因于资源的过度开发和低廉的劳动力。随着环境保护和可持续发展战略的提出,资源的无限制过度利用已经成为不可能;随着人民生活水平的提高和人民币的升值,中国低廉的劳动力成本也即将成为过去。反观处于改革和发展初期的金融，还远远没有发挥它应有的作用。为了实现中国经济的快速可持续发展，在下一轮的国际竞争中，金融将扮演十分重要的角色。

在《产业金融工程》一书中，我们已经就金融如何推动一个产业的跨越式发展进行了研究。在本书中，我们将重点研究如何利用金融的手段来推动一个区域经济的跨越式发展。从理论上讲，金融对于一个区域的经济发展肯定是存在推动作用的，因为它可以通过汇聚、配置各种生产资源，从而实现生产由分散向集中转变，产生规模经济和对其他区域的带动作用。但金融具有高杠杆性和高风险性，当我们将金融资源（主要是资金资源）引入一个区域的时候，如何保证借贷资金能够获得一定的回报成为这个问题的核心，这就是区域金融风险管理的问题，传统的区域金融理论体系没有将区域金融风险管理作为一个专门的问题进行研究。在本书中，我们利用金融工程中有关风险管理的基本思想来对这一问题进行研究。区域金融工程实际上就是创造性地利用各种金融工具和策略，在控制区域金融风险的前提下，实现区域经济的跨越式发展。

第二节　国内外相关研究现状综述

一、关于金融发展与经济增长

白芝浩（Bagehot，1873）①和熊彼特（Schumpeter，1912）②最早关注到金融发展与经济增长的关系。Schumpeter 研究发现，功能完善的银行能够通过发现和支持具有较大成功概率创新项目而刺激创新，进而推动经济增长。格利（Gurly）和爱德华·肖（Shaw，1955）③将 Schumpeter 等学者的研究思想一般化，通过分析金融中介的作用将金融系统区分为不同的结构，进而研究金融结构对

① Bagehot, Walter, *Lombard street: A Description of the Money market*, London: john murray, 1873, pp. 77－79.

② Schumpeter, Joseph A, *Theorieder Wirtschaftlichen Entwicklung*, The Theory of Economic Development, Leipzig: Dunker &Humblot. Translated by Redvers Opie. Cambridge, MA: Harvard U, press, 1934, pp. 12－20.

③ Gurley, John and Edward Shaw, *Financial Aspects of Economic Development*, American Economic Review, 1955, pp. 515－538.

经济增长的影响。帕特里克(Patrick,1966)[①]最早提出金融发展与经济增长的因果关系。他把关于金融发展和经济增长关系观点分成两类:主张金融发展能促进经济增长的叫作供给主导(supply – leading);主张金融发展只是经济增长对金融服务需求的被动反映的称为需求遵从(demond – following)。Patrick 本人认为,金融发展附属于经济增长。戈德史密斯(Goldsmith, 1969)[②]首次利用各个国家的数据对金融发展与经济增长的关系进行实证研究,他用金融中介资产与国民生产总值(GNP)的比值表示金融发展水平,用 35 个国家 103 年的数据进行分析,结果表明经济增长迅速时期总是伴随着金融的快速发展。

20 世纪 90 年代以后,金融发展与经济增长的研究从各种不同的角度得到了深化。其中,学者逐渐关注金融系统对经济增长的作用渠道。莱文(Levine, 1997)[③]等人认为,金融系统在促进交易、保值、分散(分担)风险、配置资源、公司治理、动员储蓄等方面的功能能够通过资本积累和技术进步两个渠道促进经济增长。帕加诺(Pagano,1993)[④]研究发现,金融系统可以通过用于投资的储蓄比例和储蓄率来影响增长率。在实证研究方面,在戈德史密斯(Goldsmith, 1969)研究的基础上,莱文(Levine,1997)通过对 80 个国家 1960 ~ 1989 年的数据进行研究发现,金融发展与经济增长在统计意义上呈现出显著正相关。另一部分实证研究是针对金融发展与经济增长的因果关系的,研究发现金融发展对经济增长有促进作用,即存在单向因果关系。

关于金融发展与经济增长的另一类研究是从金融结构的角度进行的,即回答"金融结构和经济发展的关系是什么"的问题。艾伦(Allen,2000)[⑤]和盖尔(Gale,2000)把关注重点放在寻找合适经济增长的金融结构上。后来的学者对于各种不同类型金融系统的功能进行了研究:中介型观点认为,中介和公司之

---

① Patrick, Hugh T, *Financial Development and Economic Growth in Underdevelopment Countries*, Economic Development Culture Change, 1966, pp. 174 – 189.

② Goldsmith Raymond, *Financial structure and development*, New Haven: Yale University Press, 1969, pp. 27 – 33.

③ Levine Ross, *Financial Development and Economic Growth: Views and Agenda*, Journal of Economic Literature, 1997, pp. 688 – 726.

④ Pagano, Marco, *Financial Markets and Growth: an Overview*, European Economic Review, 1993. pp 613 – 622.

⑤ Franklin Allen, *Financial Structure and Financial Crisis*, ADB Institute Working Paper Series, No. 10, June 2000.

间的密切关系有利于解决信息不对称问题造成的低效率（逆向选择的道德风险），更有利于发现好的项目、动员资源、监督管理者和管理风险；市场型观点认为，金融市场在分散和管理风险方面更有优势，这类系统更适合支持连续创新型公司，有利于经济长期增长；而金融服务观点认为，无论是什么结构，只与总体服务水平和质量有关，而与系统类型无关。

二、关于区域金融发展与区域经济增长

杨德勇（2006）认为，区域金融理论本质上是属于金融发展理论范畴的，所以金融发展理论中金融发展与经济增长关系的一般性结论应该适用于区域金融发展与区域经济增长的相关研究。陈先勇（2005）认为，金融发展水平的差异是一国不同区域经济发展水平形成巨大差异的关键因素。支大林（2002）把区域金融对区域经济的促进作用概括为增加区域的资本投入和提高区域的要素生产率两个方面。

另一派观点则是有条件承认这种关系。张军洲（1997）认为，一般经济学认为的经济与金融的关系在区域背景下会被打破，取而代之的影响因素是区域金融成长率、经济信用化和信用证券化进程。刘仁武（2003）也认为，金融发展与经济发展的一般关系在区域范围内可以解释其发展趋势，但在区域可能出现不同于一般趋势的特殊现象，因为金融资源可以从区域外部引入，从而出现非均衡的增长前景。引发金融资源跨区域流动的原因包括人们的收入预期、流入区域的优惠政策，于是会出现在特定区域内，利用区域外金融资源来推动本区域的经济发展。

在实证研究方面，国内学者普遍研究中国地区金融发展与各地区经济增长之间的关系，但研究结论存在明显分歧。第一类观点认为，区域金融发展促进区域经济增长，周立（2002）以金融深化率为解释变量，区域人均国内生产总值（以下简称 GDP）增长为被解释变量，运用一元线性回归模型证明了初始金融水平对后 17 年的经济增长有促进作用。刘睿（2006）利用固定效应模型证明了中国中部地区金融发展对经济增长的促进作用最大，而后是东部，西部地区最小。陈茹渟（2007）提出应该选择面板数据模型建立回归方程，因为单纯的时间序列模型和横截面模型不能反映个体之间存在的差异。张海波、吴陶（2005）通过采

用面板数据进行实证研究发现,我国各地区金融发展对金融增长都有促进作用。第二类观点认为,区域金融发展与区域经济增长呈负相关关系。艾洪德等(2004)建立多元线性回归模型,通过格兰杰因果检验发现金融发展与经济增长之间存在因果关系,其中东部和全国的金融发展与经济增长之间存在正相关关系,而中、西部二者之间则几乎是负相关关系,且存在明显的滞后效应。对于这种现象,他解释为过度开放金融竞争和推动金融的市场化改革,对欠发达地区的经济增长反而不利。王景武(2005)得出了类似的结论,他利用误差修正模型和格兰杰因果检验进行实证研究发现,中国东部地区金融发展与经济增长之间存在正向因果关系,而西部地区金融发展与经济增长之间存在相互抑制的现象。第三类观点认为,区域金融发展对区域经济增长贡献作用不明显。华晓龙、王立平、康晓娟(2004)以各地区上市公司净资产的增长率和银行资产的增长率作为自变量,以各地人均 GDP 的增长率为因变量,进行回归分析。结果显示:中国各地区经济发展与金融发展基本不相关,各地区的金融发展对经济增长的贡献很小。

除此以外,也有一些文献以各个省为研究对象,研究区域金融发展与区域经济增长的关系。张兵、胡俊伟(2003)对江苏省金融发展与经济增长的关系进行了实证检验,选择货币化程度(M2/GDP)和证券化程度(S/GDP)作为金融发展的两个指标,得出结论认为江苏省的货币化程度与经济增长呈负相关关系,证券化程度与经济增长呈正相关关系。杨德勇(2006)将其原因归结为货币当局逆周期操作的结果。曹廷求、王希航(2006)对省区内各个地市金融发展与经济增长的关系进行了实证分析,结果发现山东省及山东省东西部地区的金融发展与经济增长没有产生显著的影响,烟台等九个地市的金融发展对经济增长有显著的负向影响,泰安市的金融发展对经济增长存在正向的显著影响。胡亮(2006)对浙江省以及浙江省的各个地区的金融发展与经济增长进行回归分析,发现人均 GDP 与金融相关性是显著正相关关系。付海平(2007)对广东省金融发展与经济增长的实证研究表明,两者之间存在单向的关系。王平(2007)对西藏地区的研究表明,金融发展成为促进经济增长的主要原因。

三、关于区域金融发展差异与金融资源配置

关于区域金融发展差异与金融资源配置的研究主要围绕着区域金融发展

差异和金融资源配置失衡的原因展开，既有理论研究也包括实证研究。

李敬、冉光和、万广华(2007)基于劳动分工理论与Shapley值分解方法对中国区域金融发展差异进行了解释，研究发现，各省市区之间经济地理条件和国家制度倾斜、人均受教育年限和商品交易效率与金融交易效率等因素是形成区域金融发展差异的主要原因。崔光庆和王景武(2006)就政府制度安排对区域金融差异形成的影响进行了研究，认为我国区域金融差异的形成特别是在改革开放初期具有很强的外生性，即区域金融差异的形成主要根植于中央政府的制度安排和地方政府的政策选择。中国人民银行程度分行金融研究处课题组(2004)将四川与东部部分省市金融资源配置情况进行了比较，并从经济、政策、外部环境等方面对金融资源配置失衡的原因进行了分析。

韩大海、张文瑞和高凤英(2007)采用一般均衡的方法，得出改善区域金融生态和推动区域发展有助于增加区域金融资源配置的结论。张企元(2006)描述了改革开放特别是20世纪90年代以来我国区域差距的动态变化，并在分析市场、金融调控(总量调控和结构调控)对区域差距影响的基础上，提出实施结构性的区域金融调控是缩小区域发展差距，促进区域协调发展的必由之路。

四、关于区域金融风险管理

关于区域金融风险管理的研究主要从区域金融风险的生成机制、度量和管理方法上展开。

姜建华和秦志宏(1999)较早研究了区域金融风险的问题，他们认为，即使是在宏观总量基本平衡的经济环境下，一个局部(区域)是会爆发金融危机的，并且可以通过特定的传导渠道影响其他地区的金融稳定，因此应该加强区域金融风险的防范。仲彬、刘念和毕顺荣(2002)从预警指标体系、统计模型的选择和系统用途的设定等方面对构建区域银行体系风险预警系统进行阐述。中国人民银行洛阳市中心支行课题组(2006)对区域金融生态环境评价指标体系进行了研究，区域金融生态环境评价指标体系是区域金融风险的重要反映。

现有的关于区域金融问题的研究分别从区域金融发展与区域经济增长、区域金融差异与金融资源配置、区域金融风险管理等方面展开，但缺乏将这些问题进行具体化和综合化的考虑。金融对于一个区域经济增长固然有推动力，但如何在控制风险的条件下实现经济增长目标？采用怎样的金融创新手段？如何保证区域金融资源的合理配置？这些都是中国区域金融发展面临的现实问题，解决这样的问题需要有工程化的思维。周复之（2010）指出，中国区域经济发展需要有金融工程的思维，但金融工程的方法不能简单套用，必须结合中国的特点加以选择和改造，提出通过金融导向工程，正确发挥政府资金的示范、引领作用；通过金融开发工程，试行区域资源证券化技术，增加融资源泉；通过金融转化工程，推广夹层融资等创新型方法，扩大筹资渠道；通过金融长效工程，全面培育市场化持久稳定的投融资机制，以求最终实现区域经济持续发展的良性循环。本书将宏观金融工程理论运用到区域中，提出区域金融工程的概念和完整的理论研究框架，探索金融支持下的中国区域经济跨越式发展模式。

第三节 区域金融工程的研究框架与主要内容

一、区域金融工程的研究框架

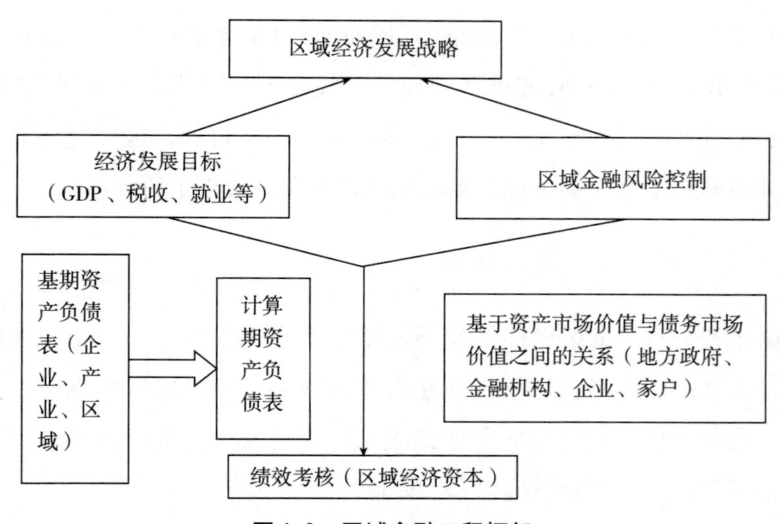

图 1.2 区域金融工程框架

区域金融工程的研究框架如图所示。实施区域金融工程的目的是实现区域经济发展战略。实现区域经济发展战略的核心是在控制区域金融风险的前提下实现经济发展目标。区域经济发展和金融风险管理需要建立在统一的研究平台上，本书拟通过编制区域宏观资产负债表来实现这一目标。首先，通过比较基期资产负债表和计算期资产负债表分析区域金融资源的配置情况，在一段时期内，通过将各种金融资源和金融政策注入区域内，实现区域宏观资产负债表的扩张和结构变化，从而实现区域经济发展目标；其次，通过编制基于市场价值的资产负债表分析区域金融风险水平；最后，在综合考虑经济发展水平和金融风险状况的基础上分析金融支持区域经济发展的效率，对于经济发展目标和风险控制目标的完成情况借助区域经济资本的方法进行绩效考核。

二、区域金融工程的研究内容

根据区域金融工程的研究框架，区域金融工程研究的主要内容包括金融工程支持下的区域经济发展战略体系、区域金融资源配置、区域金融风险管理、区域金融政策体系、区域经济发展与绩效考核体系等方面。其中，区域经济发展战略体系是顶层设计，在对区域资源进行盘点的基础上，为区域经济发展定下战略目标和具体目标。区域金融资源配置着重考虑如何将各种金融资源与经济资源进行对接，体现为区域资产负债表中权益项所代表的资金来源与资产项所代表的资金运用的匹配。区域金融风险管理着重考虑金融资源配置过程中所带来的信用风险的识别、度量和管理。区域金融政策体系着重研究“政府的手”如何与“市场之手”共同发挥作用，从而实现经济目标。区域经济发展与绩效考核体系是对整个金融工程支持区域经济发展的效果进行评估。

(一)区域经济发展战略体系

金融工程支持下的区域经济发展战略体系主要目的是为一个区域的金融支持经济发展战略进行顶层设计。在对该区域的资源状况进行充分了解的基础上设计出符合该区域特色的金融工程支持经济发展的战略目标、阶段目标、主要举措、实施步骤、保障措施以及考评体系。

(二)区域金融资源配置

区域金融资源配置是根据战略规划制定的目标，将可获得的金融资源与经济资源进行匹配,期望达到配置效率的最优,即在控制风险的前提下,实现单位金融资源拉动更多的地区生产总值。这部分内容对区域金融资源配置中的特点和作用机制进行了阐述,并分析了不同层次区域金融资源分布的特点,在此基础上研究探讨了如何合理有效地配置区域金融资源以达到区域经济和金融良性互动的目的,最后从创新性视角研究金融资源的利用与开发。

(三)区域金融风险管理

区域金融风险管理分为区域金融风险概念的界定、区域金融风险的度量和区域金融风险的管理。区域金融风险的度量主要借助市场价值的资产负债表来完成,本书将区域金融风险理解为地方政府、区域内企业、金融机构、家户部门总资产市场价值波动的风险,当总资产市场价值低于总债务账面价值时,这些宏观部门面临着技术上的违约风险。通过建立区域金融风险预警体系提出了区域金融风险的管理措施。

(四)区域金融政策支持体系

区域金融政策支持体系首先从市场失灵的角度出发探讨实施区域性金融政策的必要性,然后分析了金融工程思想在区域金融政策支持体系中的体现,接着分别对区域金融政策的各个着力点,如确立以金融推动经济发展的顶层设计、利用资本市场加快县域企业和经济的发展、将资本市场与货币市场结合、将政府行为与市场行为相结合等几个方面展开论述。

(五)区域经济发展与绩效考核体系

区域经济发展与绩效考核体系主要是经济发展目标与区域金融风险控制目标相结合的绩效考核体系。该部分首先从微观金融机构绩效考核体系出发,提出建立宏观经济发展绩效考核体系的思路,接着在对宏观经济发展绩效考核体系的主要指标(包括经济发展指标和金融风险指标)进行分析的基础上,构建区域经济发展绩效考核体系。

第四节 区域金融工程的研究方法、创新与展望

一、区域金融工程的研究方法

(一)成本收益分析方法

成本收益分析方法的概念首次出现在19世纪法国经济学家朱乐斯·帕帕特的著作中,被定义为“社会的改良”。其后,这一概念被意大利经济学家帕累托重新界定。到1940年,美国经济学家尼古拉斯·卡尔德和约翰·希克斯对前人的理论加以提炼,形成了“成本—收益”分析的理论基础。成本收益分析是通过比较项目的全部成本和效益来评估项目价值的一种方法,其基本原理是:针对某项支出目标,提出若干实现该目标的方案,运用一定的技术方法,计算出每种方案的成本和收益,通过比较方法,并依据一定的原则,选择最优的决策方案。在该方法中,某一项目或决策的所有成本和收益都将被一一列出,并进行量化。

要实现金融支持下的区域经济跨越式发展,必须实现区域范围内主导产业和重点企业的跨越式发展,主导产业和重点企业的跨越式发展需要想方设法扩大收益并压缩成本以增大利润空间,从而使不赚钱的产业或企业变得赚钱,使赚钱的产业或企业变得更赚钱。

(二)资产负债表分析方法

使用资产负债表来分析一个企业的财务状况早已有之,这里的资产负债表分析方法指的是利用区域资产负债表进行分析。区域资产负债表是将一个区域看作一个整体,通过合并微观经济主体的资产负债表得到宏观资产负债表,通过分析宏观资产负债表的相关指标对区域整体的经济发展与金融风险状况进行量化。在区域资产负债表的基础上,通过或有权益分析技术得到或有权益资产负债表,进一步对区域金融风险与经济发展战略进行研究。

（三）无套利定价方法

金融市场上实施套利行为非常的方便和快速，这种套利的便捷性使金融市场套利机会的存在总是暂时的，因为一旦有套利机会，投资者就会很快实施套利而使市场又回到无套利机会的均衡中，因此，无套利均衡被用于对金融产品进行定价。金融产品在市场的合理价格是这个价格使市场不存在风险套利机会，这就是无套利定价原理。在区域金融工程的实践中，要想实现金融驱动下的区域经济快速发展，必须要通过各种层次的金融创新和金融效率的提高"创造"套利机会，即更高的利润空间，并同时控制金融风险。更高利润空间的存在可能是暂时的，也可能会持续相当一段时间，这取决于其他区域能否快速掌握这样的套利机会，而影响这一条件的因素比较复杂。

二、本书的创新、不足与展望

（一）本书的创新

本书在理论框架、研究方法、实证研究等方面进行了创新。

在理论框架方面，本书在区域经济理论、区域金融理论、宏观金融工程理论的基础上建立了区域金融工程的概念及理论分析框架。区域金融工程是宏观金融工程在区域应用的具体形式，通过各种层次的金融创新，在控制区域金融风险的条件下用金融手段实现区域经济的快速发展，最终实现区域经济的发展战略。

在研究方法方面，首先，本书以区域资产负债表和区域或有权益资产负债表为依托进行区域经济发展与区域金融风险的研究。通过编制区域公共部门、金融部门、企业部门和家户部门的宏观资产负债表，从静态角度分析这些部门的偿债能力；通过编制区域公共部门、金融部门、企业部门和家户部门的或有权益资产负债表，从动态和前瞻的角度分析这些部门的风险变化特征并作出科研预测，在此基础上为构建区域经济发展战略指标体系。其次，本书将区域金融资源（包括金融政策）视作各种创新型金融工具，创造性地利用这些金融工具的组合提高资源配置的效率，在控制金融风险的前提下实现区域经济跨越式发展。最后,本书提出了基于区域经济发展目标与区域金融风险目标相结合的区域经济发展战略绩效考核体系,这一考核体系使区域经济管理部门能够及时调控,从宏观上更好地把握区域金融工程的实施效果。

在实证研究方面,本书以湖北省通山县为例,对区域金融工程在县域范围内的实施进行了实证研究;以湖北省为例,对区域金融工程在省域范围内的实施进行了实证研究;以中国为例,对区域金融工程在国别范围内的实施进行了探索性的实证研究,不同区域的实证研究并非同一原理的简单重复运用,因为县域、省域、国家等各个层次所面临的经济发展现状与金融资源是有差异的。

(二)本书的不足与展望

本书依然存在较多的不足之处。

其一,区域金融工程理论体系的内涵需要不断地丰富和完善。本书侧重应用性研究,即使用区域金融工程基本理论解决区域经济发展的问题,作为理论基础部分,区域金融经济学理论和区域资产定价理论需要进行更系统和完整的论述。

其二,区域资产负债表项目的构成和数据来源需要进行进一步完善。本书实证研究的样本数据均来源于公开的统计报表以及实地调研成果,编制区域资产负债表需要大量的统计数据作为支撑,其中一些数据是通过经验和估算得到的,这些数据的来源和获得方式需要进一步完善。

其三,区域或有权益资产负债表的计量方法需要进行改进。本书在使用或有权益分析技术时,直接利用了 Gray(2002,2003,2006)所提供的方法,通过期权分析技术计算各类或有权益指标。但在实践中发现,期权定价的基本假设在很多情况下并不成立,还需要进行调整。

其四,区域经济发展战略绩效考核指标体系需要进一步研究。商业银行绩效考核体系在区域经济发展战略绩效考核中是否适用,如何体现,本书进行了探索性的研究,但还非常不成熟。

参考文献

[1]Bagehot, Walter, *Lombard street: A description of the money market*, London: john murray, 1873, pp: 77 – 79.

[2]Schumpeter, Joseph A, *Theorieder Wirtschaftlichen Entwicklung*, The Theory of Economic Development, Leipzig: Dunker & Humblot. Translated by Redvers Opie. Cambridge, MA: Harvard U, press, 1934, pp. 12 – 20.

[3]Gurley, John and Edward Shaw, *Financial Aspects of Economic Development*. American Economic Review, 1955, pp. 515 – 538.

[4]Patrick, Hugh T, *Financial Development and Economic Growth in Underdevelopment Countries*, Economic Development Culture Change, 1966, pp. 174 – 189.

[5]Goldsmith Raymond, *Financial structure and development*, New Haven: Yale University Press, 1969, pp. 27 – 33.

[6]Levine Ross, *Financial Development and Economic Growth: Views and Agenda*, Journal of Economic Literature, 1997, pp. 688 – 726.

[7]Pagano, Marco, *Financial Markets and Growth: an Overview*, European Economic Review, 1993, pp. 613 – 622.

[8]Franklin Allen, *Financial Structure and Financial Crisis*, ADB Institute Working Paper Series No. 10, June 2000.

[9]叶永刚、张培:《产业金融工程》,人民出版社 2002 年版。

[10]艾洪德:《发展中国家通货膨胀目标制货币政策的适应性分析》,《国际金融研究》2005 年第 8 期。

[11]周复之:《探索中国区域经济发展中的金融工程之路》,《江西金融职工大学学报》2010 年第 4 期。

[12]杨德勇:《我国商业银行组织战略管理研究》,《管理世界》2006 年第 2 期。

[13]陈先勇:《中国二元经济结构影响因素解析及对策》,《湖北社会科学》2005 年第 10 期。

[14]支大林:《论人力资本收益权的实现形式》,《当代经济研究》2002 年第 3 期。

[15]韩大海、张文瑞、高凤英:《区域金融生态影响区域金融资源配置的机理》,《财经研究》2007 年第 4 期。

[16]李敬、冉光和、万广华:《农村金融资源流失与城乡居民收入差距》,《统计与决策》2007 年第 10 期。

[17]曹廷求、王希航:《金融发展与经济增长:基于山东省各地市的实证分析》,《山东社会科学》2006 年第 10 期。

第二章 区域金融工程的理论体系

第一节 区域金融工程的概念体系

一、区域金融的概念

区域金融的概念源于区域经济，区域经济是经济发展呈现出的区域特征，在经济发展的初级阶段，由于受到资源等因素的制约，往往会集中力量发展少数区域，形成区域经济。金融作为经济体系的重要组成部分，也必须呈现明显的区域性特征。经济发展的区域性很大程度上要借助于金融的区域化运行得以实现。由于金融资源的供给与需求在空间分布上的不平衡，金融运行必然具有区域性的不平衡特点，这会导致宏观金融政策在不同的区域影响不同、金融市场表现为区域性的特点、区域间的资本流动等。从一般规律来看，经济越是发达的地区往往越能够吸引更多的金融资源，从而使其经济发展程度越快；经济越是不发达的地区，其调动经济资源的能力越差，金融效率越低，经济发展越难以取得有效进展，这形成了区域经济与区域金融的"马太效应"。

关于区域金融的概念，不同的学者有不同的理解。张军洲(1995)指出，区域金融是指一个国家金融结构与运行在空间上的分布状态。在外延上它表现为具有不同形态、不同层次和金融活动相对集中的若干金融区域。郑长德(2006)对这一定义进行补充，指出应考虑区域经济的大背景，从金融促进区域经济发展的功能角度来界定，并强调宏观金融政策的区域效应。综上所述，区域金融应当是指大国经济条件下，一国金融结构与金融运行受区域经济运行和宏观金融政策影响而形成的若干具有不同层次、不同形态、不同功能的金融运行区域，这些不同的金融区域具有明显的区域经济特征。

二、区域金融工程的概念和内涵

区域金融工程是一个全新的概念，从字面意义来理解，是区域金融的工程化，是运用金融工程的思想方法来解决区域经济的问题。金融工程强调对经济金融问题给予创造性地解决，区域经济的核心问题是经济增长，而在运用金融手段实现区域经济增长的同时，需要控制区域金融风险。因此，可以将区域金融工程的概念概括为：通过金融工具与手段创新设计、重新组合，以及金融结构调整和金融制度的变革，在控制区域金融风险的前提下，实现区域经济的跨越式发展。这一概念有以下三个方面的含义。

第一，区域金融工程强调创造性的思维模式。区域金融工程是运用金融工程的思想和方法解决区域经济问题的具体手段，金融工程强调金融创新，因此区域金融工程必须体现创造性的思维模式。这种创造性体现在很多方面，如根据区域经济发展特点，在区域中使用创新型金融工具和金融手段，使金融与区域实体经济全方位紧密结合；又如通过已有金融工具和金融手段的重新组合实现创新；再如通过区域金融结构的调整和金融制度的变革改变金融对区域经济的影响方式，实现区域经济的可持续的高效率增长。

第二，区域金融工程是为了解决区域经济的跨越式发展问题。如果金融是告诉我们“是什么”、“为什么”的话，金融工程就是解决“干什么”、“怎么干”的问题。金融是经济的血液，发展金融的目的是实现实体经济的发展，因此，区域金融工程的最终目的是实现区域经济的跨越式发展。

第三，区域金融工程强调在控制区域金融风险的前提下实现区域经济发展。区域经济发展与区域金融风险管理是相辅相成的，只强调区域风险管理而忽视经济发展，就没有人民生活水平的提高；只强调经济发展而忽视区域金融风险管理，一旦政府、企业、金融机构风险集中爆发，将导致金融发展的成果付诸东流。因此，在控制区域金融风险的前提下实现区域经济发展的目标是科学发展的内在要求。

第二节　区域金融工程的理论基础

区域金融工程的理论基础包括区域经济理论、区域金融理论和宏观金融工程理论。

区域经济理论吸收了经济地理学的思想，研究生产资源如何在一定空间(区域)内优化配置和组合，以获得最大产出。生产资源是有限的，但有限的资源在区域内进行优化组合，可以获得尽可能多的产出。不同的区域经济理论对于区域内资源配置的重点和布局主张不同，对资源配置方式选择不同，形成了不同的理论派别。区域金融工程吸收了区域经济理论的核心思想，即考虑如何在一定区域内通过金融资源的优化配置和组合，以获得区域经济最大产出。

区域金融理论是区域经济学在研究资金的区域化运行、金融发展中的区域结构等区域金融问题时提出的理论。区域金融指的是一个国家金融结构与运行在空间上的分布状态。区域金融理论主要研究区域经济发展与金融成长、区域资金流动、区域金融发展差异、区域金融风险管理、区域金融调控与合作等问题。区域金融工程中关于区域金融资源的配置与使用的最终目的是促进区域经济发展，区域金融理论回答了区域金融发展与区域经济增长的关系。与此同时，区域金融理论也关注区域金融风险问题，为区域金融工程关于这方面的研究奠定了基础。

宏观金融工程是指通过金融工具与手段的创新设计、重新组合，以及金融结构调整和金融制度的变革来解决现实中的金融问题。宏观金融工程的思想在区域金融工程研究中主要体现在四个方面：一是将区域经济发展目标与区域金融风险控制目标相结合，提出了基于区域经济资本的区域经济发展战略绩效考核体系；二是将区域资产负债表分析与区域内各个部门、产业、子区域的资产负债表分析相结合，既有整体分析，也有结构化分析；三是将基于账面价值的资产表分析相结合，将金融风险分析纳入资产负债表的分析框架中；四是将区域内各种金融资源、金融手段负债表分析与基于市场价值的资产负债、金融政策视作各种“金融工具”，创造性地将这些工具进行排列组合以构建有针对性的区域金融支持体系。

宏观金融工程是市场不断追求更高资源配置效率的体现，因此，宏观金融工程的理论基础是宏观金融经济学，即回答如何实现经济资源的更高配置效率。体现在区域层面，其核心理论基础是区域金融经济学理论，区域金融经济学需要回答如何实现在区域范围内资源的高效率配置以及在配置的过程中实现资产的均衡价格。

一、区域经济学理论

(一)区域非均衡发展理论

1. 增长极理论

法国经济学家弗朗索瓦·佩鲁(Francois Perroux)在《经济空间:理论与运用》中首先提出增长极(growth pole)的概念，他认为，处于支配地位的支配性经济单位具有直接或间接的"推动"效应，其大小与支配性经济单位产生外部经济的能力相联系。鲍德维尔(Boudeville)于1957年将增长极的概念引入地理空间提出了增长中心(growth center)的空间概念，厂商和行业之间的亲和力(proximity)将产生外部经济效果，会使厂商和行业在地理位置上集聚地发展，从而有出现增长中心的自然趋势。增长中心一旦出现，极利于形成厂商之间、行业之间在工业化中的网络关系，又会进一步扩大外部经济效果。

增长极在区域经济发展中通过不同渠道向外扩散，并对整个经济产生不同的终极影响。在增长极的这种带动作用过程中，两个相辅相成的基本功能——极化效应与扩散效应——分别发挥着应有的作用。在某一经济发展的区域内，主导产业部门的龙头企业迅速增长，形成聚集优势，促使主导产业不断扩大，从而引起其他经济活动向增长极靠拢，这一过程称作极化现象，其直接结果称为极化效应，或回流效应、倒流效应。佩鲁认为，增长极的极化作用导源于以下四个方面:

第一，受教育程度较高的人口、有一技之长者和技术熟练工人从周围较为落后的地区向增长极迁移并聚集，使该区域的人口技术构成区域恶化。

第二，周边区域汇总部分可以用来发展经济的积累基金因盈利机会的空间分布不平衡被从这些区域抽走，投资的坚守减缓了经济的发展。

第三，周围一些处于“胚胎期”的工业因增长极发展潜力的增强而被吸引，从而使该区域经济发展的潜力受到进一步的损害。

第四，增长极的确立使周围区域经济发展中的“瓶颈”部分地被取代，从而造成对该区域原有投入要素的掠夺。

增长极的另一个基本功能是扩散效应，它表现为增长极不断向周围地区产生辐射作用，施放自身的能量，把生产要素由增长极所在地转移到外围地区，前期增长极的经济效益向外围的覆盖，形成一种对周边地区经济发展的带动作用，这是一种类似于离心力的作用效果。从生产要素来看，首先扩散的是资本要素，其后将必然带来人口、技术和其他要素的响应扩散。增长极的扩散效应则导源于以下四个方面的原因：

第一，周边区域农业部门中潜在的、隐蔽性事业劳动力向“增长极”迁移并就业，一部分资金以汇款形式从增长极向周边区域扩散（这与永久性迁移人口和季节性劳工所产生的效应不同）。

第二，增长极的发展和人口的增多形成对农副产品和原材料（包括厂房建筑所需材料以及企业生产的投入原料）以及若干消费品的高需求，从而形成对周边区域相应部门的生产刺激，使其规模扩展、规模经济形成，并进一步形成乘数效应，使区域经济区域繁荣。

第三，增长极内若干企业经营所得的利润再投资，若其中一部分流向周边区域中的某一区位，就可以形成由增长极向周边区域的投资扩散。

第四，信息和新的革新思想从增长极向周边区域传播，使周边区域的人口文化素质得以提高。

经济学家查得逊认为，极化效应是实践 t 的二次函数，极化效应和扩散效应的叠加产生溢出效应。如图 2.1（a）和（b）所示，在增长极发展的初期阶段，极化效应比扩散效应更强，扩散效应与极化效应的差值称作溢出效应。由图 2.1（c）可以看出，时刻是集聚阶段和外溢阶段的分界点。在集聚阶段，极化作用大于扩散作用，溢出机制表现为区域内经济活动和经济要素向增长极的聚集，增长极的溢出效应为负值；当增长极发展到一定的阶段以后，极化效应逐步减弱，而扩散效应增长，扩散效应占主导地位，表现为经济要素和经济活动向周边区域扩散的过程，溢出效应为正值。

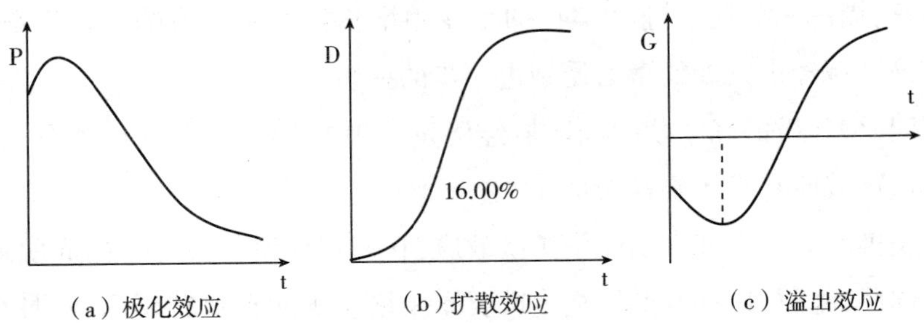

图 2.1　区域经济发展中增长极的三种效应

2. 点轴开发理论

20 世纪 70 年代,沃纳·松巴特(Werner Sumbat)提出增长轴理论的中心内容是:随着连接各中心地的重要交通干线(铁路、公路等)的建立,形成了新的有利区位,方便了运输费用,从而降低了产品的成本,新的交通线对产业和劳动力具有新的吸引力,形成有力的投资环境,使产业和人口向交通线聚集并产生新的居民点。这种对地区开发具有促进作用的交通线被称为"增长轴"。

波兰经济学家萨伦巴(Salunba)和马利士(Marlis)提出增长极理论的延伸——点轴开发理论,从区域经济发展的过程来看,经济中心总是首先集中在少数条件较好的区位,呈斑点状分布。这种经济中心既可成为区域增长极,也是点轴开发模式的点。随着经济的发展,经济中心逐渐增加,点与点之间,由于生产要素交换需要线路以及动力供应线、水源供应线等,相互连接起来就是轴线。这种轴线首先是为区域增长极服务的,当轴线一经形成,对人口、产业也具有吸引力,吸引人口、产业向轴线两侧集聚,并产生新的增长点。点轴贯通就形成点轴系统。因此,点轴开发可以理解为从发达区域大大小小的经济中心(点)沿交通线路向不发达区域纵深地发展推移。

增长极的形成关键取决于推动型产业的形成,推动型产业一般又称为主导产业,是一个区域内起方向性、支配作用的产业。一旦地区的主导产业形成,源于产业间的自然联系,必然会形成主导产业周围的前向联系产业、后向联系产业和旁侧联系产业,从而形成乘数效应。

3. 累积因果循环理论

1957 年,缪尔达尔(Gmyrdal)在《经济理论和不发达地区》一书中提出了"扩散效应"和"回波效应"概念,用来说明国际和地区间经济发展的不平衡问题。所谓扩散效应是指一个国家(地区)的某一地区由于某种原因(如交通便利或享有特殊优惠政策)而创办了许多工业,逐渐形成了一个经济中心。这一中心的形成和发展向周围地区扩散和辐射,因而带动周围地区的经济增长,而这些临近地区的经济增长反过来又进一步促进中心地区的经济发展,从而形成一个上升的循环累积过程。所谓回波效应,是指某一地区经济中心的形成和发展,由于种种原因会引起其他地区经济的衰落。例如,人才、资金、技术纷纷从落后地区被吸引到经济发达地区,从而使发达地区经济更加发达,而不发达地区的经济越来越落后,这就产生了一个下降的循环累积过程。在市场机制作用下,促使各种要素受收益差的吸引而从落后地区向发达地区流动,回波效应远远大于扩散效应,使地区将经济差距越来越扩大。

发达国家先进工业品的出口将使其工业得到进一步提升,劳动力从农业及其他地段的工业部门流向高端的工业部门,并且由于对技术人员的需求增加,教育随之提高,文化也进一步发展,反过来更促进了经济、社会的进步,即为“扩散效应”;但对于不发达国家来说,进口先进工业品的结果,将使本国相对应的工业生产部门因为无力与之竞争而衰落,对技术人员的需求减少,大部分国民的生活水平和教育水平都无法得到提高,文化也随之落后,反过来又阻碍了经济、社会的发展,即为“回波效应”。

4. 核心—边缘理论

增长极理论认为,一旦经济在某一地区得到发展,产生了主导产业(master industry)或发动型产业时,该地区就必然产生一种强大的力量使经济发展进一步集中在该地区,该地区必然成为一种核心区域(core region),而每一核心区域均有一影响区(zone of influence)——边缘区(peripheral region)。

核心和边缘的关系是一种控制和依赖的关系。初期是核心区的主要机构对边缘的组织有实质性控制,是有组织的依赖;然后是依赖的强化,核心区通过控制效应、咨询效应、心理效应、现代化效应、关联效应以及生产效应等强化对边缘的控制;最后是边缘获得效果的阶段,革新由核心区传播到边缘,核心与边缘间的交易、咨询、知识等交流增加,促进边缘发展。随着扩散作用加强,边缘进一步发展,可能形成较高层次的核心,甚至可能取代核心区。

核心与边缘有前向联系和后向联系,前者主要是核心向更高层次核心的联系和从边缘区得到原料等，后者是核心向边缘提供商品、信息、技术等。通过两种联系，发展核心，带动边缘，以核心和边缘作为基本的结构要素，核心区是社会地域组织的一个次系统，能产生和吸引大量的革新；边缘区是另一个次系统，与核心区相互依存，其发展方向主要取决于核心区。核心区和边缘区共同组成一个完整的空间系统。

（二）区域均衡发展理论

1. “贫困的恶性循环”理论

基于对发展中国家长期贫困的分析，拉格纳 · 纳克斯（Pagnar Narks）提出了“贫困恶性循环论”。Pagnar Narks 认为，“穷国之所以穷，就是因为它们穷”。他认为，发展中国家存在的“贫困恶性循环”表现在以下两个方面：首先，发展中国家收入水平低下，恩格尔系数高，收入基本用于满足生活消费，储蓄数额较少，导致资本稀缺，生产率低下，从而造成收入水平低下，如此又循环返回原点，即收入水平低下—储蓄不足—资本缺乏—投资不足—生产率低下—收入水平低下的恶性循环；其次，由于收入水平低下，导致购买力的不足，购买力不足使市场需求不足，从而市场规模小，市场规模小又引起投资引诱不足，进而限制了生产规模和生产率，最终形成低产出和低收入的局面，即收入水平低下—购买力不足—市场规模有限—缺少投资诱惑力—投资不足—生产率低下—收入水平低下的又一个恶性循环。

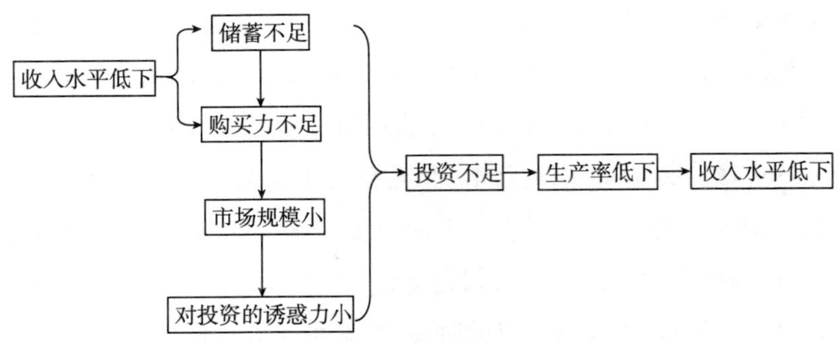

图 2.2 “贫困的恶性循环”理论

Narks 认为，发展中国家摆脱贫困恶性循环的途径是：同时、全面地对国家经济部门进行投资，使各部门同时扩大生产规模。从而相互利用便利的生产、销售条件，降低成本，取得经济效益。虽然其理论受到来自不同方面学者的批评，被指出其不合时宜和具有缺陷，但也受到一些发展中国家和地区决策层的重视，并对这些国家和地区的经济发展的确起过积极的作用。

2.“大推进”理论

“大推进”理论是罗森斯坦·罗丹(Rosenstein Rodan)提出的一中均衡发展理论，在三种“不可分性”的基础上，他指出，各类国家和地区要有效地促进资本的形成和经济增长，必须在国民经济各部门中同时增加投资，从而实现各部门的均衡增长。其三种“不可分性”中，一为社会基础资本或社会分摊资本的不可分性，由于投资项目不能无限细分，所以对投资羡慕，特别是由社会分摊资本的投资，只能以大量的、全面的、连续的方式进行，否则，就不会达到最适度的规模，也就不能充分利用规模经济效益来降低成本；二为需求的不可分性，如果只对任何一个产业或部门投资，将会由这一个产业或部门因产品缺乏需求而难以发展下去，因此，适应需求的不可分性，就广泛地、大规模地同时在许多产业或部门进行投资；三为储蓄的不可分性，由于储蓄的增长是有限的，而且它不是随收入的增长而同比例地增长，只有当收入的增长达到一定程度以后，储蓄才会快速地增加。为达到这一程度，发展中国家的经济建设规模必须达到足以保证收入的增长超过一定的程度，并以此突破“储蓄缺口”对经济发展的约束，从而为经济的增长提供充足的投资资金来源。

由于发展中国家缺乏大推进而长期滞后于西方世界，如果这些国家有一个全面、大规模的大推进的话，世界经济的进程就会大不相同了。可见，Rodan 也将启动发展中国家经济发展的切入点选在了投资环节。Rodan 提出，可通过两条途径解决大推进的资金来源问题，一条途径是，在不降低国内生活水准的前提下，将一切可能的资本转变为投资，将由投资所产生的收入的相当部分用于储蓄，再将储蓄转变为投资，形成国内投资资金来源的良性循环；另一条途径是，用开放经济发展模式引进国外资本，并以国外资本投资的新增收入提高边际储蓄，再将储蓄转变为投资，从引进外资中形成国内投资的良性运转。

Rodan 的大推进理论公布以来，不仅为一些经济学家所接受，而且在发展中国家和欠发达地区发展过程的实际应用中得到了印证，并对促进这类地区的发展起到了一定的积极作用。但由于这一理论中设计的投资重点在轻工业部门，重工业产品与发达国家交换，以及片面地强调政府计划的作用等方面存在一些偏颇，致使这一理论在付诸实施时，也曾出现过失和较难以达到目标的案例。

3. 经济地域综合体理论

现在，学术界一般都把经济地域综合体看成社会化大生产的地域组织形式，是以专业化部门为主体，由相关的辅助性部门和为地区服务的自给性部门结合而成的。经济地域综合体的经济意义在于，能够促成区域内各经济部门的有机结合，通过专业化与协作，形成内部联系紧密的经济系统，增强经济运行的稳定性，提高产出能力和效益；通过完善生产体系，综合利用自然资源，提高资源利用率，保护自然环境；各经济和社会组织共同利用同一的基础设施，可以节约社会公共投资获得外部经济效益；有利于以它为中心，开展大规模的区域开发活动。从其特点来看，经济地域综合体是在计划经济体制下形成的。对我国而言，虽然经济体制在向市场经济转化，计划对区域经济的干预大为减弱，但其科学规划原理和建设方法仍然是值得学习和借鉴的。

二、区域金融学理论

区域经济理论是在金融发展理论基础上的延伸拓展，结合区域经济理论和经济地理学理论，开创了新的研究领域，它将金融发展置于区域的空间范畴，从差异、发展、合作等方面展开，研究内容上西方学者集中于货币的角度，而我国学者则集中于区域金融发展对区域经济的影响。

（一）金融发展理论

真正意义上的理论开始建立于20世纪60年代至70年代，金融发展概念的提出最早可以追溯至1969年雷蒙德·W. 戈德史密斯（Raymond W. Goldsmith）的《金融结构与金融发展》一书，他对金融结构和金融发展概念的提出为金融发展理论奠定了基础。在此之前，美国经济学家约翰·G. 格利（John G. Gurley）和爱德华·S. 肖（Edward S. Shaw）指出金融中介在储蓄转化为投资中发挥着促进作用；帕特里克（T. Patrick）从需求带动和供给带动两种形式上对金融发展与经济增长的因果关系进行了相关研究。1973年，罗纳德·麦金农（Ronald Mckinnon）和肖（Shaw）相继提出“金融抑制论”和“金融深化论”，引起经济学界

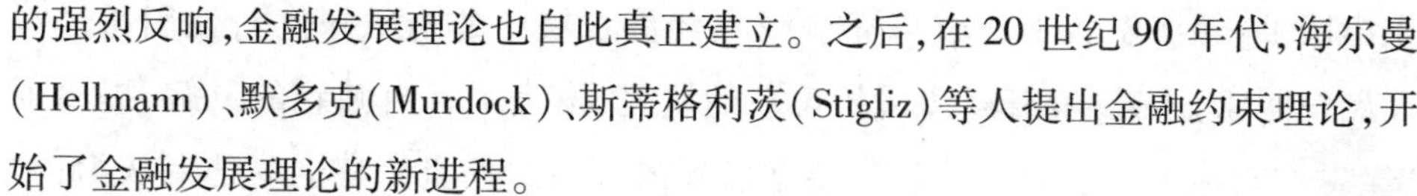

的强烈反响,金融发展理论也自此真正建立。之后,在 20 世纪 90 年代,海尔曼(Hellmann)、默多克(Murdock)、斯蒂格利茨(Stigliz)等人提出金融约束理论,开始了金融发展理论的新进程。

1. 金融结构论

美籍比利时经济学家戈德史密斯(Goldsmith)通过对 35 个国家从 19 世纪 60 年代至 20 世纪 60 年代近一百年的历史数据进行实证分析,对金融发展与经济增长展开讨论,认为金融结构能够促进经济的增长,改善经济运行环境,且金融结构的发展呈现一定的规律性。在《金融结构与金融发展》一书中,他指出金融发展即金融结构的发展,而金融结构的发展取决于金融机构与金融工具的发展,金融工具的丰富创新和金融机构的发展壮大,在提高储蓄率和投资水平、有效配置资金等方面起到关键作用。为有效量化金融结构,Goldsmith 开创性地提出了金融相关比率(Financial International Rate,FIR)这一指标,它表示在一定时期内,一国金融活动总量占经济总量的比重,其计算公式可以表示为:

$$FTR=\frac{F_t}{W_t}=\beta_t^{-1}[(\lambda+\pi+\gamma\pi)^{-1}+1][k\tau+\varphi(1+\lambda)+\zeta]+\theta(1+\varphi)^{\frac{\pi}{2}}-1$$

其中,t 为时间,F_t 为一定时期内的金融活动总量,W_t 为国民财富的市场总值 GNP,β 为平均资本产出率,γ 为 GNP 实际增长率,π 为物价变动率,k 为资本形成总值对国民生产总值比率,τ 为外部融资比率,n 为非金融部门金融工具发行量对资本形成总值比率,φ 为金融单位发行的金融工具对国民生产总值的比率,λ 为分层比率,某类金融机构对其他金融机构发行的金融工具与它们对非金融部门的发行总额之比,ζ 为海外净债权率(外国发行量对国民生产总值比率),θ 为受价格波动影响的金融工具净发行额的比例,φ 为价格敏感资产的价格平均变动比率。

Goldsmith 的金融结构理论为之后的金融发展理论的推进奠定了基础,但他在研究中使用的 35 个国家的历史数据均来自发达国家,这些数据并不能很好地反映发展中国家的状况,将其用于发展中国家的经济并进行比较显得代表性不强,且并未得出金融发展与经济增长之间的因果关系。

2. 金融深化理论

在总结 Goldsmith 等人的研究成果基础上,在 1973 年 Mckinnor 和 Shaw 分别出版了《经济发展中货币与资本》和《经济发展中的金融深化》，他们通过对发展中国家金融发展与经济增长关系的研究，发表了各自独到的见解，提出了“金融抑制论”与“金融深化论”，金融发展的理论开始真正建立。他们认为，严格的利率、汇率管制在发展中国家普遍存在，利率的管制导致了信贷资金不足而出现信贷配给，且常伴随着较高的通货膨胀率，配给额度往往掌握在权力相关者手中，并造成贿赂等现象，低效的信贷配给制度造成资金使用效率降低，生产效率高的项目得不到充足的资金支持使经济发展受到抑制，经济发展速度减缓又抑制了金融发展，形成一种恶性循环的发展模式。

在初始产出水平下，社会总储蓄和投资需求曲达到均衡状态，当政府实施限定存贷款利率处于较低水平的金融管制时，社会储蓄意愿将下降而投资意愿则上升，造成投资资金的需求存在严重的缺口，资金供不应求的状况诱发信贷配额的出现，此时“特权阶层”和贿赂行为滋生横行，导致许多高效益的项目被排除在外，造成经济增长的落后。因此，发展中国家这种低利率的利率管制对经济发展起到了抑制作用，应当放宽利率管制。通过对 Mckinnor 与 Shaw 的模型进行分析可以看出，发展中国家应当放弃过多人为干预市场的行为，取消利率或汇率管制，在利率和汇率水平真实反映市场资金供求状况的情况下，促进社会生产力的提高，保持较快的经济增长速度；在自由化的金融发展环境下，金融不断深化，形成与经济增长双向作用的良性循环。

3. 金融约束理论

随着金融自由化的实施，其结果在发展中国家的表现却并不令人满意。金融深化理论成立的前提是市场为信息完全市场，这样才能实现信贷资金出清的情况。但是，由于发展中国家的金融市场发展和市场竞争机制还不完善，信息不对称情况较为明显，所以金融自由化理论在发展中国家并未得到很好的支持。20 世纪 90 年代初，美国经济学家海尔曼（Hellmann）、默多克（Murdock）和斯蒂格利茨（Stigliz）相继提出了金融约束理论。这一理论为经济、金融处于较低水平的发展中国家实行一定的金融干预提供了良好的理论支持。金融约束指的是政府部门不再自由放任金融发展，相反，在一定的环境背景下应当制定一定的约束条件以促进其发展。

假设资金信贷市场中存在三个部门：资金的净供给部门（居民）、资金的净需求部门(企业)、资金的中介部门(银行),在经济平稳运行且通货膨胀率较低的情况下,实际利率为正。经过相关学者的实证证明,储蓄对储蓄利率的弹性相对较小,所以降低储蓄利率造成储蓄额下降的幅度也较小。

在金融抑制体制中,往往伴随着较高的通货膨胀率,造成实际利率为负的情况,居民财富被政府谋取,这种租金的转移对经济的促进作用有限,但在金融约束体制下,租金被银行获取,或在银行与企业之间分配,银行获得租金收入刺激其获取存款的动力,努力扩大自身经营规模、完善信贷基础设施、加强风险管理能力、提升信息搜集能力,规避信息不对称带来的逆向选择与道德风险。企业部门在获得租金收入的情况下,带来了自有资本积累和股本增加,股本增加提升了企业在市场中的实力和偿还债务的能力,之后再次获得银行贷款将变得更加容易,租金收入也将增加,形成租金增加与经营实力增强的良性循环,对于尚处于上升阶段的企业来说至关重要,为其在今后的证券市场直接融资奠定了基础。信贷市场上逆向选择和道德风险的降低,有力保障了金融市场的稳健发展。

政府干预除了对利率的管制以外,为了鼓励银行等金融机构加大信贷基础设施的投入,开拓新的信贷市场,还应当给予有关银行一定的特许经营权,提高其他竞争者进入的门槛,一定期限的垄断经营权有助于先行的市场开发者获取超额回报,回收前期投入成本,这在一定程度上也是对市场竞争的限制。金融约束的作用被证明在经济不发达阶段是必要的,但金融约束与金融抑制之间的界限较为模糊,这就需要政策制定者具有足够的智慧和能力才能恰当把握。

(二)区域金融理论

在大国经济研究或者经济全球化进程中,经济学家发现区域之间存在要素禀赋的差异性,在经济与金融的发展速度、程度和途径上也存在差异,单独依靠现有研究理论已无法满足研究的需要,于是经济学家通过学科交叉研究的方式开始了区域金融理论的研究。它将金融发展置于区域的空间范畴,从区域金融差异、区域金融发展、区域金融合作等角度展开,研究内容上西方学者主要从货币经济学的角度展开,而我国学者则集中于区域金融发展对区域经济的影响。

1. 区域金融内涵

从各类经济增长理论中可以看出经济增长的动因存在资本驱动这一关键

动力,而金融发展理论则指明金融发展在经济增长中发挥着主要推动力的作用,因为金融发展影响经济发展所需的资本积累与资源配置,这些都是经济学家关于金融在宏观领域的研究,关于银行等金融机构、证券市场运行的微观领域的金融研究也可谓汗牛充栋,但对于将金融放在区域的概念中进行中观层面的研究却显得不那么受重视。张军洲在《中国区域金融分析》(1995)中指出,"区域金融是指一个国家金融结构与运行在空间上的分布状态,在外延上它表现为具体不同形态、不同层次和金融活动相对集中的若干金融区域。这些区域的金融结构差异、差异互补和相互关联构成一国区域金融体系"①。这是国内对区域金融较早的研究专著。陈支农(1998)则指出,"区域金融是现代市场经济条件下大国金融发展的一种客观现象"②,其研究中最为重要的就是在区域的空间形态中对金融进行分析。

2. 区域金融的差异

区域经济运行的不同决定了区域金融发展的差异,金融结构、金融效率很好地反映了经济条件的区域性特征,区域金融是将区域的空间性与金融相结合,区域金融作为区域经济的一部分,也正因各区域禀赋条件的不同而呈现其所特有的属性,郑长德将其构成要素分为:(1)时空性。区域金融研究中的各地区因为自然差异、社会差异、历史差异、交通差异和技术差异等原因而显示出巨大差异,所以对金融的研究必然因所处的空间区域和时间维度而出现各自的特点。(2)金融结构的差异性。正如戈德史密斯所说,"金融发展就是金融结构的发展",既包括金融体系结构、金融资产结构,也包括利率结构。经济结构对金融结构的决定作用导致不同区域内的金融体系完善与否、金融工具创新快慢和金融干预政策的松紧,金融结构在地域上的巨大差异体现出金融发展水平的层次性,不可避免地对金融效率与资本积累效率这两个关键指标造成影响。(3)吸引与辐射性。同区域经济学中经济增长极在区域内经济的极化效应与扩散效应一样,区域金融中心在区域金融中也发挥着重要的作用,它能够促进区域内小地区之间的金融交流,也能促进不同区域之间的金融联系。区域金融中

① 张军洲:《中国区域金融分析》,中国经济出版社 1995 年版。

② 陈支农:《金融理论研究中一个有意思的课题——〈中国区域金融分析〉评介》,《金融与经济》1998 年第 7 期。

心作为金融发展的增长极,既能对周边金融资源产生聚集作用,吸引相邻区域金融资源集中,作为对周边区域的反哺,区域金融中心也能通过回波效应辐射周边区域,带动金融发展。(4)环境差异性。区域金融的发展环境包括软、硬环境两个方面,软环境的优劣体现在利率和汇率等金融政策的宽松度、政府财税松紧、居民金融理念等方面,而硬环境则体现在地理便利性、经济金融规模、金融机构多寡、金融工具创新程度等方面。软环境的导导向作用在硬环境的改善中显得尤为关键。

3. 研究内容

西方对区域金融的研究开始较早,而我国对区域金融的研究主要集中开始于20世纪90年代,与国外以宏观货币的研究角度不同,国内研究的注意力主要集中在将金融发展与经济增长的关系放在具有差异性的区域环境中,把金融发展的空间结构的变动规律作为研究对象,研究内容上则包括金融资源的优化配置、结构差异性研究、区域金融与经济增长的相互关系等。[①] 郑长德(2006)认为区域金融理论是区域经济学、金融学、经济地理学三门学科的交叉学科,以三者为理论基础来源,在区域金融领域进行拓展发展,主要研究"区域金融差异、区域金融发展和区域资金流三大部分,具体来说区域金融差异研究又包括金融结构的空间差异、发展路径差异、社会经济环境差异、行为主体差异和金融政策差异等;区域金融发展研究又包括金融市场发展、金融中心发展、金融合作、金融风险等;区域资金流研究又包括区域间金融流动、区际金融联系等"[②]。

(三)区域金融发展与区域经济增长的关系

在国内外的大量文献研究中,主流经济增长的相关理论、金融发展理论及区域金融理论,基本的观点均认为金融发展对经济增长具有促进作用,将其引入区域的范畴同样具有相似的结论,所以在此将对两者之间的作用原理进行简要的介绍。

1. 区域金融发展与区域经济增长的相互关系

在经济增长理论对内、外生变量的研究中,经济学家始终在讨论经济增长

---

① 张军洲:《中国区域金融分析》,中国经济出版社1995年版。

② 郑长德:《论区域金融学》,《河南金融管理干部学院学报》2006年第2期。

率的提高是由哪些因素决定的，从相关的理论模型中我们可以看到，除了技术、劳动、人口增长、知识对经济增长的促进作用以外，资本无疑是一项始终被纳入模型进行考虑的因素。资本的形成离不开金融的发展，将金融这一概念放在区域的中观层面进行考虑，不难想象区域金融的发展在区域经济增长过程中所发挥的作用。

在 Goldsmith 的研究看来，金融发展就是指金融结构的发展，不断扩张增长的金融机构和金融工具的创新丰富都是金融结构发展的具体体现，事实上，金融结构的发展不仅仅是这种微观层面的金融发展，还包括了中观层面的金融市场的发展，也包括了宏观层面的金融政策和制度的发展。区域金融良好的发展环境需要区域金融政策和制度作保障，区域金融的发展和深化有助于提高储蓄率和将储蓄转化为投资的效率；同时区域金融的发展促进了与区域外经济的联系，有效吸引区域外的资金流入，从而提高区域内的投资额的增长，资金的导向作用能够带动其他生产要素流向生产效率高的部门，改善区域经济结构和分配结构；在生产效率一定的情况下，资金的充裕供给有助于扩大生产规模，提高区域内的总产出，促进区域经济的增长。

但是，除了区域经济增长在区域金融的发展中同样扮演着重要的角色之外，区域金融并不是“区域”与“金融”的简单叠加，而是将金融放置于具有差异性的区域中进行分析，区域经济由于地区之间要素禀赋的差异导致区域之间的经济发展各有比较优势，经济发展特点各不相同，这些要素禀赋既包括土地、矿产等自然资源的差异，也包括劳动力、资本等要素的差异。此外，交通便利程度、居民储蓄投资意愿的差异也会对区域经济的差异带来影响，因此从理论上来说，经济的发展要先于金融的发展，经济效率决定了金融效率。区域经济的运行发展状况决定区域金融的运行状况和效率，经济结构的差异也造成了区域内金融结构的差异。区域经济的增长带来产出的增加，社会物质财富的极大丰富带来居民可支配收入水平的提高，为区域金融吸收社会闲置资金提供基础。因此，区域金融发展与区域经济的增长并不是单纯的前者对后者的促进作用，而是相互促进和制约的双向关系。

2. 区域金融发展对经济增长的作用机制

由于区域金融是将金融分析与区域分析相结合，所以对区域经济的影响因

素进行分析可以借鉴索洛与埃布拉莫维茨(Abramovitz)开创的增长因素分析法,假设在只有资本一个增长因素的模型:

$$g=\frac{\Delta Y}{Y}=\frac{\Delta Y}{\Delta K_t}\times\frac{\Delta K_t}{Y}=\frac{\Delta Y}{\Delta K}\times\frac{I}{Y}=\frac{\Delta Y}{\Delta K}\times\frac{\theta S}{Y}=E\theta_S$$

其中,g 为经济增长率,Y 为 GDP,K 为资本存量,I 为实际投资量,S 为总储蓄,$E=\Delta Y/\Delta K$ 是资本的边际生产率(或投资效率),θ 为储蓄转化为投资的比例(即 $I=\theta S$),代表了储蓄向投资的转化效率,s(即 S/Y)为储蓄率。

从式中可以看出,影响经济增长的因素主要为投资效率、储蓄率、储蓄—投资转化率,三个比率的提高直接影响区域经济发展的驱动力——资本的积累,资本快速有效的积累为生产的扩大、技术的开发、生产效率的提高提供了物质基础,推动区域经济增长。

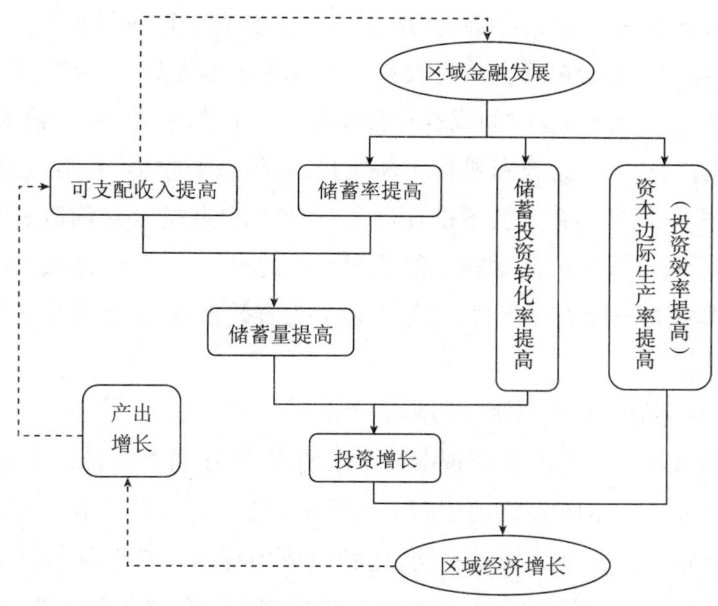

图 2.3　金融发展与经济增长相互关系

(1)区域金融发展提高储蓄率

一个经济区域内的经济主体的可支配收入的用途主要分为当前消费与储蓄(投资),储蓄(投资)是为了将来达到更高的消费水平而做的必要准备。决定经济主体将可支配收入用于当前消费(或为提高未来消费而投资)的部分多少,除了与经济体内群体或个人的消费观念有关外,关键的决定因素是进行储蓄(投资)所获得的收益与需要承担的风险之间的权衡。金融市场的完备、金融工具的丰富创新、金融体系的完善为金融投资提供了良好的环境,风险的有效规避提升了经济主体的储蓄(投资)意愿,经济主体将更大的可支配收入部分用于储蓄(投资),储蓄率的提高为经济发展提供了较高的资本储备水平。因此,区域金融的发展为经济主体提供了更多的储蓄(投资)渠道,对风险的分散和减小提高了储蓄(投资)意愿,为经济增长提供了关键的资本因素。

(2)区域金融发展提高储蓄—投资转化率

在非强势有效的市场中,普遍存在信息不对称的问题,资金盈余的经济主体在进行投资选择的时候往往面临着逆向选择和道德风险,即使具有较高的储蓄(投资)意愿,也将因这种信息不对称的存在无法找到满意的投资项目。金融的发展是金融集聚的过程,金融机构规模扩大和金融工具的创新为投资资金提供了媒介,庞大的金融机构在信息收集方面具有成本优势,专业化的分析团队在项目选择上大大降低了时间成本和管理成本。正是随着区域金融的发展,金融效率的提高,庞大金融投资机构不断成长,对信息的收集、辨别、处理上具有较高的效率,他们掌握着大量的投资机会,为他们吸收的公众闲散资金提供了使用的可能,较高水平的储蓄额才能成为有效的投资。因此,区域金融的发展能有效提高储蓄—投资转化率,使储蓄转化为有效投资,为经济增长带来必要的资本支持。

(3)区域金融发展提高资本边际生产率

经济发展不仅仅需要投资资本数量上的支持,还需要有投资质量的保障,只有有效投资才能体现出产出的增加、经济的增长。区域经济在要素禀赋差异的作用下导致经济发展结构的不同,比较优势的存在使地区优势产业出现差别。金融具有资源配置的作用,区域金融的发展不仅促进投资资本的增长,还导向资金流向与投资结构,对区域经济结构造成影响。区域金融的发展能快速对经济发展做出反应,将资金导向生产效率高的行业或者企业,提高资金的边际产出能力,降低资金的浪费;发展潜力低的行业或企业由于缺乏资金的支持将被市场所淘汰,从而改善了区域内的经济结构。区域金融发展对资金的导向作用能促进高效企业成长,抑制低产出水平企业发展,将投资资本有效转化为产出,促进经济增长。

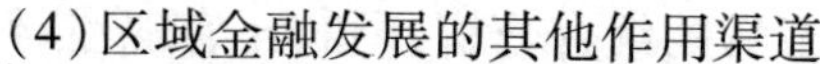

(4)区域金融发展的其他作用渠道

区域金融的发展除了促进资本的积累以外,在其他方面也对经济增长起着促进作用。高效的产出能力需要有技术进步的支持,对于知识和研究的投入为技术进步储备了力量,区域金融的发展能为人力资本的积累提供帮助。区域金融发展还能通过资源的配置优化经济的产业结构,实现产业升级;对风险的监管控制提高企业的经营效率,降低经营损失;区域金融中心的形成在"极化作用"和"扩散作用"的过程中带动区域内与周边区域的发展;良好的区域金融发展还能促进域内、外经济、金融的交流互动,形成优势互补的良性循环。

三、区域金融工程相关理论

本节主要讨论传统的金融工程理论对区域金融工程的贡献和支撑,通过对宏观金融工程的理论的探讨,进一步明晰区域金融工程理论建立的基础。

(一)金融工程基本理论

1. 积木分析法

(1)方法介绍

积木分析法是金融工程中的一种常用分析法,广泛应用于金融工程分析的各个过程。积木分析法也叫模块分析法,指将各种金融工具如同积木一样进行分解和组合,解决各类金融问题。积木分析法中有两个主要的工具:现金流量图和损益状况图。现金流量图用来描述金融产品在整个有效期内所产生的现金流,利用合成与分解技术,将各种金融衍生品分解成一些最基本的现金流形式;根据各种金融衍生产品的分解结果可以分析出每种衍生产品如何由市场上的基本产品来进行复制。损益状况图描述的是金融产品在不同情况下的损益状况,积木分析法可以直接将金融资产的损益图作为"积木"进行金融产品的分拆和组合。

(2)区域金融工程中的运用

在区域金融工程研究过程中,借鉴积木分析法的原理,同样可以将区域内的各金融要素、金融工具看成功能各不相同的模块,针对不同金融问题的特点,进行组合、分解,找到解决区域金融问题的方案。在区域金融工程中,积木分析法的运用不仅表现在将区域内微观金融工具的组合分解,同时还表现在对区域内产业发展规划的合理布局、宏观金融政策的组合使用。根据区域内的要素特点,形成产业之间的良性互动发展,同时配合微观金融工具的使用为风险提供规避手段,促进区域内经济稳定快速发展。

但将积木分析法运用于宏观层面时,其所利用的宏观金融工具较一般的衍生金融工具而言更为抽象,如金融政策等也属于区域金融工程中可利用的金融工具。进而针对需要解决的区域发展特色问题,利用结构化方法对金融工具和金融资源进行整合,组合形成有效的区域金融解决方案。

2. 无套利分析法

(1)方法介绍

在金融资产的定价分析过程中,无套利定价法既是一种定价的方法,也是一种定价理论中最基本的原则之一。在金融领域,套利是指同时持有一种或者多种资产的多头或者空头,从而在不承担风险的情况下锁定一个高于无风险利率的收益。如果市场是有效率的,市场价格必然由于套利行为做出相应的调整,重新回到均衡状态。无套利原则表明,市场的均衡价格将使套利者通过套利形成的财富现金价值,与其没有进行套利活动时形成的财富现金价值完全相等,即套利不能影响其期初和期末的现金流量状况。无风险的套利活动将即时现金流看作零投资组合,即开始时套利者不需要任何资金的投入,在投资期间也没有任何的维持成本。

无套利分析法在金融产品的定价和设计中有广泛的应用。金融工具的模仿与合成就是运用无套利定价法的典型例子。金融工具的模仿是指通过构建一个金融工具组合使之与被模仿的金融工具具有相同或相似的盈亏状况。金融工具的合成是指通过构建一个金融工具组合使之与被模仿的金融工具具有相同的价值。

(2)区域金融工程中的运用

区域金融工程中,运用无套利分析法的目的在于保证有限的金融资源实现最优化配置,保障资金的顺利进入和退出,并获得高于融资成本的利息收入。无套利分析法可在区域金融工程中进行定价,确定融资成本。在此基础上,我们需要创造出一个套利空间,并帮助企业控制成本,保证产品盈利和业务收入。

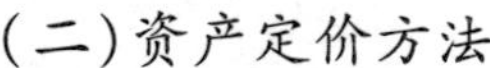

(二)资产定价方法

资产定价方法一般分为两种,一种是通过利用市场均衡及无套利分析法,投资组合的收益和风险相符合,若定价不符则出现套利机会,该方法不需要建立投资者效用函数。另一种是对投资者的偏好进行设定,对所建立的投资者效用函数实现约束,进而利用模型对金融资产进行定价。

1. 资产定价模型

马克维茨(Markowitz)在1952年提出风险度量可以由收益率的标准差进行度量,使风险能够作为分析因素被引入数理模型中。此后,利用经济学中的一般均衡分析方法和无套利分析法成为资产定价中的重要方法。经典理论和模型如下:

(1)现金流量贴现模型

现金流量贴现模型的核心思想是,资产的真实价值是由其在未来所获得的现金流量贴现值总和确定,体现出了资金的时间价值。以复利为基础计算现金流量贴现模型,可表示为:

$$P = \sum_{i=1}^{\infty} \frac{CF_i}{(1+k)^i}$$

其中,P 为资产现在的价格,CF 为将来到底现金流,k 为折现率。折现率反映的是资金的使用成本,即无风险利率与风险溢价之和。无风险利率一般以国债收益率为准,风险溢价则与金融资产收益率波动有关,波动越大则表示金融资产风险越大,所需要获得的风险溢价补偿也就越大。该模型在运用过程中较简便,但其缺陷在于未给出对风险溢价的具体度量方式。

(2)投资组合理论

投资组合理论提出投资者效用函数应由投资组合的期望收益率和标准差组成,由于收益率与标准差呈正相关关系,因此投资者将在高收益率和低风险中进行权衡,即在风险一定情况下追求高收益率,或者在保证收益率的前提下控制风险,理性投资者在此基础上实现自身效用最大化。威廉·夏普(William Sharp)将无风险资产代入投资组合理论中,并利用系数衡量单个股票风险回报与市场风险回报间的相关性,提出了资产定价模型(CAPM):

$\bar{r}_{\alpha}=r_f+\beta_{\alpha}\times(\bar{r}_m-r_f)$

其中,r_f 为无风险回报率,β_{α} 为证券的 Beta 系数,$\bar{r}_m$ 为市场期望回报率,$(\bar{r}_m-r_f)$为股票市场溢价。

β_{α} 系数可由股票收益率与市场收益率的历史数据回归得到。

(3)期权定价的 Black - Scholes 公式

期权定价的经典理论。期权定价的基本思想是,如果在完备市场中,期权价格与已知的证券之间满足无套利条件,则我们可以通过自融资的动态证券组合策略来合成衍生证券,从而使期权的价格等于证券组合最初的成本。

(4)套利定价理论(APT)

无套利分析方法是金融资产定价理论中的基本方法。利用价格已知、并且未来的预期收益现金流与该资产完全一致的资产或资产组合对待定价的资产进行复制,构造一个不能产生无风险收益的组合,进而为该项资产定价,这就是无套利分析方法。现代金融理论的研究取得的一系列成果都是基于这种“无套利”的分析技术形成的。

CAPM 模型为单因素模型,在此基础上发展出多因素模型。当多个宏观经济因素共同影响一种风险资产的预期收益时,该资产的预期收益可以表示为:

$r_i=a_i+b_{i1}F_1+b_{i2}F_2+\cdots+b_{ir}F_k+\varepsilon_i$

其中, r_i 为 i 资产的预期收益,F_1、$F_2\cdots F_K$ 为 GDP 增长率、利率水平……行业增长率、市场收益率等,$a_i,b_i,b_{i2}\cdots b_{ik}$为系数。

多因素套利定价理论给出了与 CAPM 模型类似的精简模型表达式,同时将影响资产价格的因素分解为多个因素,与实际相符。此外,套利定价理论的假设条件大大简化,这使它有了更为广阔的应用空间。

(5)消费基础的资本资产定价理论(CCAPM)

CCAPM 模型通过对效用函数的形式,或者消费和资产的超额回报的联合分布做出假设,简化基本定价方程,使证券的期望超额回报率和证券的超额回报率与消费之间的协方差联系起来。

其思路为对理性的代表性消费者各期消费和投资比例实行规划,以期能实现其终生效用最大化的目标。对于消费者而言,任意两种资产的超额收益率与其协方差和方差之间的关系为:

$$E_t[r_{i,t+1} - r_{f,t+2}] = -\frac{1}{2}\sigma_i^2 + \gamma\mathrm{cov}(r_i, \Delta c_i)$$

其中,E_t 为消费期望效用函数, γ 为风险规避系数,σ_i^2 为第 i 期状态变量(如实际消费水平)的方差,cov 为第 i 期状态变量的协方差, r_i 为第 i 期收益率,Δc_i 为第 i 期消费增长率。

进一步求得固定风险规避系数的表达式:

$$r = \frac{E_t[r_{i,t+1} - r_{f,t+1}] + \frac{1}{2}\sigma_i^2}{\mathrm{cov}(r_i, \Delta c_i)}$$

(6)代表性个体经济均衡模型

跨期最优化模型假设资产的回报过程是外生给定的,单个投资者是价格接受者,个人的投资行为不影响资产价格。卢卡斯(Lucas,1978)在此基础上建立了资产定价的一般均衡模型。在他的模型中,单个投资者是价格接受者,在价格给定的基础上最优化自己的消费和投资组合选择,得到个人的最优需求函数;所有个人的需求函数加总得到市场总体需求函数,该总体需求函数是价格的函数;最后在市场达到均衡时,市场总体需求函数等于市场总供给,这时的价格就是均衡价格。Lucas(1978)模型是纯交换经济模型,考克斯、英格索尔和罗斯(Cox、Ingersol 和 Ross,1985)利用同样的思路,建立了生产经济中的均衡定价模型。这两篇论文是均定价的代表作。

(7)等价鞅测度方法

随机动态规划是解决不确定性下跨期最优消费和投资组合问题所使用的有力工具。但这种方法有两个方面的限制:一是即使最优解存在,也只有在间接效用函数连续可微时,才能利用动态规划;二是为了得到最优解,必须解非线性 Bellman 偏微分方程,而这种方程无论得到闭形式解还是利用数值算法来解都是非常困难的。

另外一种解决不确定性下跨期最优消费和投资组合问题的有力工具是风险中性概念的应用和随机分析。Cox 和 Ross(1976) 引入风险中性定价的概念,他们认为在风险中性经济中,所有证券的期望回报率应该是无风险利率,所以,股票价格过程的漂移项就是无风险利率。在他们工作的基础上,利用随机分析工具,哈里森和克雷普斯(Harrison 和 Kreps,1979) ,Harrison 和普利斯卡(Pliska,1981) 建立了系统的风险中性定价的理论框架。Cox 和黄(Huang,1989)利用鞅表示定理(martingale representation theory) ,得到一般条件下最优消费和投资组合策略解的存在性。随机分析方法的缺陷在于,在多数情况下,只能得到解的存在性,不能得到显示解。达夫(Duffie,1992)利用随机分析工具,系统地讲述了不确定环境中的最优消费、投资组合理论,也对无套利条件下的资产定价进行了系统讲述。Karatzas (1989)、Karatzas、Lehoczky 和 Shreve(1987) 利用随机分析方法完整地分析了完备市场中的最优消费、投资组合和均衡定价问题。利用风险中性的概念和鞅表示定理,完备金融市场中的个人消费和投资组合最优化问题可以分为三步来解决:首先,在所依赖的概率空间上定义一个新的概率测度,在这个新测度之下,由任何合理的证券组合可以达到的最后财富的期望折现值等于投资者的初始禀赋;其次,新测度下,在所有期望值等于初始禀赋的随机变量中,确定最优的一个;最后,证明可以构造的证券组合,使这个证券组合的终端财富等于最优随机变量的值,所得的证券组合是最优的。

2. 区域金融工程运用

区域金融工程中,将区域、产业、部门等均当作资产整体,利用无套利分析法对其进行定价,确定资产回报率,即剔除银行贷款利率后的净利润空间。政府配置与市场手段相结合,政府利用其资源引导作用,将社会闲置资源引入亟待发展的部门或产业,获得回报率。

根据区域金融工程理论对于区域进行无套利定价,认为无套利价格与区域总资产的价值相等。在定价中,可从企业产品价格、主导产业等方面展开,或利用部门资产定价法,对金融部门和企业部门进行定价,因为其属于生产性部门。

对政府而言,其对管辖区域的资产定价,合理价格应为无套利定价和银行贷款利率之和,高于定价部分的为净利润空间,即资产必要回报率。在定价过程中所运用的方法为一般定价方法和鞅定价相结合的方法,并寻找适合当地的效用函数。

参考文献

[1]张军洲:《中国区域金融分析》,中国经济出版社 1995 年版。

[2]陈支农:《金融理论研究中一个有意思的课题——〈中国区域金融分析〉评介》,《金融与经济》1998 年第 7 期。

[3]郑长德:《论区域金融学》,《河南金融管理干部学院学报》2006 年第 2 期。

[4]王江:《金融经济学》,中国人民大学出版社 2006 年版。

第三章　金融工程支持下的区域经济发展战略研究

第一节　文献综述

随着1978年十一届三中全会的召开，党和政府认识到市场经济的重要，开始探索中国经济改革道路，到1992年社会主义市场经济体制基本形成，再到21世纪中国经济实现跨越式发展，金融在中国慢慢地发展起来，并逐步成为影响经济发展的一个关键因素。在金融业逐步发展的同时，关于中国金融与经济发展的关系、金融的作用等问题的讨论伴随始终。

国际上的相关研究开始得较早，并且有越来越多的文献表明金融发展对经济具有促进作用。国内学者在20世纪末开始着眼于研究中国经济发展与金融之间的关系。彭纯华（1990）提出金融对经济的发展起到了重要的积极促进和制约作用，认为金融对经济的影响表现在积累社会资金、加速经济发展，调节货币流通、保持供求平衡，合理分配资金、优化经济结构，反映市场信息、监测经济活动四个方面，并建议重视金融工作，运用金融杠杆促进经济发展。

王士强（1994）认为，随着中国从计划经济时代向现代商品经济时代转变，经济结构开始受制于金融结构，并把20世纪90年代初的经济结构失调归因于金融结构的失调，而金融抑制是金融结构失调的主要原因，认为我国金融业处于严重抑制状态，只有深化金融改革才能进一步推动市场经济的发展。

谈儒勇（1999）从金融中介和股票市场发展两个方面，利用1993～1998年的数据，定量地研究了中国金融与经济增长的关系，结果表明我国金融中介与经济增长存在显著的正相关关系，即金融中介的发展对经济发展有较强的促进作用。另外,由于我国当时股票市场成立时间不长,体制不够完善,对经济发展的作用不明显。

自21世纪以来,学术上金融对于经济的推动作用已经基本得到肯定,随后的研究主要集中在不同区域金融对于经济发展的作用差异上。

周立、王子明(2002)以1978年到2000年各省份的相关数据,对各省各地区金融发展与经济增长的关系进行了研究,结果表明各省份金融发展对于经济增长普遍具有促进作用,并且东部经济发达的省份金融对于经济发展的促进作用比西部经济发展较慢的省份更强,同时将中国地区经济发展水平的差异归结于地区金融发展初始水平的差距,认为金融发展水平的提高有利于长期经济的发展。

冉光和等(2006)研究了中国东西部的金融发展状况,再次证实了金融对于经济发展的促进作用,同时发现中国东西部金融发展与经济增长的关系差异较大,西部地区金融与经济发展之间只有长期的因果关系,而东部地区兼具长期和短期的双向因果关系,这也从侧面佐证了周立(2002)的研究结果。

丁艺、李靖霞、李林(2010)采用区位的方法,分别从保险、银行、证券三个角度对中国金融集聚状况进行了分析,再次证实了之前学者得出的东部地区金融领先的观点。同时研究发现金融集聚对经济发展存在显著的促进作用,其中银行业的辐射作用最为明显,并提出了构建多层次金融中心,发挥金融集聚作用的战略主张。

叶永刚(2007,2011)提出了宏观金融工程的思想,将金融手段应用到经济建设中来,为区域经济发展战略提供了一个新的思路。在后续的相关著作中,详细阐述了相关的思想,其主要内容包括国家金融资产负债表、国家金融风险管理和国家经济资本管理三个方面,主张把宏观资产负债表作为一个基本工具,全面系统地利用金融资源发展经济,同时控制金融风险。

第二节　区域经济发展现状及问题

一、区域经济发展现状的分析

对一个区域经济发展现状的分析主要集中在两个方面。一是区域的自然禀赋，主要是指生物资源、农业资源、土地资源、矿产资源、气象资源、水资源、能源资源等自然资源，同时还包括旅游资源；二是经济金融结构，我们主要从中选择性地分析产业结构、投资结构和包括金融体系与财政资源在内的金融结构。分析的重点在于找到区域发展的资源优势、产业优势与短板，分析区域内金融资源的利用是否合理，从而为经济发展战略的制定奠定基础。

代表性的分析指标有地区经济生产总值及其增长速度、产业结构、主导产业产值与规模以上企业数量、存贷结构、各类金融机构数量、财政收支规模、各类自然资源储量、企业挂牌上市数量等。

下面以湖北省秭归县为例，详细解读区域经济发展现状的分析。

在市委、市政府和县委的坚强领导下，在县人大、县政协的监督支持下，紧紧团结依靠全县人民，凝心聚力、攻坚克难，主动适应新常态，经济社会发展实现了稳中有进、质效同步，扎实推进稳增长、调结构、抓改革、惠民生各项工作，国民经济运行平稳有序，各项社会事业全面进步，社会民生持续改善。在长江经济带开放开发征程中找准坐标，开启了秭归建设“桥头堡”的新征程。

(1)总体经济状况

近年来，秭归县经济发展迅速，主要经济指标保持两位数增长。2014 年，秭归县实现生产总值 100.53 亿元，增长 10.9%；实现地方公共财政预算收入 7.84 亿元，增长 26.4%，增速位居全市九县市区第一；地方公共财政预算收入中税收占比达到 68.74%，位居全市第三。但近三年 GDP 增速有所下降。

2014 年完成全社会固定资产投资 92.3 亿元，增长 23.3%，高于全市平均增速 1.2 个百分点；完成社会消费品零售总额 34.1 亿元，增长 14.7%，高于全市平均增速 1.4 个百分点；完成外贸出口 5971 万美元，增长 56%，是全市平均增速的5倍,位居全市第二。城镇常住居民人均可支配收入达到19937元,农村常住居民人均可支配收入达到7335元,分别增长9.67%、13.43%。

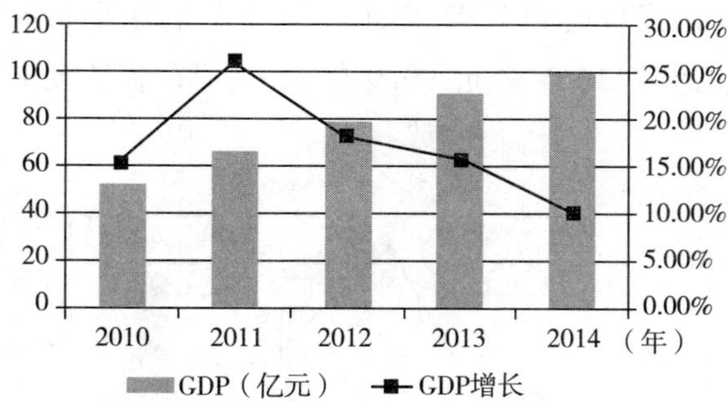

图3.1 2010~2014年秭归县GDP及GDP增速

数据来源:2010~2014年秭归县国民经济与社会发展公报

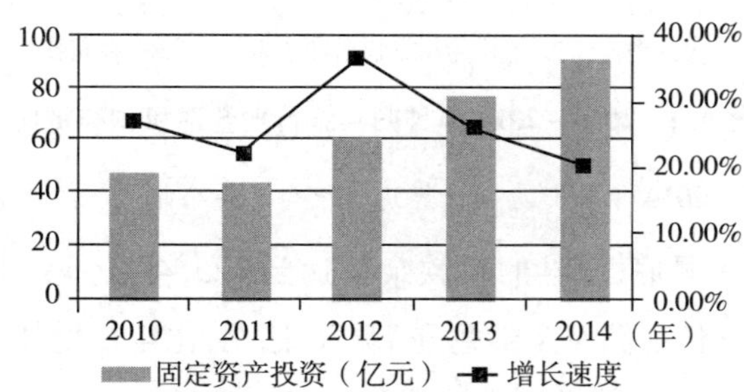

图3.2 2010~2014年秭归县固定资产投资

数据来源:2010~2014年秭归县国民经济与社会发展公报

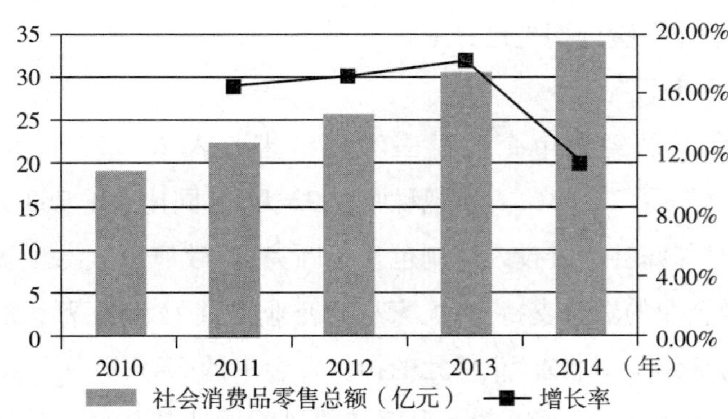

图3.3 2010~2014年秭归县社会消费品零售总额

数据来源:2010~2014年秭归县国民经济与社会发展公报

(2)金融机构现状

全县目前有各类金融机构网点74家,融资担保公司1家,担保公司的资本从不足5000万元达到目前的1.03亿元。2014年金融业加快发展,金融机构存、贷款余额分别达到116.5亿元、99.9亿元,人均存款达到1.8万元,存贷比稍有上升。

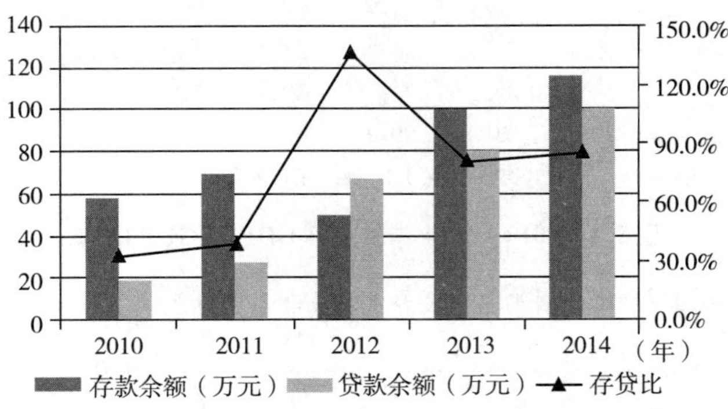

图3.4　2010~2014年秭归县银行业金融机构存贷比

数据来源:2010~2014年秭归县国民经济与社会发展公报

截至2015年8月底,全县的存款余额达到125.49亿元,比年初增加8.96亿元,增长7.69%;各项储蓄余额达到75.88亿元,比年初增加8.31亿元;同年贷款余额72.79亿元,实际投放本地贷款余额为49.06亿元,比年初增加1.34亿元,增长2.81%。其中,支持县域经济发展的贷款累放达到30.5亿元,比去年同期多投入了1.98亿元,增长6.94%。2014年9月底服务三农的村镇银行正式开业,太平洋保险近期也已开业。

(3)企业上市状况

经统计10家已经上市企业过去实现销售收入25.272亿元,同比净增4.3327亿元,上升了20.93%。实现税收2292万元,同比净增768万元,上升了50.39%。同时秭归县信贷投入体制也在不断完善,政府设立专项资金,引导金融机构对小微企业的资金支持,为5家小微企业提供了5000万元的资金支持,小额担保公司拿到了湖北省50亿元的担保资金中的5300万元。2016年5月,县政府再次投入1000万元建立了小额贷款风险保证基金,每年可为小微企业提供1亿元左右的流动资金,这将有效缓解县域企业流动资金周转不足的问题。县财政设立了专项奖励资金,全额覆盖挂牌上市企业资金支持。目前已被纳入资源库的企业由2015年的2家增加到5家，已有5家企业分别在7月前签订了新三板挂牌协议，目前还有一批企业正在筹备新三板挂牌签订事宜，其中签约的5家企业中有3家已经完成了股改，已于年底取得新三板挂牌资格。2016年秭归县有5家企业签订四板挂牌协议，年底已正式挂牌。

二、区域经济发展中的主要问题

我们在进行县域金融工程的调研与实践中，发现中国的区域经济尤其是县域经济中存在很多经济金融方面的问题，严重制约了区域经济的可持续发展。这些问题主要包括以下几个方面。

（一）资源利用不充分，主导产业特色不突出

区域经济的发展应该从区域实际情况出发，因地制因地利用当地优势资源，带动相关产业的发展。然而实际上，很多区域不善于充分利用自有资源，而是随波逐流，盲目地走工业化道路，既造成了优势资源的闲置，也不利于区域未来的经济发展。

例如，湖北省武穴市是以一个粮油作物为主导的“油稻稻”三熟制典型地区，是全省水稻、油菜板块县市和全省“油菜生产大市”，农业在发展武穴市经济有着重要地位。油菜是武穴市的传统优势作物，有双低油菜基地40万亩以上，“接福”牌低芥酸菜籽油被湖北省农业厅授予“湖北优质菜籽油”；“武穴佛手山药”获国家农产品地理标志认证，武穴万星面业公司研制的山药挂面获得湖北省名牌称号；武穴酥糖是武穴市传统特色产品，已走进武汉、南昌等地的超市商场。但是这些品牌知名度不高，缺乏系列加工、精深加工、多极增值、辐射带动能力强的龙头企业。与之形成对比的是，重工业在当地产业中占主导地位。

（二）中小企业融资难融资贵

中小企业融资渠道窄，银行信贷是中小企业融资的主要渠道，但中小企业获得的信贷支持却很少。各商业银行出于安全性考虑，即使成立了中小企业信贷部，但还是普遍集中力量抓大客户而不愿向小企业放贷。中小企业的银行贷款除了要承担银行为了规避风险的高利率，往往还要提供担保公司的担保，也

提高了融资成本。

例如，湖北省恩施市。2013 年恩施市的 248 亿元贷款余额中，60% 投在了房地方领域，20% 投向了工程项目，而投向中小企业的资金只占全部贷款资金的 16% 。出现这种情况的原因一方面是恩施市的中小企业多来自农村，土地为集体用地、厂房属于农村民房，这些资产都不被银行认可，因而他们缺少抵押品，难以获得银行贷款。另一方面房地产企业具备稳定的现金流，工程项目有政府资金作为担保，这二者的风险较小，所以各家大银行愿意为他们贷款。在得不到银行足够的资金支持的情况下，恩施的中小企业只好转向小贷公司和民间借贷或高利贷。当时恩施小贷公司的利率是月利 2.4% 左右，年利率高达 28.8% 左右，远远高于恩施中小企业的盈利能力。

（三）金融体系建设落后，金融机构不健全

与当前省级层面响应国家号召，加大区域性金融中心建设力度，完善金融体系建设形成鲜明对比的是，中国众多的县市级区域金融机构种类不健全，金融体系建设十分落后，金融资源利用效率低下，金融产品普及率不高。

例如，湖北省鄂州市，2014 年全市只有 4 家小贷公司，2 家股份制商业银行，保险公司只有分公司；2013 年湖北省龙凤镇有网点或代理网点的银行有邮储银行和恩施农村商业银行，工农中建四大国有银行过去没有在龙凤镇设点；截至 2015 年四川省喜德县仅有 3 家银行，1 家保险机构，尚无担保、租赁、小额贷款等金融机构。

（四）直接融资不足，资本市场发展落后

发展直接融资，能够为实体企业提供较长期稳定的资金支持，减轻现金流压力，降低其融资成本。然而从整体来看，我国直接融资仍然偏低，在经济社会发展中的作用也不能充分发挥，难以完全适应经济增长和转型的需求。从国际比较看，我国直接融资占比不仅明显低于成熟市场，也低于不少新兴市场。基层资本市场发展滞后，企业对间接融资依赖性强。

例如，四川省古蔺县。截至 2016 年 5 月，古蔺县全县贷款余额 986362 万元，存款余额 1220585 万元，存贷比超过 80% ，位于泸州市前列。古蔺县尚无任何资本市场挂牌上市企业，企业直接融资几乎为 0。虽然古蔺县存贷比远远高

于全市水平,银行工作成效显著,但是另一方面反映出古蔺县融资体系中以银行间接融资为主,直接融资发展滞后,多层次资本市场有待发展。

(五)存贷比较低,资金流失严重

当前中国很多县市都存在资金流失的问题,长期的资金外流并且外流趋势不断加剧,使大量县域资金不能投入县域生产建设中去,严重影响了县域经济发展的速度和质量。当地资金的流失一方面是银行在经济下行压力下惜贷越发严重,即使当地中小企业融资需求高涨,但是仍然出于谨慎性考虑紧抓放贷标准,存贷比低,资金闲置或流出。另一方面保险等金融机构吸纳大量当地资金,却缺少保费当地投资权限,保费交由上级机构统一配置,也造成了资金流失。

例如,湖北省蕲春县。2010 年以来,蕲春地区的存贷比一直维持在 28% ~ 29%。2013 年蕲春县存贷款资金差额近 150 亿元,十分接近该年全县 GDP。该县资金利用率很低,主要在供给县外其他地区,资金的不充分利用在一定程度上制约该县的经济发展。再如,湖北省鄂州市 2014 年保险年保费 10.53 亿元,但由于保费的管理与支配权力属于上级保险机构,本市不能利用这些资金进行市内投资,造成资金外流。金融资源利用程度较低,无法对产业调整、企业提升以及区域经济发展起到有力的支撑作用。又如,2013 年湖北省麻城市存贷比为 55.8%,低于同期全省平均水平约 11 个百分点,麻城市资金不断向外净输出,未能充分支持当地经济的发展。

(六)农业风险高,涉农保险不足

中国是一个农业大国,也是农业自然灾害严重的国家之一,2015 年农作物受灾面积 21769800 公顷,其中绝收 2232700 公顷,造成直接经济损失 2704.1 亿元。金融资本对于农业的支持明显不足,农业保险存在品种少、覆盖率低、保额低、损失补偿率低等问题。

例如,湖北省龙凤镇。龙凤镇的经济发展主要以传统农业为主,生猪和家禽养殖业、烟叶产业和蔬菜种植业是当前龙凤镇的重要产业,农民面临自然风险和市场风险。自然风险是指由于自然灾害或疾病瘟疫所导致的农作物歉收或家禽大量死亡给农户带来损失的风险;市场风险是指农户将农作物或家禽在市场上出售时由于市场价格下跌所带来损失的风险。目前龙凤镇农业保险的种类太单一,无法满足农户的实际需求。例如,目前在龙凤镇的农业保险主要还是三农保险,养殖险和种植险还比较少,养殖户和种植户亟须对他们的生产进行保险,但是各家保险公司尚未推出生猪和家禽之类的保险,也没有推出烟叶种植和蔬菜种植方面的保险。

第三节　区域经济发展目标的制定

一、区域经济发展目标

一个合理的区域经济发展目标,一方面,需要具有较强的可行性,不宜超出当前经济金融发展水平过多,应是经过各方面的共同努力,挖掘地区经济金融发展潜力之后能够切实实现的。另一方面,目标还要具有一定的压迫性和诱惑性,目标不应是容易实现的,不宜与当前的经济金融发展水平差异过小,能够起到激励经济金融从业人员工作积极性的作用。

制定一个可行可靠的区域经济发展目标,需要综合考虑以下方面的因素。

第一,区域发展现状。

经济发展目标的制定一定要符合区域的实际发展现状。区域发展现状包括区域的自然因素、社会因素和技术因素。自然因素包括区域的地理位置、地形地貌、气候土壤、自然资源种类与储量等;社会因素包括人口民族、文化宗教、政治政策、资金、劳动力素质、交通运输等;技术因素包括科技水平影响下的各产业技术与工艺等。对于区域发展现状的研究首先要从自然因素出发,认识到区域发展的先天优势与不足,扬长避短,趋优避劣,综合考虑。其次要从社会因素出发,认识到现实的经济水平和经济结构特征,分析现在经济结构的优势与不足。最后要从技术因素出发,认识到区域内部的技术优势和短板。

第二,区域发展阶段。

区域所处的经济发展阶段,对于区域未来的经济发展意义重大。正确合理地辨别区域经济所处阶段,对于经济发展目标的制定具有重要作用。处于发展

较为落后阶段的区域,现有资源不够充足,应积极吸纳资金,因地制宜地发展第一、第二产业;处于发展较为发达阶段的区域,经济金融资源充足,应着力于产业结构调整,经济发展转型,致力于实现可持续发展。

第三,国家宏观政策。

我国实行社会主义市场经济制度,区域经济的发展与国家宏观政策息息相关。在制定区域经济发展目标时,既要总结过去一段时间内国家宏观政策的侧重点和治国思路,还要基于当前的经济发展大形势,展望未来国家宏观政策的走向和经济趋势。

二、区域经济发展目标实例

区域经济发展目标的制定,还要根据区域的实际情况,有针对性地提出不同阶段的目标。下面以湖北省应城市为例,说明金融工程支持下的区域经济发展目标制定。

(一)短期目标

由于应城市存在金融体系不够完善,融资结构不合理等问题,所以从短期来看,应城市县域金融工程规划短期目标将从引进金融机构,改善金融市场体系出发,充分发挥金融业对经济发展的支撑作用,推进应城市金融行业发展,从而为应城市的主导应城发展助力,金融发展最终为实体经济服务,促进实体经济不断稳步发展,从而扩大辐射半径,面向省乃至全国形成良好对接。与此同时,完善应城市金融风险管理机制,出台相应的金融风险管理措施,完善风险管理体系,加强金融风险防范意识,建立风险分担机制,预防金融业风险。

1. 引进金融机构

由于应城市金融机构体系不够完善,金融机构少,金融机构种类、结构单一,金融中心建设意识淡薄,所以应加强应城市县域金融体系建设,大力支持引进金融机构,包括商业银行、证券公司、保险公司、小微贷款公司等非银行金融机构,深化金融机构组织体系改革,加强金融服务品质,使金融机构深入人心,扶持和推进民间金融机构建设,使传统正规金融机构和民间小微金融机构齐头并进。创新金融产品,加强金融服务,培养金融人才,提升金融机构品质。

2. 金融市场体系建设

金融市场体系建设包括发展应城市县域资本市场及货币市场发展,使应城市县域金融市场结构趋于完善,金融体系趋于系统化。解决应城市融资结构不合理的困难,补全资本市场的空缺,使其结构化、多层次发展,给予应城市县域企业更多的融资渠道。扩宽货币市场的层次,减少货币市场中县域资金挤出效应,高效运用短期资本,加快资金流动性,支持民间金融机构建设和互联网金融建设,为小微企业融资开辟一条光明之路。

3. 实现应城转型升级

应城市经济总量不够大,经济增长速度近年来明显放缓,特别是在中国经济发展下行压力之下,应城结构欠缺的问题便尤为突出。金融机构体系以及金融市场体系的建设和发展,其目的是为应城市经济发展奠基,所以实现应城市应城转型升级迫在眉睫。在完善金融业改革的基础之上,对应城市内包括盐化工、石膏建材、农业、旅游业等主导应城设计有针对性的金融产品和相应的金融服务,使其转型升级,大力改造提升盐化工、精细化工、石膏建材、农产品加工等传统优势应城,着力发展装备制造、生物医药、能源等新的支柱应城。以金融作为工具手段对实体经济推波助澜,实现应城市内主导应城转型升级,扩产增收,人均可支配收入提高,民生幸福的目标。

总体而言,近五年内,应城市实施县域金融工程的短期定量目标如下:

第一,初步建立较为完备的金融机构体系与金融市场体系,加强金融中心建设意识。预计引进银行和非银行金融机构总计 5 家。

第二,初步建设多层次资本市场。累计相继在"新三板"、四板挂牌上市企业达到 20 家以上。

第三,间接融资持续增长。预计五年内,余额存贷比从 47% 增加到 60% 。

(二)长期目标

从长期来看,应城市县域金融工程规划的实施,将通过引进优质外资金融机构来丰富金融机构类型,扩大金融机构规模,逐步完善金融体系;协调政府与金融机构的角色定位,切实加大对中小微企业的信贷支持,拓宽企业融资渠道;同时,优化产业结构,增大经济总量,利用当地各方面优势和特色来带动经济发展。另外，还应增强金融建设意识和创新意识，大力培养金融创新型人才。通过构建符合应城市经济发展的特色金融体系，提高应城市金融软实力，促进应城市经济的跨越式发展。

1. 打造地区性金融中心

在引进各种金融机构的同时，对应城市现有金融机构进行支持引导，改善其管理运行体制，全面改善应城市资本市场状况。增强金融中心意识，打造群体式办公场所，将各金融机构的代理点、办事点集中起来，建设金融小镇与基金小镇，进一步发展为地区性的金融中心，加强金融产品创新，改善金融资源管理，切实加大对于中小微企业的信贷支持。

2. 核心产业金融工程建设

现代经济增长是以产业结构调整为核心的增长，产业结构的调整和优化会有力地促进区域经济的发展。目前应城市三次产业同步发展，但产业实力依然相对较弱并且带动作用不强，第三产业优势不明显，亟须进一步发展。应城市金融工程规划的实施，首先将支持和引导全市多家高新企业快速发展，培养和引进管理类人才，改善企业的运营管理体制，努力在未来实现部分逐步上市，然后集中企业力量形成产业集团，确立主导产业，以盐化工、石膏建材和旅游等产业为着力点，整合来自市内外的各类资源，通过各方筹集资金，优化产业结构，实现产业升级，促进本市产业发展。

3. 建立区域金融风险管理与绩效评价体系

建立区域金融风险管理与绩效评价体系，即进行区域金融风险的识别、度量和管理，以及构建金融支持地方经济发展的绩效评价体系。在实地调查的基础上，收集和整理应城市的宏观经济数据和各类金融数据，如地区生产总值、财政收支、金融机构存贷款规模等，通过分析和对比数据，发现应城市目前经济发展中存在的问题，对宏观四部门所面临的各种潜在的和显在的风险进行系统的归类和全面的分析，然后对风险发生的可能性、范围及程度进行估计和衡量，选择金融工具加以管理来控制风险，最后利用各类数据构建有效的绩效评价体系。

第四节　金融工程支持区域经济发展的措施

本节将着眼于区域经济金融的发展，从金融工程的角度阐述如何利用金融资源和手段，推动区域经济的可持续发展。金融工程支持区域经济发展的措施主要包括以下内容：金融规划工程、主导产业金融工程、企业挂牌上市金融工程、新型城镇化金融工程、金融中心建设工程、保险业金融工程、金融资源综合配置工程、金融风险管理工程，其中金融资源综合配置和金融风险管理工程的相关思想将在本书后面章节详细论述。

一、金融规划工程

要做到充分利用金融资源推动区域经济的发展，首先要从上层建筑出发，制定一份提纲挈领的规划文件显得尤为重要，这就是金融规划工程的主要内容。金融工程规划是基于地方政府的视角，在对区域经济金融发展现状的分析基础上，设定区域经济金融的发展目标，制定金融工程支持下的区域经济发展战略的具体实施措施。

金融规划工程按照以下三个步骤依次进行：

第一，组织开展金融工程前期调研。通过开展书面报告、座谈与实地考察相结合的方式，在地方政府的主导下，了解区域的经济发展、金融、产业、企业、城市建设等情况，为下一步制定金融工程规划作铺垫。

第二，编制金融工程规划，讨论审定规划方案。在调研与分析现状的基础上形成区域金融工程规划的初步方案，提交地方政府审议，并组织相关部门和机构对此规划进行论证，最终协商并修改后完成区域金融工程规划方案。

第三，向上级争取相关支持政策和试点政策。为了加快相关方案的实施，地方政府应向上级人民政府积极争取实施金融工程的相关政策支持，如支持主导产业发展的相关财政奖励、优惠政策，各专项基金使用权和引进金融机构等，并经常与上级沟通，创造良好的政策环境，以支持金融工程的顺利实施与开展。

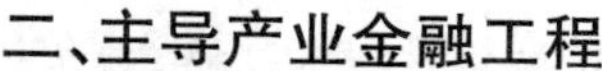

二、主导产业金融工程

产业金融工程是用金融工程的手段推动产业的发展,通过产业的发展推动经济的增长。具体来说,就是通过金融工具与金融手段的创新和组合,金融工具的调整和金融制度的创新来解决产业发展中面临的问题。产业金融工程的具体内容就是将金融工程的具体理论与思想运用到产业发展的问题研究当中。具体来讲,就是指创造性地利用各种金融手段(包括金融工具、金融工序、金融制度建设等)解决产业发展的各项问题(资金需求、风险管理等),核心是在控制产业风险的前提下实现产业的增值,推动产业的跨越式发展。

(一)主导产业价值工程

产业价值的创造基于产业链的价值增值过程。通过产业链的整合可以使产业链的产业价值发生改变,从而达到产业增值的目的。

一是降低成本。通过对产业链的资源整合,实施标准化生产、企业内部成本管理等,可以有效地在物流、库存、包装和销售等环节实现成本的降低。

二是延伸产业链。通过产业链的延伸,有助于企业增强自身在同类行业的竞争力,有利于技术创新和管理创新,发挥企业的规模效应。产业链的延伸往往能形成产业集群。

三是打造品牌。在一定的区域内,通过产业链的发展,同一产业内涌现出众多的龙头企业,就可以形成品牌效应。单个企业想要形成品牌,难度是很大的,然而企业通过集群的力量,打造区域品牌,使一个集群中所有企业都获利时,就能使区域经济得到跨越式发展。区域品牌与单一企业品牌相比,具有更大的品牌效应。

(二)主导产业资金工程

产业资金融资包括内部融资和外部融资两部分。

内部融资主要包括:(1)留存盈余融资。留存盈余与企业的股利是此消彼长的,公司在股利分配政策上具有很大的自主性,盈余资金能够以较低的成本方便地筹到企业资金。(2)票据贴现融资。票据贴现就是将票据转让给银行,银行根据相应的票据金额和贴现率将资金给予收款人。目前我国票据融资的主要对象是具有规模的大型企业,对中小型企业而言,进行票据融资较为困难。(3)资产典当融资。资产典当是用实物作抵押,通过实物所有权的转移来获取临时性的贷款。典当业务对于抵押物没有价值限制,能比较方便地获得资金,不像银行贷款手续那么复杂,审批周期长。

外部融资主要包括:(1)银行贷款。目前我国银行主要分为政策性银行和商业银行,商业银行贷款是最常用的贷款方式,可操作性强、手续简便、具有避税作用。(2)民间金融。民间金融主要以借贷为主,当企业急需资金,并且银行在缺乏抵押物的情况下,民间融资是企业家选择的重要手段之一。(3)信用担保。信用担保的特点在于担保公司的介入,对于抵押物不足的企业,担保融资能解决中小企业担保物不足的问题。(4)融资租赁。对于大型设备使用要求的企业来说,融资租赁的门槛较低,租赁周期长,还款方式灵活。(5)债券融资。目前我国企业债的发行受相关法律法规的约束,业务量不算太大,目前已经有一些企业尝试在银行间市场发行债券融资工具。(6)股权融资。融资者不用还本付息就可以得到资金,具有长期性和不可逆转性的特点。(7)项目融资。项目信贷融资,主要是商业银行、政策性银行和国外金融机构贷款,还可以争取产业基金、投资基金和银团贷款的方式获得。项目债权融资,即主要通过发行企业债和可转换债(债权人可以转为公司的普通股)的方式获得资金。

(三)主导产业风险管理体系

识别、度量并管理好产业风险,对于保障产业资本安全与营利性,产业的健康和持续发展都具有十分重要的意义。主导产业风险管理体系主要包括产业风险识别、产业风险度量和产业风险管理三个方面。

第一,产业风险识别。

产业风险初步分为内部因素和外部因素两大方面。产业内部因素主要有产业结构、产业生命周期和产业经营管理水平。具体而言,产业结构主要指产业集中度,一般用赫芬达指数来衡量,即行业内排名靠前的几家企业市场份额平方和与行业内所有企业市场份额平方和之比;产业生命周期指产业由成长到衰退的演变过程,一般可以分为初创期、成长期、成熟期和衰退期四个阶段,不同阶段的产业风险有所不同,一般来说初创期和衰退期产业风险较大,成长期和成熟期产业风险较小;产业经营管理水平主要涉及产业内部制度安排与经营管理策略,只有具备完善、健全的产业制度,同时拥有自主研发能力和科学的管理战略的企业和产业才能长期保持竞争力,抵御风险的能力较强。产业外部因素主要包括产业生存环境、产业政策和境外因素三个方面。产业生存环境决定着行业内企业持续发展的能力以及新企业进入行业的门槛,涉及资本、技术、劳动力、土地等各种要素供给,市场对产品的需求以及市场的竞争程度。产业政策多指国家宏观政策,对产业风险的影响体现在两个方面,一是产业政策能否有效规范生产经营行为,维持适度竞争,避免产能过剩;二是产业政策是否容许产业创新,鼓励产业进步与竞争力提升。境外因素包括商品进出口、外债、汇率波动、国际资本流动、外商直接投资(FDI)等。

第二,产业风险度量。

产业风险度量的总体思路可以采用流量风险与存量风险相结合,其中流量风险包括产业投入产出价格、盈利能力、利率、汇率等的波动风险,存量风险包括产业结构、产业生命周期、产业资产负债表等风险。具体而言,投入产出品价格可以根据历史数据进行计量分析与预测,包括引入投入产出品价格的在险值(VaR);利率和汇率风险可以采用敏感性(Sensitivity Analysis)与情景分析(Scenario Analysis)分析利率与汇率波动对产业利润的影响大小,同时积极规避风险;操作风险难以度量,一般采取定性分析;产业结构风险可以采用产业集中度(或赫芬达指数)来衡量;产业生命周期可以通过产业发展阶段指标(资产增长率)来衡量;产业的资产负债表风险可以通过产业账面资产负债表及或有权益资产负债表来衡量,并辅以风险指标如流动比率、VaR、违约距离、违约概率等。

第三,产业风险管理。

产业风险管理的手段主要有三种:产业风险监测体系、金融工具及产业经济资本。

产业风险监测体系首先针对产业风险因素选取一些关键指标,并对各指标的相对大小与产业风险的大小关系对应起来,构成一个完整的产业风险监测指标体系,同时采用层次分析法或专家投票法对各指标赋予一定的权重,形成一个产业风险综合指数,分为安全、关注、可疑、危险、危机五个等级。金融工具,如期货与保险是产业风险管理的重要手段。产业经济资本是一个产业为了预防与缓冲风险损失的权益资本,可以看作一种风险准备金,在实际运用时需要计算产业资产市值的 VaR，并利用权益市值与权益波动率等数据。

（四）主导产业绩效考核体系

绩效考核的一般目标是利润最大化，或者成本最小化。对于企业或产业来说，比较重要的指标包括盈利能力、生产能力、市场份额与市场竞争力、人力资本与技术进步等。构建特定产业的绩效考核体系时首先需要对产业的市场集中度、盈利模式、发展前景、政策背景等问题进行深入系统的研究，同时关注上下游产业与本产业的协同制约关系，在此基础上对产业的发展目标进行定位，然后才是选取代表性指标形成绩效考核体系。区域主导产业的考核，要根据区域实际情况，选择合适的考评指标进行。

三、企业挂牌上市金融工程

企业挂牌上市工程通过培育一批地方优质企业走上资本市场，一方面实现直接融资，另一方面拓展业务空间，同时在产业金融工程的配合下，培育有竞争优势的区域产业链，实现产业壮、企业强的局面。在企业上市过程中，企业财务制度得到规范，地方税收实现增长。

（一）建立上市企业后备库

第一步，由该区域政府经信委、农业局和商务局等部门统计并整理辖内企业信息，具体包括企业法人及高管人员、公司治理结构、股权结构、主营业务方向、主要财务指标、在行业中所处位置等，根据企业经营水平、发展前景及企业股东上市意愿等帮助辖内企业确定其上市目标（主板、中小板、创业板、新三板、四板），并将辖区内企业上市进程的状态进行分类，并编制成《重点企业信息一览表》。

第二步，组织企业利用资本市场融资学习交流会。要强调上四板市场的重要性和现实性，因为新三板市场融资成本高（100 万元以上）、门槛也相对较高、等待时间长，而四板市场成本低很多（最高 50 万元）、门槛也相对低很多、等待时间也较短，比较适合中小企业。对于有意向上新三板市场的企业，政府帮助联系相关证券公司，开启挂牌上市相关进程。

第三步，融资担保平台公司将有意向的企业的数据录入电脑数据库，形成上市后备企业库。后备企业名单可分为三类：工业企业、商贸企业、农业企业及农村合作社。

（二）引导上市后备企业，选择金融中介机构

首先要认真引导上市后备企业着手进军资本市场。以《重点企业信息一览表》中的后备企业名单为基础，有针对性地对企业主、高管等进行集中宣讲。对于上市意愿不强、思想解放程度不够的企业主，则可邀请业内专家和教授及股权交易所、中介机构的专业人士对其授课；对于已经有上市意愿的企业，则着手引导证券公司、投资公司、律师事务所、会计师事务所等中介机构对这些企业进行股份制改革、财务审计等工作，从而解决历史遗留问题。

其次要选择优质的金融中介机构。恩施市不仅要利用好本地中介机构的渠道，还要引入其他优质的有实力和背景的中介机构，利用中介机构的经验来带动企业安排上市筹备工作。除证券公司之外，还可以引进些具有新三板中介资格的中介公司，一些非证券公司之类的专门从事四板中介公司。

（三）推动后备企业上四板市场展示

首先，融资担保平台公司通知有意向的企业递交企业基本资料（文字、图片、视频等）。担保平台公司对企业资料进行初步审核，将不符合条件的企业资料和材料不规范的企业资料打回，要求整改。接着，平台公司将通过初审的一批企业资料进行审核。审核通过之后，将这些资料挂在专门建立的宣传网站上，完成展示，企业经过这个平台，就可能实现招商引资、股权转让等融资活动。

（四）展示企业辅导、改制与挂牌

对于愿意接受挂牌辅导的企业，为其提供股份制改造、财务制度规范、引入战略投资者、高新技术企业认定、科技成果认定登记、创新引导基金申报、企业管理咨询等服务，此外，还要介绍法律、会计等机构帮助公司完成整体改制方案、重组方案、关联交易方案、股份公司设立等事宜，协助公司完善法人治理结构，建立健全各项管理和内控制度。此外，股交中心还要帮助企业完成发展规

划，了解公司产品、市场、行业地位、竞争优劣势和募投项目情况，协助企业进行发展规划，整合投资资源。

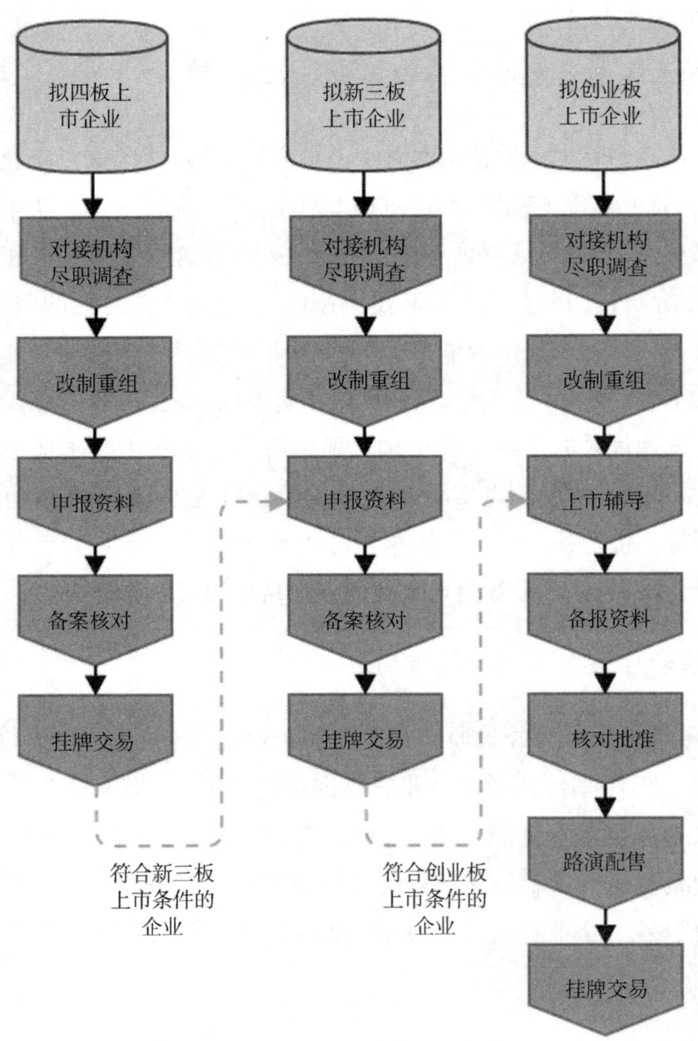

图 3.5　资本市场上市流程

(五)为挂牌企业提供融资支持

企业挂牌之后，挂牌企业可以享受多种融资方式：股权存量转让、定向私募增资、股权质押融资、设备资产抵押融资、无形资产质押融资和企业私募债融资。

四、新型城镇化金融工程

新型城镇化是指坚持以人为本，以新型工业化为动力，以统筹兼顾为原则，推动城市现代化、城市集群化、城市生态化、农村城镇化，全面提升城镇化质量和水平，走科学发展、集约高效、功能完善、环境友好、社会和谐、个性鲜明、城乡一体、大中小城市和小城镇协调发展的城镇化建设道路。

新型城镇化内涵与传统城镇化相比应体现在六个方面的不同：第一，发展机制方面，应实现由政府主导型城镇化向市场主导型城镇化的转型；第二，发展阶段方面，应实现由土地城镇化到人口城镇化的重大转变；第三，发展模式方面，应实现由外生城镇化模式到内生城镇化模式的转变；第四，需求动力方面，应实现由投资出口驱动到消费驱动的转变；第五，空间布局方面，应实现由“非均衡”的城镇化向“均衡型”的城镇化的转变，优化城镇体系空间格局；第六，发展目标方面，应实现由“一维”的经济目标向资源环境、社会和经济发展等“多维”目标的转型。

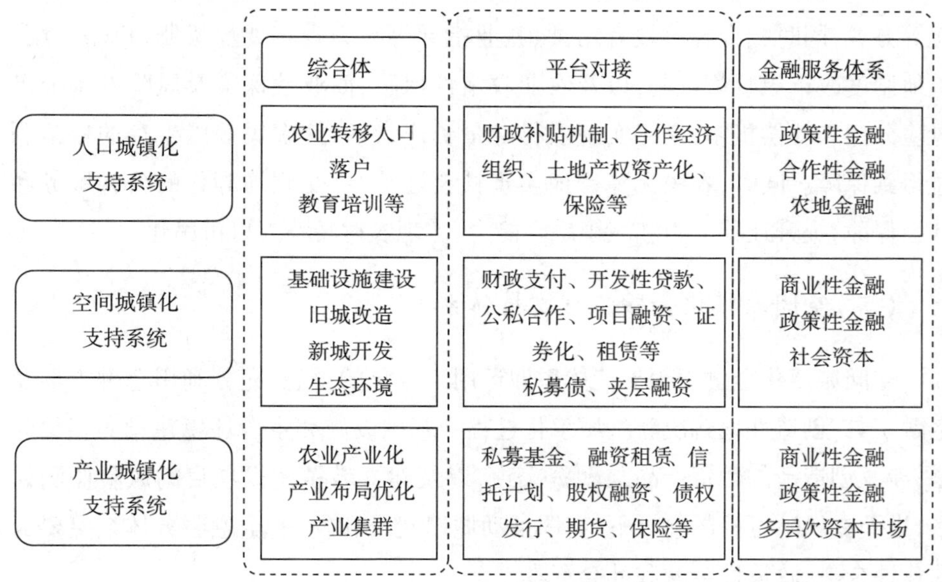

图 3.6　新型城镇化金融工程体系

新型城镇化金融工程把新型城镇化视同一个“综合体”，将人口城镇化视同这一“综合体”的上游，将空间城镇化视同中游，将产业城镇化视同下游，形成

“三横三纵”结构化、工程化的新型城镇化系统性融资设计框架。该体系将金融服务体系与新型城镇化“产业链”深度对接，最终在满足新型城镇化融资目标的同时，实现农业人口市民化、城市面貌现代化、金融深化与相关产业发展。“三横”是指以人口城镇化、空间城镇化、产业城镇化三个子系统为横向发展路径，“三纵”是指以综合体具体实施内涵、系统性融资支持新型城镇化的平台对接、综合性金融服务体系为纵向发展路径。其中，对接平台由政府及市场上的各类主体共同搭建，合理运用金融服务体系提供的金融工具和手段，推动新型城镇化建设的稳定进行。

（一）人口城镇化金融工程支持体系

人口城镇化金融工程支持体系主要是通过政府财政补贴机制的引导、政策性金融和农地金融撬动，盘活农村存量资产等方式的结合，同时引入保险资金作为保障，通过系统性融资工具创造性地解决“农民进城、资本下乡”所面临的问题，金融服务体系主要为政策性金融、合作性金融和农地金融。

人口城镇化支持体系主要以农民互助合作组织、农地金融、土地产权资产化等方式，同时配合农村教育培训、就业指导等人力资本建设机制，户籍制度、土地制度改革等政策机制，以及农业政策性保险、商业性保险及风险准备金等风险分担和补偿机制，最终实现农村存量资产盘活，使农民赖以生存的根本利益得到保障。同时，农民无障碍地实现社会迁移，享受到均等化的公共服务和社会保障，提升迁移能力和城镇融入能力，实现农村转移人口市民化。

（二）空间城镇化金融工程支持体系

空间城镇化金融工程支持体系即运用工程化的思想，充分利用金融市场及金融工具，创造性地解决新型城镇化过程中基础设施和生态环境建设的相关问题，涉及创造新的融资产品与融资渠道，以及建立城镇建设项目的风险监测体系，进而在风险可控的前提下，有序推动城镇建设和发展，金融服务体系主要为商业性金融、政策性金融和社会资本。

空间城镇化支持体系旨在解决三个问题：第一，融资问题，即如何打通资金渠道，丰富融资品种，平抑资金成本；第二，项目完成后的运作问题，保证项目的社会效益和经济效益并举；第三，项目融资平台的风险控制。

具体的设计如下：在当地政府的支持下，依托当地的城市建设投资公司建立平台，将包括银行、非银行金融机构和社会资本在内的资金来源方与地方政府、城镇建设项目联系起来。通过该平台，城镇建设项目融资将由单一的财政拨款和银行贷款，转向利用金融市场进行直接融资和间接融资相结合的多渠道融资。依托空间城镇化支持平台，开辟了市场、政府在空间城镇化建设中各司其职的新模式，有力提升了城市建设投资公司的运营能力。即银行、信托、保险、证券、担保、租赁等各类金融机构和社会资本形成“金融要素包”；地方政府统筹规划各类优质项目，形成“项目包”，通过科学的投资管理运作和决策模式，二者对接，实现金融资源的优化配置。在建设项目投资风险控制的环节：一是该平台对相关项目进行可行性分析（风险—收益分析），并为优质项目提供有力的政策支持；二是在项目完成后，对建设项目进行绩效考核评价，保证各项目参与方的项目收益；三是为确保该平台自身的顺利运作，对其引入诸如担保和保险等征信措施。

（三）产业城镇化金融工程支持体系

产业城镇化金融工程支持体系，是指以产业和产业链为基础平台来探索产业层面的价值增值，整合金融资源、产业资源、政策资源，在控制风险的前提下解决产业发展中的金融问题，提高生产效率、资金效率和政策效率，从而实现产业化与城镇化协调发展，避免城市空心化或伪城镇化现象。平台对接包括私募基金、融资租赁、信托计划、股权融资、债权发行、期货、保险等，金融服务体系主要为商业性金融、政策性金融和多层次资本市场。

这一部分应该与主导产业金融工程的实施协调同步进行。

五、金融中心建设工程

发展金融的根本目的是服务与实体经济，推动企业发展壮大、产业转型升级。金融体系的滞后和不健全往往不能有效地助力实体经济，甚至会延误经济发展的最佳时期，区域金融中心的建设能够很好地解决这个问题。

金融中心的建设意在发挥金融集聚的作用、聚集区域金融机构与金融资源。主要包括以下三个方面：

（一）金融机构体系建设

金融机构是金融市场的主要参与者之一，也是广大资金供求者的交易对手，金融市场的活跃程度与规范程度很大程度上取决于金融机构的种类和规模。

第一，整合地方金融机构的资源。

出台相关政策，规划和整合区域金融机构资源，促进金融产业向金融核心区集聚。首先，引导已有的银行法人机构、小额贷款公司、投资公司等将总部向金融核心区集聚；其次，以市场为原则，整合区域的金融机构资源，组建金融控股集团，并将总部设立在金融核心区内，提高其金融服务功能。

第二，引进各种类型的金融机构。

一方面是正规金融机构的引进，大力吸引国内商业银行和外资银行到规划金融核心区内设立分支机构与营业部，尤其是银行中小企业信贷中心，促进银行的集聚，提高银行业的综合服务水平；引进证券公司分支机构，如专业化从事资产证券化的分支机构；引进保险分支机构；引进信托公司。另一方面是民间金融机构的引进，包括引进专业化小额贷款公司、典当行、投资公司等。结合区域实际，需要引进的金融机构主要为国内股份制商业银行、城市商业银行、外资银行和证券公司、期货公司、保险公司营业部，以及专业化的小额贷款公司、担保公司、网络贷款公司、投资公司、典当行等民间金融机构。

（二）金融市场体系建设

金融市场是金融交易发生的主要场所，也是资金供求实现均衡的集散地。在金融市场体系的建设中，应着重考虑三类市场的建设，即正规金融市场、民间金融市场和商品交易市场。

1. 对接成熟金融市场

一是股权交易分市场。其市场参与主体为中小企业、交易分所以及股权投资者，主要功能包括提供股权登记托管平台、股权转让平台，通过上市挂牌的形式完成中小企业股份制改革，规范公司治理结构，并为上市挂牌企业提供融资增值的渠道。

二是金融资产交易分市场。其市场参与主体为中小企业、各类金融机构和交易分所，主要功能包括不良金融资产的交易、金融票据（应收账款、商业承兑汇票）的贴现和转让以及信托收益权的交易可以为部分流动性较弱的资产提供流动性，有利于中小企业改变资产负债结构、降低财务成本。

三是农畜产品交易分市场。其市场主体为交易商、做市商、结算银行、物流公司、监管机构、农户、农业企业等，主要功能是利用现代信息技术和创新的金融模式为农畜产品交易提供中介、信息、交易、结算、交收等服务的现代电子交易市场，同时也提供投资和避险保值的中远期交易的平台。

2. 建设并规范特色金融市场

一是民间个人借贷市场。其市场参与主体是中小企业和个人，民间融资服务中心、中介服务机构等，主要功能为规范和集中民间借贷行为，为民间资金供求提供一个公开公正的交易平台，抑制民间资金的过度投机与非法集资行为。

二是 P2P 网络借贷市场。其市场参与主体为中小企业、个人、P2P 网络平台、担保公司，主要是借助新兴的互联网的公开性和便利性，使资料与资金、合同、手续等全部通过网络实现，它是随着互联网的发展和民间借贷的兴起而发展起来的一种新的金融模式。

（三）金融服务体系建设

多层有序、结构完整、运行安全的金融配套服务体系是金融市场快速健康发展的有力保障。金融配套服务主要包括金融中介服务、金融监管服务、金融信息服务和金融人才服务。

1. 金融中介服务

金融中介服务机构主要包括资信评估公司、律师事务所、会计师事务所、咨询公司、拍卖行等一些专业性金融机构和会计、法律、咨询方面的服务机构，它们不直接参与市场交易，但能减少金融市场的摩擦，使金融交易快捷有序地进行。

2. 金融监管服务

全面审慎的金融监管是保障金融体系正常运行的关键，也是发挥金融杠杆作用的前提。金融监管服务体系主要由区域金融中心建设与风险控制委员会与各行业协会,以及风险基金组成,从组织制度安排与风险保障安排两方面对金融核心区内金融交易中面临的非系统性风险和系统性风险进行监控与处置。

一是建立区域金融中心建设与风险控制委员会。区域金融中心建设与风险控制委员会是为推动区域金融中心建设以及防控金融市场风险而专门设立的监管服务机构。该委员会主要由金融办、保监局分支机构、银监局分支机构、证监局分支机构、人民银行分支机构等部门共同组建。在金融监管方面,该委员会对金融市场的日常运营和重大风险进行监督和防控,检查金融交易的合规性,防止由于金融监管不当而导致的金融市场的动荡,保证金融市场的稳定性。

二是建立金融行业协会。在建设区域特色金融核心区的过程中,应推动金融业相关行业协会(如民间金融协会)等社会组织的建设,保障服务于中小型金融机构的行业协会的独立性,发挥金融行业协会的管理咨询、信息交流、矛盾调解、沟通桥梁和利益平衡作用。

三是建立金融风险基金。金融风险基金定位于服务金融中心内各类金融机构和参与金融交易的企业及个人,致力于控制特殊情况下的金融交易风险和不可抗逆风险。

3. 金融人才服务

金融人才服务主要从金融教育与人才培养平台的搭建角度出发,而人才市场建设则是其中的重点。人才市场是在人才作为生产资料的条件下,人才供求双方直接见面,相互选择,平等交换,实现人才流动,从而提高人才资源优化配置。

一是建立金融人才管理中心。由银行或相关金融机构的人才库组成,建立一支金融业所需要的多层次金融人才队伍,拟定培训计划,对金融人才进行定期培训,疏通人才流通渠道,帮助人才实现合理分配和使用。

二是建立专业化人才培训机构。可根据市场实际需求及区域自身金融业发展特点建立专门培养攻克难关的专业化人才培训机构。将输送的人才进行培训,提高水平,送交人才管理中心,在人才市场进行交流。

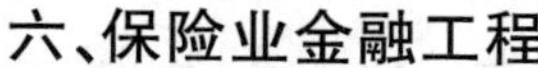

六、保险业金融工程

保险业金融工程旨在从金融工程的全新视角,研究保险业风险管理和发展策略,以及保险业和其他金融业态共同服务区域民生保障和经济发展的问题。保险业金融工程涉及三个方面的工作:完善保险业组织体系、实施保险业产品及服务创新、建立良好的保险资金运用机制。

(一)完善保险业组织体系

一是建立保险业金融工程平台。建立保险业金融工程平台,实施保险业和银行、证券、担保、小贷、互联网金融、民间金融机构等多层次资本市场对接,发挥出保险资金的社会保障以及对社会资金的先导作用。

二是设立保监派出机构或者保险业协会。银行代理销售和营销人员代理销售在保险销售中占比较高,受制于保险监管的缺位,容易造成对居民的保险知识普及教育不够,保险理赔难或者投保人权益无法得到保障等问题。通过设立保监派出机构或者保险业协会,有利于加强行业自律,促进保险业规范发展。

三是引进新的保险市场主体。一方面,应结合区域的实际需求引进新的保险公司,建立良性竞争的市场环境;另一方面,可以尝试成立保险中介服务机构,提供更高效快捷和专业的服务。

(二)实施保险业产品及服务创新

一是加大三农保险创新力度。随着农业产业化和集约化经营程度的不断提高,很多种养大户及农业龙头企业对保险的需求越来越多样化。其一,保险公司要有针对性地推出相应的商业农业保险品种,包括主要粮食作物保险、水产养殖保险、生猪价格保险,探索农产品价格指数保险、天气指数保险等;其二,要开发针对农业龙头企业和农民的“一揽子”组合保险产品,提供风险整体解决方案。

二是加大居民医疗健康和养老保险创新力度。实行“政府主导——多方资金支持——商业保险公司经办”型居民医疗健康和养老保险模式。这种模式可以充分利用政府和商业保险公司的双重优势,拓宽养老资金来源,减轻政府财政压力,提升保险服务质量,优化保险经营效率。积极支持全市有条件的企业和社会单位建立商业养老保障计划,鼓励保险机构开发设计灵活、保障适度、流动性较强的补充养老保障计划,满足企业和社会单位多层次、多样化的养老保障需求。加快扩大企业年金、职业年金的覆盖面。支持保险机构参与企业年金、职业年金业务管理,充分发挥保险公司在方案设计、账户管理和投资管理中的技术和服务优势。

三是打造区域保险业服务网络。引导保险公司加大投入,依托互联网保险、村委会驻点服务站等新型服务形式,及时为农户提供保险投保和索赔等业务指导。保险经营主体应建立和健全基层网络,充分利用本市农商行、邮政储蓄银行、卫生防疫部门、农机站等机构的客户资源优势,延伸保险营销网络。并在此基础上,完善承保、查勘、定损、理赔和赔款支付流程,发挥风险控制和专业服务等方面的优势,全面提升保险服务专业化水平。

(三)建立良好的保险资金运用机制

一是保险资金支持产业发展模式。通过"政府引导—保险保障护航—多层次资本市场信贷支持—产业(企业)发展"模式,促进保险业由单一保险型向金融服务型转变。"政府引导",是指以政府财政手段和制度建设作为保险业金融工程平台的强大支撑,包括提供农业保险补贴、保险保障基金等;"保险保障护航",是指保险机构对区域产业(企业)提供贷款保证保险、商品价格指数保险,同时以保险资金作为信贷支持,提供完备的保险保障服务;"多层次资本市场信贷支持",是指在上述的强劲保障下,引导多层次资本市场将企业投保情况作为授信评级和信贷支持的重要依据,探索提升企业信用额度的业务拓展模式,为产业及企业发展提供资金保障。

二是保险资金支持新型城镇化发展模式。通过"政府引导—失地居民保险保障—多层次资本市场资金支持—新型城镇化建设"模式,加快区域新型城镇化建设步伐,保障失地及城镇化居民权益。保险资金要发挥机构投资者的优势,利用保险资产管理计划、资产证券化、产业投资基金等方式,支持区域新型城镇化建设。

第五节　区域经济发展战略保障措施

一、成立领导小组

区域经济发展战略的实施是一个长期的、系统的工程，需要一个稳定的团队负责决策制定与调度落实，保证其实施的延续性和协调性。因此，根据战略实施需要，成立领导小组是十分必要的。在区域经济发展战略的实施中，首先需要政府主导统筹的作用和综合配置资源的能力，领导小组要以区域党政一把手为主导，以各职能部门为辅，便于协调各部门工作利益关系，最大限度地提高工作效率；在政府为主的同时，战略的实施还需要各种金融手段的配合，领导小组中也需要金融专业人员，以保证战略落实的科学性。

二、制定实施细则

区域经济发展战略是一个复杂的体系，根据战略中的实施措施制定更为详细、更具有可实施性、分阶段的实施细则，实施细则应当是根据每一个子工程分别制定，并且应当是具体到责任单位、实施内容、实施时限的一套实施计划。制定细则的目的在于既保证各项工作有序进行，又明确各单位工作任务，调动工作积极性，同时为绩效考核奠定基础。

三、出台考核标准

金融经济工作是长期的，同时存在比较大的浮动空间，为了了解每个阶段的工作成果，在经济发展战略实施的过程中不断发现问题、总结改进，也为了与赏罚利益挂钩，提高金融经济工作者的工作热情，在制定实施细则的基础上，还要根据区域实际情况选取恰当指标结合经济发展战略中的发展目标，制定绩效考核标准。

四、构建风险管理体系

区域金融经济工作既要受到国家宏观层面政策的影响,又要受到市场风险的冲击,风险管理体系的构建十分必要。通过风险管理,可以为区域金融管理提供一套完整而健全的风险控制制度,规范并完善区域金融监管体系,保障区域经济发展,实现区域进行的健康运行。具体的风险管理体系的构建方法在本书后面部分以单独的一章呈现,在此不作赘述。

五、引进金融投资类机构

将金融机构的引进尽快列入工作日程是对后续各类金融工程支持下的经济发展战略实施的重要保障。在区域政府权限内,明确出台相关政策,并结合产业发展特色需求,吸引境内外金融机构。鼓励全国性金融机构增设分支机构和服务窗口,开展业务创新,争取所有政策性银行均能设立分支机构或服务窗口;引进境外知名金融控股集团、主权财富基金、私募股权投资机构等设立投资基金和分支机构,支持境外金融机构参股相关金融机构,鼓励外资发起设立创业投资企业、融资性担保机构、融资租赁公司和小额贷款公司等。

六、加强社会信用体系建设

良好的金融环境与社会信用体系既能有效地解决企业发展融资难的问题,又能促进区域金融业的健康发展。发挥好政府的推动和引导作用,构建功能完备、分工明确、运行高效、监管有力的社会信用体系,正确引导社会舆论,培育诚实守信的社会文化。另外,加强金融监管部门与地方政府工作协调,增强金融监管合力,建立金融与政法联动机制,加快构建完整高效的金融风险防范处置工作体系。

参考文献

[1]彭纯华:《正确处理好金融与经济的关系　促进国民经济稳定协调发展》,《金融与经济》1990 年第 7 期。

[2]王士强:《论我国金融抑制与金融深化》,《南开经济研究》1994 年第 2 期。

[3]谈儒勇:《中国金融发展和经济增长关系的实证研究》,《经济研究》1999 年第 10 期。

[4]周立、王子明:《中国各地区金融发展与经济增长实证分析》,《金融研究》2002 年第 10 期。

[5]冉光和、李敬、熊德平等:《中国金融发展与经济增长关系的区域差异——基于东部和西部面板数据的检验和分析》,《中国软科学》2006 年第 2 期。

[6]丁艺、李靖霞、李林:《金融集聚与区域经济增长——基于省际数据的实证分析》,《保险研究》2010 年第 2 期。

[7]叶永刚、宋凌峰:《宏观金融工程论纲》,《经济评论》2007 年第 1 期。

[8]叶永刚:《宏观金融工程(理论卷)》,高等教育出版社 2011 年版。

[9]叶永刚:《产业金融工程》,人民出版社 2012 年版。

[10]叶永刚、宋凌峰、张培等:《大别山金融工程——基于中国湖北黄冈的示范分析》,高等教育出版社 2016 年版。

第四章　区域金融资源的使用与配置研究

本章主要从金融资源理论的角度出发对金融工程思想在金融资源配置中的作用机制进行了分析与阐述，阐述了金融资源与经济资源的关系，并在此基础上研究探讨了如何合理使用、利用区域金融资源来促进区域经济的发展。

第一节　区域金融资源配置的相关概念

本节对研究的核心概念即金融资源和金融资源的配置进行了梳理和述评，分析探讨了区域层面金融资源的配置特点，并阐述了区域金融资源配置在区域金融工程理论研究中的地位及作用。

一、金融资源及其配置

“金融资源”是近年来学术界和实务界探讨比较多的一个概念，其最早在 Goldsmith 所著的《资本形成与经济增长》中提出，在哈德罗—多马经济增长模型中认为储蓄率高的国家资本产出能力强，并最终作用于经济的力量就大。在国内，著名的金融学家白钦先教授于 1998 年首先提出了“金融资源观”。白钦先教授认为，“金融是一种资源，是一种稀缺性资源，是一国最基本的战略资源”，可以将金融资源概括和抽象为三个紧密相关的资源层次，即基础性核心金融资源、实体性中间金融资源和整体功能性高层金融资源。① 本节在白钦先教授提出的金融资源定义的基础上，对金融资源概念的相关内涵做进一步总结与论述，并结合现有实际情况对金融资源的配置进行了阐述。

① 白钦先：《金融可持续发展理论研究导论》，中国金融出版社 2000 年版。

金融资源可以从狭义和广义两方面对金融资源进行界定,狭义上的金融资源是指以各种形式占有、支配与使用的货币和货币资本及各种金融工具。广义的金融资源的定义主要包含以下三个方面的内容。第一,金融是一种资源,即金融资源像其他资源如自然资源、人力资源等一样是资源种类当中的一种;第二,金融资源是一种稀缺性资源,是一国最基本的战略性资源;第三,金融资源可以抽象理解为三个紧密相关的层次,即基础性核心金融资源、实体性中间金融资源和整体功能性高层金融资源,如图 4.1 所示。

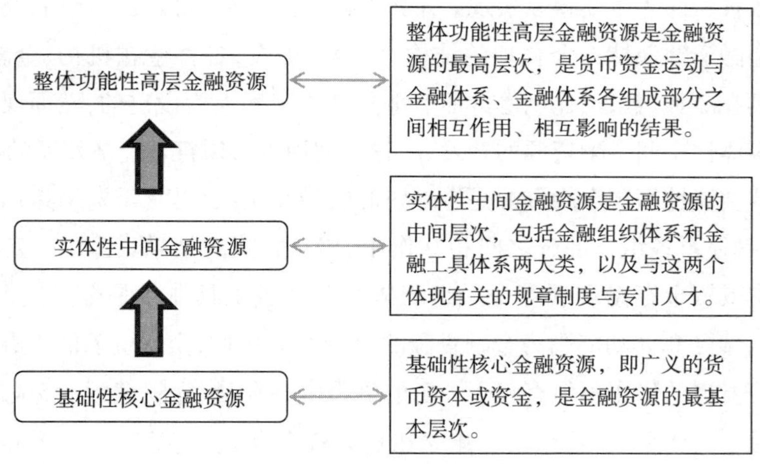

图 4.1　金融资源的构成层次

基础性核心金融资源,即广义的货币资本或资金,是金融资源的最基本层次。货币是价值和使用价值的统一体,代表着对商品和服务的购买力,取得一定数量的货币资本或资金的使用权就意味着获得了对一定数量商品和服务的支配权。货币资本或资金是金融资源的最基本层次,这主要是因为:(1)货币资本或资金,特别是满足了简单再生产和消费以后的剩余货币资金的出现是金融活动产生和发展的前提条件;(2)金融活动最直接的表现形式是货币资金的借贷和运动;(3)金融体系的各组成部分——金融机构、金融市场等,是由货币资金在其间的运动联系起来的;(4)金融对经济发展的影响也是建立在金融体系对货币资金的有效率配置之上的。在一定时期内,一国或整个世界经济的范围内,基础性核心金融资源——货币资本或资金的存量与质量受客观经济环境和条件的严格限制,货币资本或资金短缺会严重制约社会与经济的发展,但是超过经济发展需要的货币资本或资金也会产生严重问题。

实体性中间金融资源是金融资源的中间层次，包括金融组织体系和金融工具体系两大类，以及与这两个体现有关的规章制度与专门人才。金融组织体系包括各类银行机构、非银行金融机构、各种金融市场以及各种规范金融活动的法律、法规等；金融工具体系包括所有传统金融工具和创新工具。一方面，金融组织体系为货币资本或资金借贷和运动提供了外部环境，金融工具是货币资本或资金借贷和运动的载体；另一方面，只有借助金融组织体系和金融工具体系，金融的各种功能才可能得以实现。发挥对经济发展的积极推动作用，要求实体性中间金融资源保持一个合理的结构，从表面上看，各种金融机构、金融市场、金融工具在品种、数量、比例等方面似乎是纯主观和人为设定的，然而实际并非如此。实体性中间金融资源的开发、配置和利用也必须符合经济发展的需要。

整体功能性高层金融资源是金融资源的最高层次，是货币资金运动与金融体系、金融体系各组成部分之间相互作用、相互影响的结果。一国一定时期的货币资本或资金存量和现存金融组织体系和金融工具体系是金融资源的"硬件"方面，金融总体功能则为金融资源的"软件"。因此，金融资源能否有效发挥促进经济发展的作用不但有赖于一定的货币资金存量、完整健康的金融组织体系和金融工具体系，而且有赖于建立在货币资金存量、金融组织体系和金融工具体系基础上的金融总体功能的发挥。金融功能包括基础功能、核心功能、扩展功能和衍生功能，并且在金融发展过程中，金融功能遵循"基础功能→核心功能→扩展功能→衍生功能"的不断扩展和提升的演进过程。金融的基础功能是服务功能和中介功能，也就是说金融产生以后在相当长的历史时期内主要是为经济社会活动提供交易、兑换、结算、保管等服务功能以及进行资金融通的中介功能，最终都是为了便利与促进价值的运动；金融的核心功能是资源配置功能，前面的中介功能也可以视为资源配置功能的萌芽状态，而资源配置功能可以理解为是金融中介功能的复杂化和主动化，中介功能只是便利价值运动，而资源配置功能则是直接引导价值运动实现资源有效配置；金融的扩展功能是经济调节功能和风险规避功能，扩展功能并不意味着是在核心功能充分发展以后才出现的，而是金融功能在横向上的一种扩展；金融的衍生功能是金融体系为了进一步提高资源配置效率而在微观与宏观两个层面的"衍生"，可以概括为（微观）风险管理和宏观调节两类。风险管理主要包括风险交易、信息传递、公司治理等，而宏观调节主要包括财富再分配、引导消费、区域协调等。

总之，金融资源是一种具有极端战略重要性的社会资源，其特殊之处在于可以通过自身的配置进而配置其他资源。通过金融资源的配置功能，金融资源可以将储蓄和投资的职能分离开来，储蓄可以使金融资源非常容易地从资金盈余单位经转到资金短缺单位，从资金剩余地区流向资金短缺地区，促进投资向效益更高的地方流动，从而优化资源配置，促进经济增长。同时，由于不同层次的经济区域有着不同的区位特点与政策支持，所以不同层次的经济区域有着不同的金融资源及金融资源配置方式。

金融资源配置，就是通过一定的方式对金融资源的使用方向和数量等方面进行支配和使用，以使其供给可以不同程度地符合社会经济发展的需要。在经济发展的过程中，主要有三种金融资源的配置方式：首先是计划配置方式，即以计划配额、行政命令来统管和分配金融资源，这种方式容易造成金融资源的闲置或浪费；其次是市场配置方式，即依靠市场机制进行金融资源的配置，但是，由于市场机制的盲目性和滞后性，可能会造成金融资源的供需失衡、市场秩序混乱；最后是混合模式，即以市场运行机制为主，政府调控为辅，对金融资源进行配置的方式。同时，从政府宏观经济调控的角度出发，金融资源的配置也可以划分为空间上的配置与时间上的配置。空间上的金融资源配置指的是政府针对不同区域的特点和需求而调控、分配不同的经济金融资源，以更有效地促进不同区域的经济发展；时间上的金融资源配置指的是政府根据过去的经济发展状况及现有的实际情况对未来一段时期内金融资源的使用支配情况进行合理规划，以满足经济金融的发展需求，促进经济平稳较快的发展。

二、区域金融资源配置的特点及其研究意义

区域经济发展失衡是我国经济发展中存在的一个难题，其原因是多样的，但金融资源配置失衡是其中的主要原因之一，这主要体现在金融政策与金融体制等方面。而区域金融工程中区域金融资源配置的研究主要就是针对不同性质与类型的区域开展相关研究工作，在分析了解其现有的金融资源配置情况的基础上，探索建立合理有效的金融资源配置的方式方法，以满足区域金融需求，促进区域经济可持续发展。从这个角度来说，区域金融资源配置具有重要的研

究意义。

区域金融工程研究的主要内容是在区域经济学与区域金融学的理论基础上,分析金融资源与区域经济增长之间的相互决定关系,并在了解相关区域现有金融资源分布的基础上,研究如何合理有效地配置区域金融资源,以达到促进区域经济健康可持续发展的目的。当然,在理论研究的同时,还需要对配置区域金融资源过程中的金融风险进行有效的识别与管理,也需要制定相关绩效考核体系对金融支持下区域经济发展的效果进行评价总结。在整个研究框架下,区域金融资源的使用与配置起着承上启下的功能性作用。只有合理有效地配置区域金融资源,才不会造成金融资源的短缺或浪费,才能使区域金融更好地服务于区域经济的发展,达到促进区域经济健康可持续发展的目的。

三、国内外相关研究

关于金融资源配置这一研究领域,国内外的专家学者主要集中于宏观体制层面的研究,而在区域金融资源配置的实务理论层面的相关研究成果较少。以下总结归纳几个具有代表性的研究成果。

国外学者中较早涉及金融资源配置这一领域的是罗伯特·C. 莫顿(Robert. C. Merton)和兹维·博迪(Zvi. Bodie)。他们在一定意义上笼统地研究了金融资源的配置。他们认为,金融功能主要有:在时间和空间上转移资源、管理风险、清算和支付结算、储备资源和分割股份、提供信息和解决激励问题。

另外,国内的一些学者针对我国金融的相关状况进行了金融资源配置方面的研究,并提出了相关配置理论。王秀山(2001)从金融资源效率与经济金融全球化、货币政策、国际金融市场、经济结构、金融体制及金融监管等方面研究了金融资源配置的效率问题。杨涤(2002)认为金融资源配置效率提高的途径主要有配置目标平衡化、配置机制混合化、金融产权多元化、业务结构合理化、融资结构倾斜化和金融环境配套化。陆家骝教授通过对新经济资源观的研究(2000)以及对金融资源与金融产业的研究(2005),认为应该把组织制度资源、知识资源和金融资源等现代经济增长因素纳入新的资源观;经济中的金融资源包括四个方面的内容,即货币和货币制度、金融机构、金融管理以及金融意识。何风隽(2005)在借鉴白钦先教授、崔满红教授等学者提出的金融资源理论的基础上，以金融有效配置为主线，通过政府配置、产权配置、价格配置的金融资源混合配置三重格局，系统地研究了转轨经济中金融资源的配置机制，并对我国金融资源配置的现状进行了考察。曾康霖(2005)通过对我国金融资源配置的研究，得出结论：现阶段我国的金融格局仍然是国家或政府掌握金融资源，商业性金融机构没有完全按商业化运作；保持国有经济的制度不改变，国家掌握金融资源的局面难以改变，国有银行的不良资产状况不容乐观；我国现阶段金融资源的配置基本上不受市场供求关系的影响，并且可以不讲效益；M2/GDP 的比值持续上升表明金融资源配置不节约，存在浪费。

第二节 金融工程思想在金融资源配置中的作用机制研究

本节主要介绍宏观金融工程的相关理论，以及金融工程思想在区域金融工程中的体现，并着重阐述了金融工程分析方法及风险管理思想在区域金融资源配置中的作用机制。

一、宏观金融工程理论

金融工程包括创新型金融工具与金融手段的设计、开发与实施，以及对金融问题给予创造性地解决。金融工程研究的不仅仅是金融工具或手段的创新，更重要的是在创新中广泛运用的结构化思想，其结构化思想不仅能用于微观金融领域，而且在宏观金融层面也有着较大的发展空间，其以整个经济体、区域经济体及经济部门等为研究对象，通过金融工具、手段、机制、结构等的创新，从而促进相关宏观经济体的发展。①

根据金融工程的定义，可以将宏观金融工程定义为通过金融工具和手段的创新设计与重新组合、金融结构的调整和金融制度的变革来解决宏观金融问题。② 宏观金融工程是指将微观金融工程的有关思想和分析方法应用到宏观金

① 叶永刚、张培、宋凌锋等：《产业金融工程》，人民出版社 2012 年版。
② 叶永刚、宋凌锋：《宏观金融工程论纲》，《经济评论》2007 年第 1 期。

融层面，研究部门和国家的金融风险和金融资源使用状况。从内容上看，宏观金融工程包括宏观金融资产负债表、宏观金融风险管理和宏观经济资本管理三个方面，其中宏观金融资产负债表是宏观金融工程研究的基础，宏观金融风险管理和宏观经济资本管理是宏观金融工程的主要方面，有关的经济和金融发展目标是宏观金融工程研究的最终目标。

二、区域金融工程中的金融工程分析方法及风险管理理论

作为宏观金融工程的一种延伸与运用，区域金融工程是在研究区域金融风险和金融资源分布及使用状况的基础上，通过合理利用金融工具和金融手段，有效控制区域金融风险，以达到区域金融资源的优化配置，实现区域经济和金融的平稳快速发展。其中，金融工程的分析方法及风险管理理论在区域金融工程中具有广泛的应用。

积木分析法和无套利分析法是金融工程中两种常用的分析法。积木分析法也叫模块分析法，指将各种金融工具进行分解和组合，以解决各类金融财务问题。在区域金融工程中，将各类金融资源和相关金融制度、政策看作功能不同的模块，根据区域发展的特点、需要及经济金融风险状况，进行分解、组合，实现风险规避和区域经济金融稳定发展。在微观金融层面，无套利分析法主要运用于金融产品的定价与设计，是定价理论中的基本原则。套利是指不承担风险而获得高于无风险利率收益的过程，假设市场有效率，市场必然会因为相关套利行为而做出相应的调整，从而回到均衡无套利的状态。在金融工具的复制与合成中，无套利分析法有着广泛的运用。在区域金融工程中，无套利分析法主要体现为通过分析“无套利机会”情况下的各区域之间及区域内部金融资源的分布，以决定区域金融资源均衡，从而为政府引导调控提供可行性理论依据。

区域金融工程中的风险管理是指通过研究区域经济中的相关经济主体，对其风险进行识别、分析与度量，以最合理的方法控制风险，降低损失，从而保障经济活动的顺利进行，实现最大的收益。其根本目的是使区域金融资源配置在发挥对区域经济的推动作用、促进区域经济快速发展的同时，控制与管理宏观、区域金融风险。

三、区域金融资源配置中的金融工程思想

区域金融资源的配置是指基于经济发展与风险控制相结合的金融资源配置。金融工程的思想在区域金融资源的配置中主要体现在以下两个方面：一方面是如何利用工程的思想去创新运用金融工具和金融制度合理均匀地配置金融资源；另一方面是区域金融风险的管理，也就是在有效控制金融风险的基础上，较好地配置区域金融资源，实现经济的健康平稳发展。

在金融工具运用层面，主要是指金融工程的两大分析方法——无套利分析法和积木分析法在区域金融资源分布与配置中的运用与体现。套利本身是指在没有成本和风险的情况下，能够获取利润的交易活动。金融工程的主要目的之一便是套利，其强调金融产品的创新，设计开发新的金融产品，扩大业务量，并适时从中套取利润。金融市场的发展使市场中不断出现套利机会，套利反过来又推动市场的发展。其中，在金融产品创新的过程中套取利润需要对产品进行定价，而金融工程中所使用的主要定价方法就是无套利分析法。在微观金融工程中，当金融市场上所存在的金融产品之间可以相互复制时，利用无套利分析法来为该金融衍生品进行定价。无套利思想本身体现了市场中金融资源的逐利性，这在区域金融资源的分布中体现得较为明显。由于金融资源的套利特性，在市场这个"看不见的手"的调节下，货币、金融组织体系及金融工具体系等相对狭义的金融资源趋向分布于经济金融较为发达的区域，自发地实现了金融资源在时间和空间上的转移，最后达到了"自然"的区域金融资源分布均衡。另外，"积木分析法"是在无套利思想的基础上，以一些基本的金融工具为基础进行有限次的复合和分解，从而构造出"人们所希望的结果"，以解决各种金融和财务问题。在微观的金融工程中，基本的实体性金融工具就是金融工程师的"积木"，如远期、期货、期权、互换和混合证券等衍生工具。而在区域金融资源配置中的"积木"除了指传统的实体性金融工具外，还包括相关金融制度及政策。也就是说，政府运用"看得见的手"根据不同区域金融资源分布及相关产业发展的特点，对区域金融资源的分布与配置进行合理有效地调控，适应区域经济的发展，以达到区域金融资源的均匀有效配置。

另外，在区域金融风险管理层面，主要是指根据金融工程和风险管理思想，

对区域金融资源配置过程中的风险进行识别与控制。区域金融风险管理可以从风险界定、风险识别与度量和风险管理三个方面依次展开。

总的来说,区域金融资源的配置主要是依靠市场自身配置与政府引导相结合的方式。在了解区域金融市场状况及区域经济金融发展需求的基础上,运用金融工程结构化思想,主观能动地进行创造性的金融资源配置,并结合风险管理,以达到促进区域经济金融平稳快速发展。

第三节　金融资源与区域经济的关系研究

一、已有研究综述

Bagehot(1873)[①]和 Schumpeter(1934)[②]最早关注到金融发展与经济增长的关系。Schumpeter 研究发现,功能完善的银行能够通过发现和支持具有较大成功概率的创新项目而刺激创新,进而推动经济增长。Gurly 和 Shaw(1955)[③]将 Schumpeter 等学者的研究思想一般化,通过分析金融中介的作用将金融系统区分为不同的结构,进而研究金融结构对经济增长的影响。帕特里克(Patrick,1966)[④]最早提出金融发展与经济增长的因果关系。他把关于金融发展和经济增长关系的观点分成两类:主张金融发展能促进经济增长的叫作供给主导(supply - leading);主张金融发展只是经济增长对金融服务需求的被动反映的称为需求遵从(demond - following)。Patrick 本人认为,金融发展附属于经济增长。Goldsmith(1969)[⑤]首次利用各个国家的数据对金融发展与经济增长的关系

① Bagehot, Walter, *Lombard street:A Description of the money Market*, London:john murray, 1873, pp. 77 - 79.

② Schumpeter, Joseph A, *Theorieder Wirtschaftlichen Entwicklung*, The Theory of Economic Development, Leipzig:Dunker & Humblot. Translated by Redvers Opie. Cambridge, MA:Harvard U, press, 1934, pp. 12 - 20.

③ Gurley, John and Edward Shaw, *Financial Aspects of Economic Development*, American Economic Review, 1955, pp. 515 - 538.

④ Patrick, Hugh T., *Financial Development and Economic Growth in Underdevelopment Countries*, Economic Development Culture Change, 1966, pp. 174 - 189.

⑤ Goldsmith Raymond, *Financial Structure and Development*, New Haven:Yale University Press, 1969, pp. 27 - 33.

进行实证研究，他用金融中介资产与国民生产总值（GNP）的比值表示金融发展水平，用35个国家103年的数据进行分析，结果表明经济增长迅速时期总是伴随着金融的快速发展。

20世纪90年代以后，金融发展与经济增长的研究从各种不同的角度得到了深化。其中，学者逐渐关注金融系统对经济增长的作用渠道。莱文（Levine，1997）①等人认为，金融系统在促进交易、保值、分散（分担）风险、配置资源、公司治理、动员储蓄等方面的功能能够通过资本积累和技术进步两个渠道促进经济增长。帕加诺（Pagano，1993）②研究发现，金融系统可以通过用于投资的储蓄比例和储蓄率来影响增长率。在实证研究方面，在Goldsmith（1969）研究的基础上，Levine（1997）通过对80个国家1960～1989年的数据进行研究发现，金融发展与经济增长在统计意义上呈现出显著正相关。另一部分实证研究针对金融发展与经济增长的因果关系，研究发现金融发展对经济增长有促进作用，即存在单向因果关系。

关于金融发展与经济增长的另一类研究是从金融结构的角度进行的，即回答“金融结构和经济发展的关系是什么”的问题。Allen和Gale（2000）③把关注重点放在寻找合适经济增长的金融结构上。后来的学者对于各种不同类型金融系统的功能进行了研究：中介型观点认为，中介和公司之间的密切关系有利于解决信息不对称问题造成的低效率（逆向选择的道德风险），更有利于发现好的项目、动员资源、监督管理者和管理风险；市场型观点认为，金融市场在分散和管理风险方面更有优势，这类系统更适合支持连续创新型公司，有利于经济长期增长；而金融服务观点认为，无论是什么结构，只与总体服务水平和质量有关，而与系统类型无关。

二、金融资源的基本功能

金融市场作为资金融通的场所提供了这样一种机制：首先，它为经济资源

---

① Levine Ross, *Financial Development and Economic Growth: Views and Agenda*, Journal of Economic Literature, 1997, pp. 688－726.

② Pagano, Marco, *Financial Markets and Growth: an Overview*, European Economic Review, 1993, pp. 613－622.

③ Franklin Allen, *Financial Structure and Financial Crisis*, ADB Institute Working Paper Series, No. 10, June 2000.

的流动和配置提供了场所，既可以使企业在这里筹措到资金，又可以在这里暂时转让闲置资金；其次，由于金融市场拥有广泛的信息资源和众多的投资者，信息传递迅速，使经济资源的配置得到优化。

——资金转化功能。金融市场运行机制具有使社会资金转化功能。金融市场通过运行机制的作用，既可把社会闲散资金和企业暂时闲置资金动员、集中起来，又可把它们发放出去，这样就可变闲散和闲置资金为周转金，变储蓄资金为投资资金。

——资源优化配置功能。社会经济资源的有效配置和利用，是经济学研究和宏观经济政策的基本问题。经济学指出：资源的有效利用意味着可以用较少的资源创造出较多的使用价值。这里隐含着两个前提：一是在同一经济部门，资源必须流向生产最有效的企业；二是在各经济部门之间，资源必须流向社会最需要的部门。在市场经济中，货币资金的流向直接决定着商品和其他资源（如劳动力资源、科技资源及各种经济资源等）的流向，因而，资源配置的效率和效益如何，在很大程度上取决于货币资金能否按经济合理性原则在各部门和各企业之间高效地流动。

三、区域经济发展要素分析

金融资源对现代经济发展起到至关重要的作用。区域经济发展是多种因素综合作用的结果，如生产要素总量的增加、技术创新的推动、经济结构的优化和升级的推动等。

（一）资金（资本）的集聚

在土地、劳动力及资本等要素中，资本在经济发展中有着无可替代的地位。如果一个地区的金融业相对落后，区域内资本的稀缺性会变得突出，由于无法借助发达的金融市场包括货币市场和资本市场获取充足的经济发展所需的资本。区域资本稀缺时，可能会有部分资本外流，因而，区域经济的发展往往处于相当不利的竞争劣势状态。

虽然随着经济的不断发展，技术、人力资本等因素在经济增长中的作用不断增加，但资本积累水平的高低仍然是决定经济体经济增长水平的关键因素之一，而且其他因素对经济增长的作用很大程度上都可以归于资本积累水平的变化。在区域经济的发展中，充足的资本积累以满足区域经济发展中的投资需求，使投资可以在更高的水平上进行。

（二）技术创新的推动

在经济增长理论中，技术创新是除资本积累之外另一个决定经济增长水平的重要因素。技术创新对区域经济发展的作用主要表现在对单位劳动生产效率的提高上。在给定的资本水平下，技术创新可以使单位劳动更有效率，使均衡产出的增长不仅仅简单地等于劳动力的增加，而且表现为劳动效率的提高，从而也提高了企业的效率，进而推动区域经济的增长。

技术创新对经济的推动作用还表现为：在资源有限的条件下，可以转变原有的经济增长方式，使经济增长由原先粗放、低效的产出方式不断向集约、高效的现代增长方式转变，这是保证区域经济得以持续增长的重要前提。

另外，如果没有技术进步，人们在一个经济部门中连续增加资本投入最终会导致投入的边际生产率递减。也就是说，增加同样资本的投资报酬率会越来越低。这就降低了人们积累资本的积极性。因此，从这一角度来看，高的资本积累率还取决于高的技术变迁率。

（三）人力资本

传统经济学将生产要素分为资本、劳动力和土地等基本生产要素。这里的资本是指物质资本，人力资本的概念是随着知识在生产中的作用日益提高而逐渐为人们所重视的，是同物质资本相对应的概念。另外，人力资本也区别于一般的劳动力。通俗地讲，拥有知识或技能并从事脑力劳动的人可以称为拥有人力资本。

随着经济的不断发展，知识的作用越来越重要，在对经济的贡献程度上，人力资本对经济发展的贡献通常比一般的劳动力大许多倍，因此，人力资本正成为促进区域经济发展的重要因素。

（四）产业结构的升级

现代经济增长是一种以技术进步为基础，以产业结构变动为特征的经济增长模式。经济增长在一定程度上取决于产业结构的状态，传统的二、三、一布局的产业结构模式早已不再适应现代经济增长的形势，以第三产业为主导的三、二、一产业结构布局是保证城市经济稳定增长的重要因素。而第三产业发展相对滞后一直是困扰我国区域经济发展的痼疾，因此如何加快发展第三产业是区域经济发展的当务之急。

区域经济中的主导产业是推动经济增长的重要力量。经济增长总是从某一个或几个主导产业部门率先采用先进技术开始，并通过多种方式影响和带动整个经济的增长。在新经济时代，以信息、生物制药等为代表的高新技术产业是整个经济体系中的主导力量，所以对于大多数地区来说，确立该产业在经济中的主导地位是区域经济增长潜力的关键所在。但是，产业结构升级的模式在不同地区、不同的条件下也是不一样的。采取什么样的模式，关键是要充分利用本地区的优势条件和资源条件。

（五）投资需求的拉动作用

投资、消费、出口是区域经济发展的三辆马车，这其中投资对经济的拉动作用在区域经济中的作用往往要强于其他两个因素。这从目前我国的经济发展现状就可以看出，投资需求对经济增长的贡献率一般为60%。而且，由于消费需求往往有其自身的增长规模，与收入水平提高、消费结构升级密切相关，通常情况下，会保持一个相对稳定的增长速度。这时，投资需求对经济发展，尤其是对较为落后地区的经济发展就显得至关重要。依靠投资的增长推动经济发展往往是落后地区追赶发达地区的主要手段。这也是为什么发展经济学家和区域经济学家对资本格外重视的原因。

投资对经济发展的推动作用，具有乘数效应。所谓投资乘数效应是指投资需求的增加最终会产生多倍于投资总量的总产出或就业水平。具体介绍如下：当投资增加时，由于投资本身就是总产出的一部分，因此，必然会增加产出，但是，投资的作用机制还没有结束，因为，当总产出增加后，会刺激消费的提高，而消费的提高反过来又会推动经济的发展，最终，由于投资的增加，导致了多倍于其的产出增加。

四、金融资源在区域经济发展中的作用

（一）金融能够提高投融资水平和效率

金融对区域经济发展有两方面的促进作用：一是可以增加要素总量，起到要素的集聚效应；二是通过提高要素生产率，如资本的生产效率、投融资效率等来促进经济发展。金融具有资本积累效应与资本配置效率，后两者对经济发展具有决定性意义。

——在资本的总量集聚上，金融发展可以为区域经济的发展提供充足的资本积累，在以哈罗德—多马模型、索洛模型等为代表的传统经济增长理论中，资本积累是经济增长的主要源泉。而金融可以通过更好地动员储蓄，作用于资本积累，进而对经济增长起到推动作用。金融能够提高储蓄和资本积累水平，提高投融资水平能力，金融发展对投资的扩大具有直接决定作用，影响投资的供给效应和需求效应，并通过投资的乘数效应，加速经济发展。

金融市场可以通过两种形式起到资本的集聚效应。一种是直接融资形式；另一种是间接融资形式。在直接融资方面，如通过证券市场可以提高全社会的资金集聚水平。在间接融资上，由于银行等信用中介的存在，可以通过更好地聚集现有的金融资源和更好地动员可用的储蓄，并通过贷款规模的扩大，促进资本积累水平的增加。

——在资本配置效率上，金融直接决定着投融资的效率。我们提出两个效率：一是融资效率；二是投资效率。融资效率也就是资本集聚的效率。通过金融的发展，可以提高融资转换为投资的效率。比如，储蓄转化为投资的效率和证券市场融资效率等，意味着投资的效率提高。储蓄并不是全部被转化为投资进而促进经济发展的，在实现中往往有相当部分储蓄在转化为投资的过程中被浪费。一个低效率、甚至是无效的金融体系是造成这种浪费的主要原因。如果金融发展能够降低这种浪费，就能增大储蓄转换为投资的比率，也就能提高经济增长率。竞争机制的缺乏，某些制度限制等因素都是造成金融低效的原因，从而使储蓄在转化为投资的过程中被白白地浪费。另外，金融的发展，尤其是证券市场的发达，可以提高直接融资的效率。

(二)金融能够促进技术进步,吸引优秀人才

上面我们已经介绍了金融的本质是实现资本的优化配置,通过将资金配置到生产效率最高的项目中去,可以提高资本的边际生产率,同时提高技术进步率,进而促进经济增长。因此,一个有效的金融体系将可以更好地分配资金,提高进步水平,进而促进经济增长。

另外,同金融推动知识和资本的结合一样,金融也推动和促进了技术和资本的结合进程。新技术的诞生往往伴随着高风险。而金融体系与工具的发展可以起到分散投资风险的作用。金融的发展使通过投资组合降低风险,从而对高风险的产业进行投资成为可能,而高新技术产业的发展将进一步推动技术发展。

此外,金融业不仅可以通过资金融通,促进经济增长,而且自身也可以吸纳就业,提供金融服务。从就业结构来看,随着金融的发展,金融部门的从业人员比重在不断上升。而金融业是知识密集型的产业,对人力资本的集聚效应明显。如随着几十年证券市场的发展,培养和吸引了大批证券从业人员,为推动经济的发展贡献了自己的力量。随着经济不断金融化、金融活动的日益深化,不仅金融从业人员,而且对所有参与经济活动的人而言,都提出了更高的要求。最后,也是最重要的是,金融直接推动了知识资本化的过程。知识作为一个新的重要生产要素,正发挥其越来越重要的作用,但是,知识又不能单独发挥作用,其必须同资本相结合才能发挥作用。而金融的发展,实现和加速了知识同资本结合的过程。

(三)金融可以改变企业组织结构和企业规模

如果没有金融的支持,企业的成长和规模扩张是不可能实现的,而大型跨地区甚至跨国企业往往也是一个地区的经济支柱。企业的规模扩张大致有两种形式,一种是通过要素投入实现生产规模的不断扩大,另一种是通过收购兼并或资产重组实现经济规模的扩大。在前一种情况下,企业往往要借助银行或资本市场来实现;而后一种情况大多是通过资本市场完成的——这种扩张的效率更高、成本更低、周期更短,但要求企业更加熟悉金融和资本市场。

(四)金融能够促进区域经济的产业结构优化和升级

金融的发展及深化对产业结构影响可从两个方面解释:首先,金融业的发展直接体现为金融业的产出较大,这在统计核算中不仅表现为GDP总量的扩大,同样表现为第三产业增长加快,第三产业比重增大,产业结构优化。金融发展本身就是经济发展的一部分。金融与区域经济发展之间互为因果、相互作用、相互促进。一方面,金融产业本身就是区域经济中的重要组成部分,因此,从这一角度而言,发展金融产业本身同发展经济是一个概念。另一方面,经济发展程度越高,其对金融发展的需求也就越大。随着经济的不断发展,金融产业占GDP的比重也会呈现出逐渐提高的趋势。因此,金融发展与区域经济发展之间互为因果,相互促进。金融产业的比例提高就是产业结构优化和升级的一个重要表现。其次,金融业的发展可以促进各产业不同程度的增长,实现产业结构的优化。区域经济结构调整及优化的重要内容之一就是资本在不同产业的流动及通过一定宏观调控方式进行再配置。

金融对产业结构的形成和调整起到了重要作用,其主要作用传递机制如下:金融—影响储蓄和投资—影响资金(资本)结构—影响生产要素分配结构—影响产业结构。金融可以通过资本的优化配置,促进产业结构优化、升级。产业结构的失衡及调整的困难成为区域经济发展的制约因素,与此相伴的是金融发展的滞后,两者具有明显的相关性;而金融业得以较快地发展则为产业的优化提供资金及资本支持,为产业结构调整营造良好的资本环境,而加快产业结构优化。

金融可以通过调整信贷方向和结构,集中资金,加大对基础设施、基础产业、支柱产业和高新技术产业的投资力度,促进产业结构升级;也可以通过引导优势企业上市融资,以上市公司发展带动产业结构升级。一个非常典型的例子是上海市政府。在过去的一二年时间里,上海市政府有计划、有步骤地对上海上市公司实行资产重组,使二十多家非上市公司的高科技企业通过重组成为上市公司。

(五)金融在区域经济发展中的作用模式

金融对区域经济发展有促进作用,但是,在如何发展金融产业,从而推动经济增长上只存在两种具体模式，即市场主导型金融模式和政府主导型金融模式。所谓市场主导型金融模式强调银行和证券市场在融资上的主导作用。市场主导型金融模式是以商业化的金融机构和金融市场为依托的。所谓政府主导型金融模式是指在金融体系不健全、金融市场不发达的情况下，通过政府的作用，利用政府信用实现对资金导向的倡导机制与矫正补充机制。政府主导型金融模式又分为政策引导型和直接投资型。前者强调政策的引导，体现在通过实施一定的财政税收政策和金融政策，实现投资与产业政策的相互协调，达到资金融通的目的。而后者则强调发展中都有若干重点产业或新兴产业，它们对经济发展至关重要，但这些行业往往资金需求量大、投资回收期长、风险高，私人金融机构难以承担其融资，故在政策性金融方面政府也往往直接参与资金的配置，也称为直接投资型政策性金融。为此，可由政府出面建立一些带有官方色彩的政策性金融机构，向私人（民间）金融机构不愿提供资金、无力提供资金以及资金不足的重点、新兴部门进行投资和贷款。但在此必须强调的是，这些金融机构必须按市场化规范而不是按行政方式进行管理而运作，否则会造成资源浪费和效率低下的结果。

第四节　区域金融资源的配置研究

一、当前区域金融资源配置存在的问题

改革开放以来，我国金融业实现了历史性的跨越，金融市场体系日趋完善，社会资金配置和使用效率稳步提高。然而与发达国家相比不论是金融业的整体水平与质量，还是金融对经济发展的支持力度都还有一定差距。金融业的发展活力不足，总量偏小，不适应经济发展的需要。同时，金融业的潜在风险较大。而综观全国，不管是在县级区域、市级区域还是省级区域甚至是国家区域，区域的金融资源配置都存在以下几个问题：

（一）直接融资比重偏低，金融体系结构性失衡

由于资本市场发展总体滞后且结构不合理，导致通过商业银行的间接融资

比重较大,银行系统在整个金融体系中占据了绝对主导地位,全社会金融资源过度集中于银行系统。而通过资本市场的直接融资比重较低,这是金融资源配置效率不高的一个重要原因。特别是前几年股票市场持续低迷,股市筹资额下降较多,直接融资难有进展,这种状况进一步加剧了企业对银行贷款的依赖程度。由于银行系统在资金配置方面的低效率以及巨额不良贷款的存在,资金过度集中于商业银行系统使之既承担了自身的经营风险,又承担了整体经济改革的最终成本。

(二)国有独资商业银行仍占据垄断地位

在间接融资的市场体系中,国有独资商业银行仍占据垄断地位,而地方性金融机构数量少、规模小、发展水平不高。金融垄断的结果是金融活力不足和低效运营。金融活力不足及低效运营不仅会制约企业的发展,也降低了整个社会的资源配置效率,不利于经济的稳定健康运行。这种状况还导致金融创新能力不足。国有商业银行仍然以传统的信贷经营为主,缺乏金融产品创新能力,造成金融产品市场发育不平衡并相互分割,增加了金融交易成本,阻碍了金融资源的自由流动,使金融资源未得到充分利用,最终造成金融资源分配效率低下,金融运行质量在较低水平徘徊。

(三)实体经济结构与金融结构不对称

近年来非国有经济发展迅猛,已成为我国经济发展的重要组成部分和极具活力的经济增长点,与之相对应的是其对金融资源的需求量与日俱增。非国有经济、特别是中小企业与民营经济的发展进程中出现了严重的融资障碍,存在与其对国民经济的贡献不相称的金融体系信贷支持问题。在金融领域,国有大型金融机构支配了绝大部分信贷资源供应,而这些金融机构将主要客户对象确定为垄断性行业、大型企事业单位等,目标客户雷同,相互间替代性很强,尚未形成合理分工的商业银行体系,金融体系在规模结构、所有制结构与实体经济企业规模结构、所有制结构不相匹配。而新建立起来的主要为非国有经济和中小企业服务的金融机构体系,掌握的金融资源量极为有限。地方性金融机构,不仅数量少,市场份额低,而且内部运行机制不够完善,尚未建立起健全的现代金融企业制度,进一步发展的后劲不足。

实体经济结构与金融结构的这种不对称,使全社会金融资源的供给与需求存在严重失衡。这种金融资源配置结构与经济结构变化的不一致直接或间接造成金融资源的大量浪费,导致金融资源的低效率分配。一方面,国民经济发展中最具活力的部分——非国有经济无法取得低成本的金融资源以满足其生产发展和贸易扩张的需要。另一方面,国有商业银行受制于国有经济制度建设滞后、观念转变缓慢和运行机制僵化,大量金融资源处于闲置状态和低效率甚至无效率分配状态。

(四)农村信用社难以承担农村金融主力军的重任

农村经济的发展离不开金融的支持。然而,目前农村金融服务体系的现状却难以令人乐观。自 20 世纪 90 年代中期农村信用社完成脱离农业银行的改革后,在理论上农村金融领域已初步形成了以合作金融为基础,商业金融、政策性金融分工协作的格局,即农村信用社、农业银行和农业发展银行三者分工协作。但在实际操作中却出现了和发展农村经济相背离的状况。农业银行作为国有商业银行,其市场定位发生了重大变化,业务范围已与其他国有商业银行无异,竞争的视角也从农村转向城市,从农业转向工商业,一些地方农业银行基本已经卸掉了支农主力军的重担。而农业发展银行的实际运作也不甚理想,远未担负起其应尽的责任。农村金融体系的三元格局实际已演变成农村信用社独当一面的格局,农村信用社成为支持"三农"发展的金融主力军。但令人遗憾的是,农村信用社难以承担农村金融主力军的重任。实际上,农村信用社的经营状况和金融服务功能一直不甚理想,不少农村信用社支付压力和生存压力过大,超负荷运行到了难以为继的地步,与农村"金融主力军"的地位不相称。

以上区域金融资源配置的问题在县级区域、市级区域、省级区域,甚至国家区域出现,使金融对于区域经济的刺激作用减小并且增加了一定的金融风险,严重地减缓了区域经济的发展。

二、优化区域金融资源配置的政策建议

当前,优化和合理配置各种金融资源,提高金融运行的速度、效率和质量,在更大范围内进行有限金融资源重新布局和整合,是加快区域经济发展的必然

选择。而针对上一节中提到的在区域金融资源配置中存在的问题,这里可以有针对性地给出解决措施以及政策建议:

(一)推行金融创新,提高金融效率

在金融推动经济发展的过程中,金融效率起着关键的作用。金融效率的高低决定着金融发挥作用的成本和作用力的强弱,从而在很大程度上决定着整个经济效率的高低。努力推行金融创新,促进金融深化,从金融政策制度及金融组织、金融工具等各方面入手积极进行金融创新,促进金融市场的一体化进程,提高资金吸纳能力与资本促成能力。

对那些金融体系不太发达、金融市场相对落后的地区来说,金融创新尤为重要。近年来,随着我国经济改革和金融制度改革的不断深入,金融创新也不断加快,许多金融创新产品不断出现。这不仅对原有封闭的、低效率的金融体系提出了挑战,而且使许多对资金需求较大的项目迅速完成。

一个开放的、允许竞争的金融市场是保证金融效率的前提。因此,应该进一步或者提前放开金融市场:一方面,吸引其他地区包括海外的金融机构在本地区设立分支机构,加大同外资金融机构的合作力度;另一方面,鼓励民营资本进入金融行业,参与市场竞争。

(二)积极发展区域性金融市场,促进区域金融协调发展

在我国,中央级的金融机构按行政区划设立分支机构,同时各金融业务,如金融、保险、证券相对独立。这种金融发展格局造成在某个区域内,各金融业务发展相对独立,从而使区域内的金融发展协调性较差。在区域性金融机构设立较为困难的情况下,应着眼于通过制度创新等形式,加大资本创造能力,立足于本区域,实现区域内金融业务的良性发展,至少是同步协调发展,逐步排除资本束缚,为经济发展提供资本支持。

——积极争取央行对地方金融政策的适当倾斜,如允许有计划地建立银行分支机构,允许参加县辖、省辖、全国联行的资金汇划,弥补在资金结算上的缺陷。

——积极争取相关政策,允许适当放开对地方金融业务范围的限制,对符合条件的企业,积极开展银行承兑和票据贴现业务,解决企业临时资金需要。

——大力发展货币市场拆借市场和国债回购市场,逐步建立跨行政区划的以区域经济为中心的货币市场,为资金合理流动创造条件。最大限度地优化资产结构、提高资产质量,使其有实力、有能力更好地支持经济的发展。

(三)理顺政银、银企关系

现在,大家讨论最多的是政企关系分开等问题,对政银关系、银企关系认识不足。比如,普遍存在地方政府帮助企业逃避银行债务等以行政手段干涉金融活动的现象。其实,政府应为地方金融作用的发挥创造良好的环境,诸如为金融机构介绍区域发展规划、财政扶持对象、企业破产兼并转制信息的披露、组织资金、帮助消化不良资产等,也就是将政府的目标与地方金融的利益目标有机地结合起来,防止出现政府帮助企业逃避银行债务,对地方金融过多行政干预的现象再度发生。地方金融机构更要按照市场和金融运行规律开展各项业务,向优势项目靠拢,培育新的利润增长点。对区域内有市场、有效益、有信誉的企业实现规模扩张的要给予大胆支持;对有效益、不亏损、还款有保证、信誉好的企业,可采取抵押担保方式给予支持;对不良资产的债务人要及时提供信息和相应的金融服务。

(四)继续发展直接融资,利用证券市场投融资功能

目前,我国证券市场量的扩张较为迅速,由于证券发行额占全社会金融资产总额的比重较小和货币市场、资本市场的欠发达等原因,使证券融资还不足以对我国经济产生主导性的作用,也不足以担负起引导社会资源合理配置的重任。不过,现代金融的一个显著趋势就是直接融资比重会越来越大,证券市场的扩张在促进经济发展中的作用也会愈加重要。

我省各地区应该有意识地调整融资结构,积极推动证券市场融资发展。发挥金融市场的功能,扩大证券融资规模,发展产业投资基金、风险投资基金和资本市场。目前,“济南现象”引起了广泛关注,已经严重影响了山东上市公司在证券市场的形象,同时大大减弱了通过证券市场进行再融资的力度,这应该引起我们的高度重视。另外,在对发展直接融资问题的认识上,应改变认为直接融资只是单纯的股票融资的观念,企业债券、信托融资、其他创新工具同样也是直接融资的重要方式,应该大力发展,从而优化直接融资结构。

（五）加快发展地方性金融机构

一是加强对金融机构的功能设计，促进地方中小金融机构的发展。填补由于国有独资商业银行大量撤并后对县域经济和农村经济金融服务的空白，一方面加强对国有独资商业银行网点撤并后机构布局的合理安排，防止服务真空；另一方面要进一步加强对县域经济和农村经济的金融服务力度，大力发展地方性的中小金融机构。鼓励民营企业家以各种形式参与金融投资，发展民间金融资本；民间金融可以享受与国有金融机构同等的政府信用，以防止因信用不抵后者而吸收不到存款；同时实行利率市场化，给予一定利率浮动区间，从而保证民间金融机构的存款来源。

二是适度发展地方金融控股公司。目前金融控股公司的模式已逐渐为国内金融界所接受。金融控股公司是我国分业经营转向混业经营的中间环节，有利于协调金融资源整合与现行监管制度的冲突，是地方整合金融资源的一种较佳选择。目前，在我国金融业分业经营、分业监管的框架下，实际上已经存在模式不一的金融控股公司，如中信集团、光大集团、鲁能集团和平安保险等。尽管这些金融控股公司的制度基础尚不巩固，但其中还是有可资借鉴之处的。

（六）深化农村金融体制改革，完善农村金融服务体系

一是要深化农村信用社改革，真正建立起产权清晰、约束机制强、财务健康、监管到位、有可持续发展能力、主要为农村社区服务的地方性金融企业。要紧紧抓住农村信用社改革的机遇，积极改革农村信用社管理体制和产权制度。按照“国家宏观调控、加强监管，省级政府依法管理、落实责任，农村信用社自我约束、自担风险”的总体要求，深化农村信用社改革。要进一步改进农村信用社支农服务。农村信用社要坚持为农业、农村和农民服务的宗旨，加大农业信贷投放，增加农户贷款，及时、有效地为农民生产生活和农业、农村经济结构调整提供服务。同时，要整顿农村信用秩序，实事求是地认识民间借贷的作用，引导和规范民间借贷。

二是继续完善和发展农村政策性金融服务，形成农村政策性金融与商业性金融分工明确、各负其责、共同支持农村经济发展的格局。要利用农业发展银行本身政策性银行和深入农村的优势，赋予其新的职能，引导其进行农业产业

化开发建设,承担农业生产基本建设项目,用政策性金融弥补商业性金融对农村地区支持的不足。

三、区域金融资源配置的具体实施

区域金融资源配置方案的具体实施主要包括以下三个大方面:

(一)金融机构及金融市场建设

金融机构与金融市场建设是区域金融资源配置规划的核心内容,它们共同构成了一个区域的金融中介。从金融机构来看,银行、证券公司与保险公司是最主要的金融机构,小额贷款公司、担保公司和信托公司等其他金融机构目前也在迅速发展。各级区域都要大力引进和培育各种金融机构。特别是组建新的金融机构,如地方性商业银行。可以重点引进具有较强带动效应的分支机构。同时对于外资金融机构也可以在区域内设立代理处。随着我国金融业的改革,在金融机构的选择中,要重视非银行金融机构的发展。同时。各种类型的基金也是最好的配置金融资源的场所,目前我国产业基金、创投基金和股权投资基金已经被市场所接受。在这些金融机构中,对地方性的金融机构要给予重点支持,扩大规模并且迅速提高市场竞争力,打造具有区域性的品牌。

从金融市场来看。由于区域政府权限限制,部分国家性的金融市场难以引入,可以考虑重点打造地方性的金融要素市场。资本市场是企业募集资金的重要通道,根据我国多层次资本市场的定位,省级部门可以建设地方性的股权市场,通过引导企业上市来发展实体经济。产权交易市场是另一类重要的金融市场,知识产权、物权和债券都可以进行交易,通过打造交易平台,起到配置金融资源的作用,大宗商品交易市场是发展地方性特色产业的重要工具,也是省域金融市场发展的重点之一,它能够为省域地区的主导产业提供市场并且起到价格发现的作用。

具体来说,区域政府可以考虑建立区域性交易市场来提高区域金融资源的配置效率,如

1. 金融资产交易所

金融资产交易所,是指不良资产、金融企业国有资产和信贷资产等金融资

产场外交易集中管理和规范化的交易场所，是我国产权市场的最新形式，金融资产交易所应时而生，是中国金融发展、改革和创新的必然产物。在我国的多层次资产市场中，金融资产交易所属于场外交易市场，是场外交易场内化的实际形态，将进一步完善我国建设多层次资本市场结构。目前，较为成熟的区域性金融资产交易所有北京金融资产交易所、天津金融资产交易所、武汉金融资产交易所、深圳前海金融资产交易所、重庆金融资产交易所、四川金融资产交易所及河北金融资产交易所等。

金融资产交易所是金融市场的一部分，在功能上与金融市场一致。具体来说，有以下功能：第一，有效地引导资金合理流动，提高资金配置效率。扩大了资金供求双方接触的机会，便利了金融交易，降低了融资成本，提高了资金使用效益。为筹资人和投资人开辟了更广阔的融资途径。第二，具有定价功能。金融资产均有票面金额，企业资产的内在价值（包括企业债务的价值和股东权益的价值）只有通过交易中买卖双方相互作用的过程才能“发现”。即必须以该企业有关的金融资产由市场交易所形成的价格作为依据来估价，而不是简单地以会计报表的账面数字作为依据来计算。第三，降低交易的搜寻成本和信息成本。搜寻成本是指为寻找合适的交易对方所产生的成本，信息成本是在评价金融资产价值的过程中所发生的成本。市场帮助降低搜寻与信息成本的功能主要是通过专业金融机构和咨询机构发挥的。第四，为金融管理部门进行金融间接调控提供了条件。金融间接调控体系必须依靠发达的金融市场传导中央银行的政策信号，通过金融市场的价格变化引导各微观经济主体的行为，实现货币政策调整意图。随着各类金融资产在金融机构储备头寸和流动性准备比率的提高，金融机构会更加广泛地介入金融市场运行，中央银行间接调控的范围和力度将会伴随金融市场的发展而不断加强。第五，促进金融工具的创新。金融工具是一组预期收益和风险相结合的标准化契约，多样化金融工具通过对经济中的各种投资所固有的风险进行更精细的划分，使对风险和收益具有不同偏好的投资者能够寻求到最符合其需要的投资。多样化的金融工具也可以使交易者的多样化需求得到尽可能大的满足。第六，帮助实现风险分散和风险转移。市场的发展促使居民金融资产多样化和金融风险分散化。发展金融市场为居民投资多样化、金融资产多样化和银行风险分散化开辟了道路，为经济持续、稳定发展提供了条件。企业和个人通过选择多种金融资产、灵活调整剩余货币的保存形式，增强了投资意识和风险意识。

2. 股权托管交易中心

目前，我国主板的上市公司主要在上海证券交易所挂牌交易，部分的主板上市公司和中小板上市公司在深圳证券交易所上市交易。然而，由于“上交所”与“深交所”的上市要求较高，监管程序也相对严格，许多有着资金需求的企业不能通过在这两家交易所上市而进行融资。基于这样一种需求的考虑，股权托管交易中心为那些“两非一高”（非上市即没有在沪深证券交易所公开发行上市，非公众即股东人数在200人以下，并具有较高成长性）的企业提供了有效的融资平台。股权托管交易中心是我国多层次资本市场的重要环节和有机组成部分，属于区域性的场外交易市场，其为对主板、创业板和新三板的重要补充，是有效满足多元化投融资需求的一个重要金融要素市场。

股权交易中心平台有以下几点功能：第一，降低了相关资金需求企业的融资成本。一方面，交易中心为企业提供股权登记托管平台，为非上市股份有限公司、有限责任公司及股份合作制企业办理股权的托管登记、挂失、查询、分红、质押、登记咨询等服务，以及债券、投资凭证、过渡性股权的托管业务。另一方面，交易中心也为相关企业提供股权合法、有序转让的平台，使企业在中心平台上实现股权的流动和增值，提升企业价值。第二，交易中心帮助规范企业的治理结构，能为企业股份制改造提供全程服务，帮助企业完善法人治理，引入战略或财务投资者，优化股权结构，为企业持续快速健康发展打下坚实基础。第三，交易中心有多渠道提供融资等增值服务的信息优势。交易中心聚集了大量的机构投资者和风险投资资本，能充分利用资本优势和信息优势，帮助企业引入战略投资者或财务投资者，实现定向直接融资。此外，交易中心还能与银行等金融机构开展战略合作，为企业间接融资提供支持。

总之，在区域金融资源利用与配置上，一方面，应充分有效利用现有可得金融资源；另一方面，应根据区域性特征，创造性地利用创新型金融资源，以此提高金融资源的利用效率，并优化区域金融资源的配置，以更好地发挥金融对区域经济发展的推动作用。

3. 大宗商品交易市场

改革开放以来，我国商品市场迅速发展。现阶段商品市场可以分为现货市场、期货市场和大宗商品交易市场三层。传统商品交易方式已经远远不能适应当前市场经济条件下的需要,必须改革已有的贸易形式,发挥市场在商品资源配置中的基础性作用,完善价格形成机制,健全商品市场体系同时建立符合社会主义市场经济要求和我国国情的商品市场交易机制,促进国民经济持续、快速、协调、健康地发展。

大宗商品交易市场既是现货市场与期货市场的桥梁,又是将上述两者优点结合起来的独立市场。完善的现代化商品市场体系,应是原生品与衍生品市场的有机结合。既以传统的现货市场为根基,也包括网上中远期电子交易市场、期货市场等多层次、多种类型的市场,以满足经济快速发展和企业发展的各种需求。可以说,大宗商品交易市场就是衍生品市场的柜台交易市场(以下简称OTC 市场)。目前我国正处于多层次资本市场体系结构的形成过程中,我国的商品衍生品市场同样需要电子化 OTC 市场来满足不同参与者的各种交易需求。大宗商品电子交易市场多数采用中远期现货网上订货的交易形式,在一定程度上扮演了场外 OTC 市场的角色,既可以提升现货市场的交易效率与交易质量,又弥补了场内期货市场因法规框架制约而导致的创新不足。大宗商品交易市场按照我国构建多层次商品交易市场的目标,成为除期货市场与传统现货批发市场外的另一种交易市场。与期货市场相比,大宗商品交易市场的交易方式更加灵活、交易品种更为多样,为企业提供广阔的市场以及风险控制的场所。与传统的现货批发市场相比,大宗商品交易市场采用方便快捷的电子化交易方式,节约交易成本的同时也能有效规避风险,灵活的交易方式解决了传统现货交易方式的弊端,在提供杠杆机制的同时又能规避信用风险。

一般来说,建设区域性的大宗商品交易市场都希望能够获得某一个区域内此种商品的定价权,交易量就成了衡量大宗商品交易市场发展状况的关键指标之一。所以,建设大宗商品交易市场的每个环节都要考虑到交易量的提升。商品、交易方式、合约设计等都是影响交易量的重要环节。在商品的选择上,可以按照各个省域的具体情况具体选择,既可以考虑当地产量丰富的产品作为交易商品,还可以选择当地需求较大的商品。在交易方式的选取上,可以根据交易需求大小的估算来提供合适的交易方式;在合约设计上,要充分考虑到虚拟交易和实物交割的特点,在最小交易数量和最小价格波动幅度上除了参照国际上的交易标准外,还可以借鉴已有的交易习惯。

（二）区域金融布局

区域金融布局指的是如何在一个区域的范围内实现金融产业的协调配合。

由于区域大小的不同，不同区域经济金融发展水平会存在比较大的差异。区域金融规划一般可以分为国家区域、省级区域、地级区域和县级区域，把握好这四个层次金融规划的联系和区别是区域金融资源配置的重点。

首先在国家层面，要建立全国性的金融中心，以此推动全国经济的发展。全国性的金融中心应该是国家经济的晴雨表，打造高水平、国际化以及监管体系稳定的金融中心，从而使全国金融资源的配置更合理、更科学，推动全国经济的发展。

其次要打造省域金融中心，凸显金融对于经济发展的支持作用。一般来说，省域金融中心能够反映出全省的经济金融整体发展水平，同时通过重点支持省域金融中心的发展，发挥其辐射带动作用。省域金融中心一般具备以下条件：经济发展水平较高、金融机构健全、金融市场发达、金融基础设施完善、金融人才聚集等。金融创新一般发生在金融中心，省域金融中心对于全省金融发展起着至关重要的作用。省域金融中心是金融与经济相互促进的最好场所，一方面较高的经济发展水平吸引着众多的金融资源；另一方面丰富的金融资源带动了省域经济的发展水平。在省域金融中心的规划布局中，要密切关注相邻省份金融中心的发展情况，与其他省份金融中心可以采取合作发展的方式，壮大区域内金融产业。

再次是发展地区性金融中心，地区性金融中心一般由一个或者几个地级市构成，可以按照地域、产业或者城市园的方式形成一个地区，再根据经济金融的实际运行情况形成地区性金融中心。由于金融发展水平与省域金融中心存在差距，地区性金融中心的竞争力来自当地的金融资源。政府在地区性金融中心的建设中要起到推动作用，特别是在区域内的组织与协调工作中，要处理好相邻区域内的合作与竞争关系。一般来说，省域内会存在多个地区性金融中心，一个金融中心的辐射范围通常是一个或几个地级市。从目前全国金融资源的分布情况来看，地区性金融中心的发展重点不在于培育大型金融机构，而在于引进金融机构，特别是新型金融机构。特色产业也是地区性金融机构的重点服务对象，通常地级区域能够产生比较强烈的产融结合效应。

最后是升级县域金融，县域经济是我国经济的重要组成部分，在我国整体经济构成中有着重要地位。但是我国广大县域地区存在很大的金融发展不足的问题，特别是偏远地区的县域金融发展尚处于起步阶段，所以不同县域金融发展的重点会有所不同。对处于起步阶段的县域来说，当务之急是引入金融机构服务网点，发展金融业务的最基础渠道。对有一定金融基础的县域来说，金融机构的配备已经齐全，要做的就是改善金融机构的组成，促进金融机构间的竞争发展；同时要加强金融对于实体经济的服务力度，特别是对县域经济中的企业，在适当的时候可以采取金融创新的手段为企业提供金融服务。

（三）金融生态环境建设

金融生态环境指的是影响金融活动的要素集合，对金融业的发展有着举足轻重的作用。一般理解的金融生态环境指的是金融运行所需要的外部条件。金融生态环境对于发挥金融的功能有重大的意义，我国由于实行市场经济的时间不长，在金融生态环境建设上相比发达国家较为落后，这也是造成我国金融服务实体经济力量不足的原因之一。从目前的主流观点来看，金融生态环境一般包括诚信环境、法制环境和金融服务环境。

诚信是市场经济的立足之本，诚信环境是金融环境的重要内容，构建社会信用体系是发展的目标。由于我国还处于社会主义市场经济发展的初级阶段，经济法制的观念不强，社会信用水平整体仍然较低。从全国的范围来看，每年由于诚信缺失导致的经济损失高达数千亿元，可见诚信的经济环境至关重要。目前我国正在逐步建立社会信用征集系统，通过完善公民的诚信记录来促进诚信水平的提高。这个系统包含了我国企业和个人的信用信息，由银行及相关部门共同建设，借此营造良好的社会信用环境。除此以外，还可以成立信用中介服务机构来调查和采集信用信息，以解决交易中的信息不对称问题。目前信用中介服务机构的类型主要包括征信公司、资信调查公司、信用评级机构等。

法制环境对于金融的发展也有很大的影响。从现实的状况来看，有关我国金融发展的法律环境往往会遭遇两类问题，一类是现有的法律法规落后于金融与经济发展的需要，经济中新形势的出现使一些新的金融创新处于不能合法生存的境地；另一类是经济发展过程中碰到的一些阻遏经济发展的新问题、新状况，没有针对性的法律可依照，使这些具有负面效应的行为长期存在。对于以上两种问题,都需要通过加强法制建设来解决。首先,要加强出台法律法规的规范性,提高出台文件的质量,争取既不出现盲区也不出现法律法规相互矛盾的状况。其次,要维护好企业和个人的合法权益,特别是保障民营企业生产经营活动的正常进行。对于经济中的竞争关系,政府要起到调节的作用。最后,要加强有关经济与金融法律方面的宣传和教育力度,逐步提高公民的法律意识。

金融服务环境主要是指金融中介对非金融部门的服务环境。目前,我国金融服务整体环境在不断提升,但是部分经济落后地区的金融服务水平依然较低,严重抑制了当地经济发展速度。我国金融服务存在的较大的问题就是不均匀分布,大部分金融机构的注意力集中在规模大的公司上,对于中小型民营企业的支持力度严重不足,导致我国产生了中小企业融资难、融资贵的问题。所以我国金融服务环境改进的重点就是加强对经济落后区域和中小企业的支持力度。在此基础上,再着眼于提高服务质量,注重经济效益与社会效益的结合,提升金融对于实体经济的服务效率。

第五节　创新性金融资源的利用与开发

而除了传统的金融资源之外,随着现代计算机技术以及互联网科技的蓬勃发展,创新性的金融资源也不断地与新技术进行组合最后出现在大众视野中。创新性的金融资源比较典型的是互联网金融平台以及移动互联金融平台,配置好创新性金融资源,可以实现更好地利用效率,从而使经济更快地发展。

一、互联网金融平台

互联网金融,从本质上讲,是一类电子商务,指借助于计算机网络,特别是互联网进行的全球范围的各种金融活动的总称。包括电子银行、电子证券、网络期货、电子保险、网上支付、网上结算等。互联网金融作为金融业与新兴的信息技术产业的结合,必然将对传统金融业产生强烈的冲击。一方面,互联网金融的高效、快捷、便利等特点弥补了传统金融在提供金融服务上的某些不足；另一方面，电子金融的出现对金融市场的传统结构提出挑战，加剧了金融市场的竞争，加快了金融业务综合化和金融的全球化进程。

不同类型的区域可以根据区域的实际情况与特征，建立相关电子金融平台，以进行特定类别的商品交易或金融资产交易，从而促进金融资源的集聚，增强金融资源的流动性，更好地发挥区域金融资源的配置作用。

二、移动互联金融平台

移动互联网金融是传统金融行业与移动互联网相结合的新兴领域。移动互联网金融区别于传统金融服务业所采用的媒介不同，移动互联网金融用以智能手机、平板电脑和无线 POS 机为代表的各类移动设备，使传统金融业务具备透明度更强、参与度更高、协作性更好、中间成本更低、操作上更便捷等一系列特征。理论上任何涉及广义金融的互联网应用，都应该是互联网金融，包括但不限于第三方支付、在线理财产品的销售、信用评价审核、金融中介、金融电子商务等模式。

建立权威、规范以及科学的移动互联金融平台，在智能手机几乎人人一部的时代里，为金融资源的配置带来了革命性的推进。而对于那些需要借钱贷款的中小企业来说，移动互联金融平台的出现省去了绝大多数冗杂的手续，使中小企业可以很容易地借到在企业发展过程中需要的资金。而中小企业的发展，在今天，是中国经济发展的重要推动力。规范、科学地利用移动互联金融平台，可以极大地提高区域金融资源配置的效率，从而推动区域经济的发展。

参考文献

[1]白钦先:《金融可持续发展理论研究导论》,中国金融出版社2000年版。

[2]叶永刚、张培、宋凌锋等:《产业金融工程》,人民出版社2012年版。

[3]叶永刚、宋凌锋:《宏观金融工程论纲》,《经济评论》2007年第1期。

[4]Bagehot, Walter, *Lombard street: A Description of the Money market*. London: john murray, 1873, pp. 77 –79.

[5]Schumpeter, Joseph A, *Theorieder Wirtschaftlichen Entwicklung*, The Theory of Economic Development. Leipzig: Dunker & Humblot. Translated by Redvers Opie. Cambridge, MA: Harvard U, press, 1934, pp. 12 –20.

[6]Gurley, John and Edward Shaw, *Financial Aspects of Economic Development*, American Economic Review,1955,pp. 515 –538.

[7]Patrick, Hugh T., *Financial Development and Economic Growth in Underdevelopment Countries*, Economic Development Culture Change, 1966, pp. 174 –189.

[8] Goldsmith Raymond, *Financial Structure and Development*, New Haven: Yale University Press, 1969, pp. 27 –33.

[9]Levine Ross, *Financial Development and Economic Growth: Views and Agenda*, Journal of Economic Literature, 1997, pp. 688 –726.

[10]Pagano, Marco, *Financial Markets and Growth: an Overview*, European Economic Review, 1993,pp. 613 –622.

[11]Franklin Allen, *Financial Structure and Financial Crisis*, ADB Institute Working Paper Series, No. 10, June 2000.

第五章　区域金融风险管理研究

第一节　区域金融风险管理概述

一、区域金融风险的内涵

(一)区域金融风险的定义

风险在经济学中是指对于未来状态的不可预测性,即获得收益或发生损失的不确定性。金融风险是指金融机构同政府、企业及个人在经济金融活动中,由于经济环境变化、市场波动及政策不确定性等原因而使金融资产价格波动的风险,具有客观性、可测性及风险收益相关性,是经济主体及金融活动的基本特征之一。

区域作为一个相对性概念,在经济学中通常被定义为一个在经济上相对完整的单元,其范围具有较大的延伸性。在本章中我们将区域理解为介于国家和省之间的一个范畴。区域金融风险既不同于宏观金融风险,同时又和微观金融风险有所区别,是一种介于两者之间的中观金融风险概念。区域金融风险没有宏观金融风险概念下的汇率风险、利率风险、购买力风险以及政治风险等,同时也不同于微观尺度下的信用风险、经营风险以及流动性风险等。但同时,区域金融风险和宏观金融风险及微观金融风险之间又具有紧密的联系。微观风险通过一定的传导机制,能够在不同金融机构以及政府、企业、个人等市场参与者中进行扩散与放大,进而演化成区域金融风险;而区域金融风险若没有得到及时控制,则会逐渐蔓延并演变为系统性的经济或金融冲击,造成宏观金融风险。

(二)区域金融风险的来源

区域金融风险的来源具有多样性,从不同角度研究可以将风险产生的原因分为不同形式。例如,从风险的层次来看,微观金融风险在个别或部分机构产生后,通过在本区域内进行传导和扩散,能够关联性地引发区域金融风险;而宏观金融风险由于受不同区域经济、金融发展现状影响,从而表现为不同形式的区域金融风险。本节为方便描述,将区域金融风险分为从金融内部产生和受金融外环境影响产生两种形式,并对这两种形式的区域金融风险进行进一步细分研究。

1. 金融业内部风险

一方面,由于我国金融业起步同国外发达国家金融业相比较晚,虽然在改革开放后经历了一段快速发展的阶段,金融业开发程度也不断加大,但我国金融业发展仍存在很多不足。首先,随着我国由计划经济向市场经济转变,金融机构也逐渐显现出追求最大化利润的性质,并通过规模扩张进行利益追逐,在数量和规模上展开竞争,而对于金融资产质量及效益则缺乏重视,普遍存在重视扩张但轻视管理的经营理念;其次,同国外成熟金融机构相比,我国金融机构还缺乏完善的内部风险控制制度,没有建立起自身经营及约束机制;最后,我国金融机构还存在经营模式粗放、分支机构过多、人员素质滞后等问题。

另一方面,由于我国市场经济体制建立时间相对较短,虽然目前我国金融业已经初步形成了分业经营及分业管理的格局,但金融监管部门仍存在重视计划的行政特点,在监管手段上以机构审批为主,缺乏连续性及系统性。同时,我国金融监管的手段还比较滞后,一是由于金融监管部门缺乏复合型人才,在业务能力及思想观念上还无法适应金融业逐步开放的要求;二是由于我国还缺乏与金融基本法律框架相配套的实施细则及规章,同时对于金融风险的控制及管理尚未建立科学及合理的系统,不能对金融机构在实际运营中的风险进行有效的预防及管理。

2. 金融业外部风险

首先,受区域经济发展程度不同所影响,区域间金融发展的不平衡也会产生风险。由于经济发达地区在国家经济中占有更高的比重，在国家宏观经济政策的制定过程中对于经济发达地区有着更高的参考性。例如，在经济发达地区的金融市场更为健全，金融体系更为完善，企业通过金融进行筹资活动的渠道也更为广泛，但在经济欠发达地区，金融市场和金融体系还相对落后，企业对于银行信贷的依赖程度更高，央行的货币紧缩政策对于经济欠发达地区的影响将更大，所以同一国家宏观金融政策会对不同的区域产生不同程度的效果，进而产生政策与区域金融发展不匹配的可能性。

其次，同国外相比，我国政府在经济和金融发展过程中具有更多的资源和权力，对于经济及金融发展进行直接干涉或间接影响的程度更高，行政化色彩更为浓厚。由于区域间经济竞争的不断加剧，地方政府出于追求利益的目的而对区域经济及金融发展进行干预，这种地方保护主义加重了区域间金融的重复建设，在提高了银行不良资产规模的同时降低了金融资源整体的利用效率，加大了金融机构的运营风险。

最后，由于信用是各经济主体间进行经济活动的基础，而我国还未建立完善的信用体系，市场经济还不能得到高效地运转。虽然我国从总体上高度重视了信用体系的建设，并采取了多种措施对信用相关问题进行处理，但我国整体的信用环境同国外发达国家相比仍存在较大差距，特别是一些经济发展较为落后的区域，其信用记录、信用数据及信用咨询等系统尚未建立，社会信用观念也较为淡薄，经济发展受到的影响程度较大，对金融机构同政府、企业及个人进行相关金融业务造成了一定阻碍，并通过信用缺失对区域金融发展造成了潜在风险。

（三）区域金融风险的特点

微观金融风险、区域金融风险以及宏观金融风险是金融风险在不同范围下的表现形式，具有风险所拥有的一些共同特征，如客观性、不确定性、传导性、可测性、可控性以及叠加性等，但在不同层面又有着不同的表现程度。下面主要从传导性、可测性以及可控性三个方面研究区域金融风险的特点及其与微观金融风险、宏观金融风险的差异。

表 5.1 区域金融风险特点

	传导性	可测性	可控性
微观金融风险	个体及机构内部传导	容易	个人及机构内部控制
区域金融风险	机构间、部门间、区域间传导	中等	区域金融风险预警及区域金融风险指标
宏观金融风险	区域间、国家间传导	困难	宏观金融政策

1. 传导性

微观金融风险普遍产生于政府、企业、个人及金融机构等单个或少数市场参与者中，一般规模相对较小，且只通过个体及机构间内部传导；区域金融风险一般是由区域内微观金融风险经过传导、放大而成，或是由其他经济联系较为紧密的区域向本区域内传导而引起的相关金融风险，主要通过机构间、部门间以及不同区域间进行传导；宏观金融风险的范围相对最广，一般指一个国家或一个区域经济体所面临的金融风险，能够通过全球经济贸易而在联系较为紧密的不同区域和不同国家间进行传导。

2. 可测性

目前学术界对于微观领域的金融风险研究较为全面，对于微观金融风险的识别、度量已经形成了较为完善的模型及体系，而对于宏观金融风险的分析和度量还相对较少，一般只停留在定性分析的层面，定量分析则相对不足。区域金融风险的识别和度量难度介于以上两者之间，相对宏观金融风险分析只能依靠整体数据，区域金融分析能够更充分利用区域内不同金融参与者的风险细分。

3. 可控性

从金融风险的起源及规模来看，不同层面的金融风险也具有不同的可控性。微观金融风险由于规模较小，传导一般较慢，仅对风险来源的承担个体或机构有较大影响，需要个体或机构采取内部控制的方式防止金融风险的扩大或传播；宏观金融风险为影响范围最为广泛的风险，具有明显的系统性，是金融市场中所有参与者都必须承担的风险，需要采取相关金融政策进行宏观调控。而区域金融风险的控制介于微观金融风险和宏观金融风险之间，即需要区域间金融参与者对风险进行内部控制，也需要通过区域政策的方式进行调控，同时区

域金融风险预警及区域金融风险指标体系的构建也尤为重要。

(四)区域金融风险的表现

从我国区域经济及金融发展的状况来看,区域金融风险主要表现为以下几种形式:

1. 区域信用风险

信用风险也称为违约风险,是指受信方没有能力或没有意愿履行信用合约中所约定的义务,从而对授信方造成经济、金融损失的风险。从区域信用风险的影响上来看,主要包括两个方面:一方面属于直接风险,即授信方因受信方违约而遭受的直接损失;另一方面属于间接风险,即当区域信用状况恶化时,信用违约概率上升,授信方因担心无法正常收回贷款而减少或停止信贷活动,进而使区域信贷资金供给下降,对区域整体经济发展产生影响的风险。

2. 区域市场风险

区域市场风险是指因市场价格变动而发生资产价值损失的风险,一般包括利率风险、汇率风险、股票价格风险以及商品价格风险等,分别是指因利率、汇率、股票价格及商品价格等不利变化对区域经济发展及金融体系所造成的风险。由于利率、汇率、股票价格及商品价格等因素具有较为宏观的性质,能够造成系统性影响,一般而言,区域市场风险所影响的范围较为广阔,同时更具有传导性。例如,利率的波动能够对金融部门的利率敏感型资产产生较大影响,而汇率的波动在对金融部门外汇资产产生影响的同时,还会对企业部门中具有国际贸易业务的企业的经营成本及利润具有较大影响。

3. 区域操作风险

随着区域经济及金融间的联系日趋紧密,区域间交易清算更为频繁,在一些金融机构中,操作风险所导致的相关损失已经开始大于信用风险和市场风险。操作风险是指由于不完善的或存在问题的内部程序、人员、系统或外部事件所造成损失的风险。其中,内部程序主要是指由于管理机制、组织形式或法律法规等结构性缺陷和不足所引起的风险;同时,由于人员在操作中出现纰漏或出于谋求私利的目的而对正常经济、金融活动造成干扰属于人员风险;系统风险主要是指由于硬件或软件等不完善而对各部门资产造成的影响;外部事件风险主要是指火灾、水灾、地震以及电力系统损坏而影响部门正常运行的风险。

二、区域金融风险管理的内涵

(一)区域金融风险管理的定义

对区域金融风险的认识是管理区域金融风险的基础,从上文中对于区域金融风险的定义中我们可以看出,区域金融风险不同于宏观金融风险和微观金融风险,是一种中观层面上的金融风险。因此,区域金融风险管理一般不考虑宏观层面的政策风险、利率风险、汇率风险及购买力风险等,也不完全等同于管理微观层面的信用风险、流动性风险以及经营风险等。对区域金融风险管理的认识应该从对区域金融风险管理的对象和主体两个方面来认识。

从区域金融风险管理的对象来看,虽然区域金融风险表现为中观层面上的金融风险,但其一般以区域内金融市场参与者的微观金融风险表现出来。区域金融风险的管理应包括两个方面,一方面应加强对于影响区域金融风险的系统因素的把握;另一方面还要加大对于影响区域金融风险主体的单一因素的管理。

从区域金融风险管理的主体来看,由于国家政策和地方政府政策均会对区域金融的发展产生影响,区域金融风险的管理主体应同时包括中央和区域两个层级的金融监管部门,既要通过国家金融监管部门对区域金融风险进行宏观管理,同时区域金融监管部门也应充分发挥自身能动性对区域金融风险进行适宜性的管理。

(二)区域金融风险管理的目标

1. 区域金融风险管理的宏观目标

区域金融风险管理的宏观目标是相对微观目标而言的。从区域间统筹发展的角度出发,区域金融风险管理的宏观目标主要包括促进区域间金融平衡稳定发展以及促进区域间经济发展两个方面。

一方面,由于各区域金融的健康发展是一个国家金融业实现平稳发展的基础，促进区域间金融的平衡稳定发展成为区域金融风险管理的主要宏观目标。区域金融风险管理既要加强区域金融市场体系的建设，推动金融产品的协调发展，同时还应通过定性分析和定量分析相结合的方法对区域金融风险进行识别、度量和管理，为区域金融管理提供一套完整而健全的风险控制制度，规范并完善区域金融监管体系。

另一方面，金融业作为一个以货币为运营载体的特殊行业，能够通过与其他行业相结合而促进相互发展，具有明显的杠杆作用和辐射效应，能够有力地支撑区域经济的发展。区域金融风险也会通过金融业服务进行传导和扩散，对区域经济的稳定发展造成影响。因此，区域金融风险管理应将保障区域经济发展，实现区域经济的健康运行同样作为其主要宏观目标。

2. 区域金融风险管理的微观目标

区域金融风险管理在宏观上具有促进区域金融及经济平衡稳定发展的宏观目标，同时在微观上还具有优化金融机构布局、稳定区域金融市场的目标。

一方面，通过科学分析区域金融风险的现状及问题，能够对区域金融的整体发展水平、金融机构总量及结构，以及金融业务的内容、功能、手段等进行深入了解，在此基础上建立与区域经济发展规模及结构相契合的金融体系，对各类金融机构进行合理布局，在保持适当竞争的基础上充分发挥金融机构对经济发展的支持作用。

另一方面，区域金融风险管理还对稳定区域金融市场秩序具有重要的意义。由于金融风险能够通过不同渠道在区域各部门间进行传导，对于金融风险的管理提出了更为严苛的标准，区域金融风险的管理需要政府、企业以及居民同金融机构的合作，建立完善的信用体系；同时对金融机构资本的流动性、安全性及效益性的结合提出了要求，金融机构经营应在满足资本充足率要求的基础上，合理调整其资产负债规模、结构及期限等，完善区域金融机构的内部管理制度，规范和强化其内部审批及监管程序，促进区域金融市场秩序的稳定。

第二节 相关文献综述

一、区域金融风险管理文献综述

（一）国外文献综述

亨德森（Henderson，1944）等研究了20世纪二三十年代区域间贷款成本的问题，并从区域差异和风险差异两方面进行了分析，认为其差异在于区域间成本的不同而非风险的不同；沙夫（Schaaf，1966）等对1964年至1974年共十年的区域间担保利率差异进行了分析，并尝试用风险及需求等因素对其进行了解释；米勒（Miller，1978）通过双区域模型对美国货币政策在不同区域间的效应进行了研究，认为联邦储备委员会对汇率的调控能够影响不同区域间金融资源的流动，从而放大了不同区域间的货币乘数及经济关系。

阿斯平沃尔（Aspinwall，1979）为分析不同区域间的担保利率问题，通过结构模型对1965年后的月数据进行了实证研究，认为风险因素对于区域间担保利率的差异影响不大；卡里森和张（Carrison、Chang，1979）通过凯尔斯理论的相关计量模型，对美国八个地区的经济季度数据进行了实证分析，认为区域间经济发展及结构的差异使不同区域对货币政策的敏感性不同，如农业和矿业占比较高的区域对于货币政策的敏感程度同制造业占比较高的地区相比要低。

国外对于区域金融风险的研究主要集中在货币政策影响区域经济发展以及区域间利率差异上，只是对于风险的概念进行简单的阐述，对于区域金融风险还没有形成专门的分析。

（二）国内文献综述

在对于区域金融风险及其管理的理论研究上，国内学者对区域金融风险的概念、内涵、特点、来源、目标以及相关实施手段等进行了研究。姜建华、秦志宏（1999）在区域经济非均衡发展的格局背景下，分析了区域金融风险的几种主要形成及传导渠道，并研究了我国区域金融风险的现状及其主要表现形式，最后对非均衡发展格局下区域金融风险的防范提出了几种可行性建议。张本照、张悦（2005）从区域金融创新和区域金融风险间的联系的角度对区域金融风险管理进行了研究，认为对金融风险的规避促进了区域金融的创新，同时金融创新又从多方面造成了区域内的金融风险，在区域内实施风险控制对于降低金融创新所带来的相关风险具有重要意义。李嘉晓、秦宏、罗剑朝（2006）对区域金融风险的内涵进行了分析，在此基础上从金融业内部及金融业外部两方面对区域金融风险的成因进行了研究，最后从区域金融风险预警系统、金融机构内部风险控制体系、区域内金融监管机构等不同角度对区域金融风险的管理提出了建议。于尚艳（2008）在对区域金融风险及其内涵进行研究的基础上，认为区域金融风险是一种介于宏观和微观之间的中观金融风险，并从宏观因素、中观因素以及微观因素三个层面分析了区域金融风险的成因。于尚艳（2008）在对区域金融风险及其内涵进行研究的基础上，认为区域金融风险是一种介于宏观和微观之间的中观金融风险，并从宏观因素、中观因素以及微观因素三个层面分析了区域金融风险的成因。陈颖、王建红（2011）在前人研究的基础上对区域金融风险从总体性视角进行了总结，包括区域金融风险管理的界定、目标以及策略三个方面。

在区域金融风险的检测和预警体系方面，国内学者也作了相关研究。仲彬、刘念、毕顺荣（2002）在借鉴和吸收国内外相关研究的基础上，从金融风险预警体系的构成和运作机制、预警模型的构建及用途等方面研究了我国区域银行体系的风险预警系统。姚星垣、郭福春（2008）在对浙江省经济发展及金融风险因素分析的基础上，对构建浙江省区域金融风险预警体系进行了研究。孙清、蔡则祥（2008）对区域金融风险的本质特征及相关影响因素进行了分析，并在此基础上借鉴国际货币基金组织与世界银行项目、美国联邦银行监管当局“CAMEL”体系的相关经验及研究成果，构造了区域金融风险监测系统指标体系，共包括区域经济环境、银行类机构风险、证券类机构风险以及保险类机构风险四大类风险指标。彭军娥（2008）认为将区域金融风险的研究局限在区域银行业风险是不全面的，并在总结国内外研究的基础上，结合我国区域经济及金融发展的具体状况，选取区域银行业、区域保险业、区域证券业及区域经济环境四大体系共 28 个指标，并以国际公认的预警值确定了各指标的临界值以及预警区间，通过层次分析法计算得到了各指标的权重,构建了区域金融风险的预警指标体系。刘彤(2012)划定了区域金融风险所涉及的中观范围,认为区域金融风险所指的是区域金融机构的风险,在已有研究的基础上构建了区域金融风险指标体系,并以济南市为例进行了相关实证检验。刘慧悦(2013)对金融脆弱性一般理论框架和经典模型进行了介绍和梳理,并对货币危机的三代理论模型进行了总结,在此基础上研究了货币危机的微观作用及其宏观传染模型,通过金融业发展实际及相关经济指标对区域金融脆弱性进行了实证分析,同时还分析了金融投机行为及金融传染路径,最后从系统的角度构建了包含 GDP 增长率、CPI 增长率、M2 增长率、股票市值收益率增长率差分序列以及金融脆弱性指标的向量自回归模型,即 VAR 模型。

二、本章的创新

国内外学者虽然对区域金融风险及其管理进行了大量研究,但总体上缺乏对于区域金融风险管理研究的体系,对区域金融风险的认识也普遍停留在金融机构方面,不能全面、系统地认识区域金融风险的内涵。本章是在宏观金融工程框架下对区域金融风险管理进行了研究,具有以下三点创新之处:

第一,本章对区域金融风险管理的相关文献进行了研究与整理,并在此基础上创新性地提出了运用资产负债表以及或有权益分析方法对区域金融风险进行研究,通过将存量分析与流量分析相结合,将历史信息与市场信息相结合,能够更为全面地对区域金融的风险进行分析。

第二,以公共、金融、企业以及家户四部门为研究对象,以资产负债表、或有权益资产负债表为工具对区域金融风险进行分析,通过期限错配分析、货币错配分析、资本结构分析、清偿力分析以及或有权益资产负债表的相关指标分析,能够对各区域的各部门金融风险有更为准确地把握,同时为研究区域内各部门金融风险的传导提供基础。

第三,对区域金融风险的管理体系进行研究,并在此基础上构建了区域金融风险管理的指标体系,将定量分析与定性分析相结合,对区域金融的检测与预警进行研究。

第三节　区域金融风险的资产负债表分析

一、资产负债表方法的基本理论

资产负债表方法是在 1997 年亚洲金融危机爆发的基础上建立的，由于亚洲金融危机在过程中表现出爆发快、规模大、影响深等新型特点，传统的金融风险管理方法已经无法适应，国家和地方政府也需要一种新的风险管理方法来预防和管理新型的金融风险，在这样的背景下，资产负债表方法应运而生。

资产负债表方法是以金融加速器为理论基础而建立的，即经济周期受不对称信息带来的代理成本影响而产生的周期放大效应。在此基础上，资产负债表方法通过构建区域的宏观资产负债表，对区域整体及不同部门间的系统性金融风险的状况及其传导进行分析。宏观资产负债表是反映在某一时间点下区域各部门的资产及负债等存量价值的报表，其中资产包括非金融资产和金融资产。不同于传统金融风险研究中以流量为主的分析框架，资产负债表方法通过对区域宏观资产负债表的建立，将区域金融风险的研究从流量向存量转化，从而以流量分析与存量分析相结合的方式对区域金融风险进行研究。资产负债表方法能够对区域各部门的资产和负债进行更为精确的定量分析，从而对系统性金融风险进行识别、度量及管理，并通过计算资产市值的变化对债务及权益价值进行分析，因此能够比传统方法更为全面地反映出系统性金融风险。

资产负债表在为宏观金融风险分析提供理论基础的同时，还为分析部门间隐含风险及研究金融风险在不同部门间的传导机制提供了工具。目前，资产负债表对于部门风险的研究主要从公共部门、金融部门、企业部门以及家户部门四个方面着手，同时研究风险在各个部门间的传导机制等。在研究各部门范围的界定上，不同学者对各部门的划分方式有所不同。本书主要采取以下界定方法：首先，公共部门主要包括地方政府及中央银行，它是维持区域金融体系正常运作的保障，是其他部门风险的最后屏障，公共部门的风险直接影响区域金融信用等级及区域金融政策和制度的稳定；其次，金融部门主要包括区域内各类银行类金融机构及非银行类金融机构，是区域金融体系中的重要组成部分，对于区域经济中风险的分配及传导具有重要的作用；再次，企业部门主要包括各类企业中除去金融公司的部分，是区域经济中各类商品和服务的主要生产者，根据金融风险产生的原因差异，企业部门可以是某种金融风险的起源地，同时由于企业部门通过商品和服务同其他部门紧密联系，企业部门也能够成为金融风险扩散和传导的重要中介；最后，家户部门主要包括各类居民，是区域经济中消费的重要部分，对于区域金融稳定和区域经济发展具有重要的意义。

二、基于资产负债表的区域金融风险分析

（一）区域资产负债表分析

资产负债表是反映企业在某一时点上的资产、负债以及所有者权益等财务状况的一种会计报表，而在区域金融风险分析及管理的框架中，区域资产负债表被定义为反映某一区域在特定时点的资产、负债以及所有者权益等财务状况的会计报表。由于不同部门在资产、负债项目上具有的不同特点，不同部门的资产负债表的形式有所不同。

公共部门包括地方政府及中央银行。公共部门资产负债表中的资产项目包括：国有企业资产及地方建设项目等经营性资产，学校、医院等行政事业单位的经营性资产，以及土地、矿产等资源型资产；公共部门资产负债表中的负债项目主要包括：中央银行负债及政府负债。其中，中央银行负债包括储备货币、发行货币、对金融机构负债、准备金存款、非金融机构存款、债券、国外负债、自有资金及其他，政府负债包括外债及内债。

金融部门主要包括区域内非央行的各类金融机构。金融部门资产负债表的资产项目主要包括：政府贷款、其他金融机构贷款、企业贷款、居民贷款、国债、其他金融资产；①金融部门资产负债表的负债项目主要包括：政府存款、其他金融机构存款、企业存款、居民储蓄存款、其他负债等。

企业部门主要包括区域内的非金融机构的企业。企业部门的资产负债表

---

① 由于金融机构的金融属性及轻实物资产属性，在此不考虑金融机构的实物资产。

的资产项目主要包括:固定资产、存货、无形资产等非金融资产,金融资产包括现金、应收款项、预付款项及其他金融资产等;企业部门资产负债表的负债项目主要包括:短期借款、应付款项、预收款项、长期借款及其他负债等。

家户部门资产负债表主要反映区域内的居民的资产负债情况,其中资产项目主要包括:现金、储蓄存款、债券、股票、基金、保险等金融资产,以及房产、耐用消费品等非金融资产;负债项目主要包括个人住房贷款和其他消费贷款等。

虽然各部门资产及负债项目的具体构成不同,风险的表现和集中程度也有所差异,但其资产和负债均可以按期限及本外币两个层面进行分类,即资产可以分为本币流动资产、本币长期资产、外币流动资产、外币长期资产四类,而负债则可以分为本币流动负债、本币长期负债、外币流动负债、外币长期负债四类,权益为资产抵补负债所余。因此可得到简化版的区域资产负债表,如表5.2所示。

表5.2　区域资产负债表

资产	负债
总资产	总负债
本币资产	本币负债
本币流动资产	本币流动负债
本币长期资产	本币长期负债
外币资产	外币负债
外币流动资产	外币流动负债
外币长期资产	外币长期负债
	权益
	总权益

(二)区域金融风险的资产负债表分析

1.资本结构错配风险分析

资本结构错配风险是指融资结构中债务的比重偏大,而作为吸收损失、减小风险的股东权益的比重偏小,因而导致债务偿还压力较大、破产可能性偏高的风险。资本结构错配风险一般以资产负债率进行度量。

资产负债率 = 总负债/总资产

对公共部门而言，资本结构错配风险主要表现在地方政府的过度举债上。从借款资金来源来看，银行贷款是我国地方政府债务资金的主要来源，其占比达到79.01%；从债务主体上来看，融资平台公司、政府部门和机构举债的比例分别为46.5%和23.3%。[①] 地方政府的过度举债对于未来债务偿还造成了较大压力，而政府偿还债务的资金来源主要依赖于土地出让收入，地方政府为获得更多的土地财政收入以偿还债务，通过一系列制度安排在一定程度上造成了房地产整体价格的上升。随着房地产宏观调控政策的实施，未来房地产价格上升趋势得到控制甚至出现一定程度下降的可能性较大，不仅对地方政府债务偿还造成了压力，同时会使政府未来的相关投资项目难以开展或继续，从而进一步影响地方财政收入和债务偿还风险。

金融部门作为四部门中较为特殊的部门，其资产负债率相对偏高，其资本结构错配风险主要表现在资本充足率过低方面。不同于其他部门，金融机构的经营具有特殊性，其负债一般来源于政府、企业、个人及其他金融机构的存款，其主动调控性相对其他部门较弱，被动型的负债制约了金融部门的资产结构和形成渠道，对于其流动性风险和利率风险造成了压力。金融部门在进行资产负债管理时，如果无法把握负债的安全性、流动性及收益性的平衡，造成资本结构错配程度较高，会对金融机构资产的稳健性造成影响。

对于企业部门来说，资产负债率较高表明企业对于债务融资的依赖程度较高，而股权融资的比例偏低。由于股权融资的成本能够随着企业经营状况而发生相应改变，即当企业经营绩效较好时会支付较多股息，而当企业利润获得较少、经营绩效较差时，能够通过适当减少股息支付减小股权融资成本；而由于利息是一种固定变量，因此债务融资的成本不会随着企业经营状况的波动而改变，当经济整体运行较差、企业经营状况不佳时，过高的债务融资会对企业的债务偿还造成较大压力，从而影响企业的财务及正常运营，严重时甚至导致企业破产。

家户部门的资本结构错配风险一般表现在居民的住房贷款和消费贷款上。由于目前我国金融发展同国外相比起步较晚，住房贷款及消费贷款等业务尚未完全普及，金融机构对于居民的贷款审核较为严格，因此一般居民住房贷款或

① 数据来源：中国审计署，《全国地方政府性债务审计结果》。

消费贷款总额相对偏低，家户部门的资本结构错配风险同其他部门相比较低。

2. 期限错配风险分析

期限错配风险是指由于资产期限和债务期限的不匹配所引起的相关风险，一般包括以下两种：一种是由于当资产债务期限不匹配时，缺少能够支付当期债务的同期限资产收益，也不能通过债务展期的方式进行偿还，从而导致当期债务无法偿还的风险；另一种是由于资产负债期限结构不同，从而对利率变动产生不同程度变动的利率风险。期限错配风险一般通过资产和负债的期限结构来进行研究。

流动资产比 = 流动资产/总资产

流动负债比 = 流动负债/总负债

流动比率 = 流动资产/流动负债

期限错配风险一般体现在公共部门、金融部门和企业部门中，而在家户部门中则表现较少。对公共部门而言，一方面，地方政府将融资所得投入教育、农业、基础设施建设以及房地产开发等项目中，这些项目因其公益性和收益性的不同而在还款方式、还款时期上具有不同的特点，政府对于项目的监管并未根据其还款特点进行科学的分类和管理，一些项目在投资周期和还款期限上的不匹配降低了地方政府的资金运用效率；另一方面，一些地方政府为规避当前政策约束而采取新型的融资方式进行地方项目建设，如建设—移交（BT）模式、建设—经营—转让（BOT）模式等，新型的项目建设融资方式能够拉开项目筹资与项目建设在时间上的距离，使项目在建设期间无须筹资偿债，但同时也弱化了地方政府对于债务累计程度的判断能力，从而加大地方政府的投资力度，在长期内加剧了地方政府偿债能力与偿付义务之间的期限错配风险。

在前几年投资拉动的贷款长期化、资金来源的短期化的背景下，金融部门"借短贷长"的特点尤其明显，期限错配风险进一步突出。由于大部分长期投资的资产收益率一般以固定利率计算，而短期债务的利率则同市场利率联系较为紧密。随着我国利率市场化进程不断加快，未来银行利率上升的可能性较大，在市场利率上升时，短期的融资成本增加，而长期的投资收益却并未得到提高，从而使金融部门资产收益减少，对金融部门的正常运营造成风险。在宏观层面上，金融部门的货币错配情况严重时还将影响区域金融体系的稳定和货币政策的有效性，甚至造成区域性乃至全国性的金融危机。

债务融资和债务结构是企业运营过程中的重要决策之一，在具体操作过程中不仅受到企业自身规模、企业盈利能力、企业现金流等内部因素影响，同时还受企业所处行业、利率期限结构、市场效率、边际税率等外部因素影响。在目前我国商业银行信贷期限结构错配和企业债券市场不发达的金融背景下，我国企业部门难以通过长期企业债券进行负债期限结构调整，企业部门整体上呈现出债务期限偏短而资产期限偏长的错配问题。当企业部门的期限错配风险程度较大时，由任何其他不确定因素所引发的信用危机会加大企业部门进行短期借贷的难度，从而使企业难以进行债务展期并造成资金链断裂，严重影响区域内企业部门的健康运营，严重时可能导致银行等债权人集体挤兑和诉讼，导致企业破产并影响区域经济的整体发展。

3. 货币错配风险分析

货币错配风险主要是指资产和负债不以同一种货币标的所产生的风险，即由于不同币种间汇率的变动所导致的资产和负债相对价值变动的不确定性。例如，当经济主体拥有本币的资产和外币的负债时，如本币相对外币贬值，为偿还外币债务则需要支付更多的本币资产，此时本币资产将会贬值。在对货币错配风险进行研究时一般以外币资产和负债的结构来进行。

$$外币资产比 = 外币资产/总资产$$

$$外币负债比 = 外币负债/总负债$$

$$外币资产负债率 = 外币负债/外币资产$$

随着全球经济一体化程度的不断提高，金融资源在各国间的流动也更具规模和更加频繁，从对外金融资源利用的程度上看，家户部门对于外币资产及负债的持有比例同其他三部门相比较小，而一国一般通过中央政府来进行外币资产和负债的管理，如管理外汇储备或借入外币债务等，地方政府则较少涉及。因此在研究区域的货币错配风险时，主要将重点集中在金融部门和企业部门上。

金融部门是国家四部门中同货币错配风险联系较为紧密的一个部门，由于金融机构是以货币资金作为经营对象的机构，具有较高的杠杆性，同时由于区域金融机构的资产通常以本币标价，而在市场中进行投资组合管理时通常会持有较多外币债务,因此金融机构对于汇率波动具有较高的敏感性,受货币错配的影响也更大。当金融部门的外币资产大于其持有的外币负债时,本币的贬值将会使外币资产的相对价值增量大于其外币负债的相对价值增量,此时金融机构的净资产增加,而本币的升值将会使金融机构外币资产的相对价值减量大于外币负债的相对价值减量,此时金融机构的净资产减少;反之,当金融部门的外币资产小于其持有的外币负债时,本币的贬值或升值将会造成金融机构净资产的减少或增加。此外,由于金融机构经营的高杠杆性,其资产负债结构还会受到监管部门的审慎性要求,而汇率的波动将不仅影响金融机构的净值,还会对金融部门的资产负债监管造成压力。

我国加入世贸组织以来,同全球其他各国企业间的联系日益紧密,全球经济化进程的加快也使各国企业间的国际贸易活动日益频繁。企业在同国外企业进行商品贸易业务时,往往会发生商品的延迟支付,进而产生外币的应收账款、应付账款、预收账款以及预付账款等,从而产生净的资产或负债头寸。对于在国内进行生产而将商品销售到国外的企业而言,其生产成本以本币计价而收入以外币计价;而对于将原料进口并进行加工生产后将商品在国内销售的企业来说,则形成以外币计价的成本和以本币计价的收入。存在货币错配风险的企业不仅会受到汇率波动对资产负债价值的影响,从而对企业的净值带来不确定性,同时还会影响企业的成本和收入现金流,进而对企业运营活动本身产生影响。

4. 清偿力风险分析

清偿力风险主要针对的是企业部门,即企业净资产为负,其资产无法偿付企业所持有的债务时的风险。在本节中我们以产权比率来度量企业部门的清偿力风险,即负债总额同所有者权益总额的比率:

产权比率 = 总负债/总权益

清偿力风险同前文所述的资本结构错配风险、期限错配风险以及货币错配风险是紧密联系的,当以上三种资产负债风险积累到一定程度时,在一定的经济或金融条件下都有可能触发企业的清偿力问题。由于企业部门是区域经济发展中的重要一环,当企业部门运营发生问题时,会使政府的税收大幅减少、金融部门贷款得不到偿还、家户部门居民收入下降,从而对区域四部门的稳定造成干扰。

第四节　区域金融风险的或有权益分析

一、或有权益方法的基本理论

或有权益是指未来支付视另一资产价格而定的金融资产,其中最为典型的或有权益是衍生金融工具中的期权,即在未来某一时间以某一约定价格购买或出售某种资产的权利。区域金融风险的或有权益分析是以上一节中有关宏观资产负债表的分析为基础而建立的,通过将或有的思想引入资产负债表中,从而能够将市场对资产价格的影响定量地反映出来,是对上一节资产负债表方法的重要补充。

布莱克和斯科尔斯(Black、Scholes,1973)提出了著名的期权定价公式,从而为或有权益的定价提供了理论上的解决工具;默顿(Merton,1971)将期权定价的思想应用到了企业的风险权益定价中,这两篇文献为或有权益方法奠定了理论基础。由于或有权益方法以期权定价思想为理论基础,能够在一定程度上避免传统资产负债表方法中分析滞后的不足,充分利用市场中的信息,对未来资产、负债及权益等市场价格进行更为客观的预期,并通过市场信息分析资产价值的波动性及各部门金融风险的变动。

利用或有权益方法对区域金融风险进行分析应基于以下三个基本假设之上:首先,权益的价值是通过资产衍生所产生的,即当资产同违约点相比呈现下降趋势时,权益的看涨期权价值减少,而债权的隐含看跌期权价值则增加;其次,权益根据其不同性质有不同优先程度,如对于金融部门和企业部门而言,由于债务的偿还要求较高,债务同股权相比是优先级更高的权益;最后,还假定资产的市场价值服从随机过程,及满足,$dv=(av-c)dt+\sigma Vdz$,其中 dz 是标准维纳过程,这就意味着具有较高波动率的资产会有较高的预期损失和风险。

在满足以上假定的条件下,或有权益的分析需要获得部门资产和负债的市场价值变动数据。由于部分部门资产不具有可观察的市场价格,而一些资产的未来现金流具有较大不确定性,因此传统的直接观察法和未来现金流折现法存在较大局限性。而或有权益方法能够通过权益的市场价值信息计算出资产的市场价值,从历史信息和市场信息两个方面对部门的资产负债进行研究,从而更好地对部门金融风险的识别、度量和管理问题进行研究,实现了部门金融风险的定量分析。

二、基于或有权益的区域金融风险分析

(一)区域或有权益资产负债表分析

格雷(Gray,2002)在《宏观金融风险研究和管理的新框架》一文中运用或有权益的分析方法,将一个国家划分为公共、金融、企业以及家户四大部门,认为各个部门都能够被看作由资产、负债以及部门间担保三者所构成的投资组合,编制了各个部门的或有权益资产负债表。其中各部门的资产、负债以及权益都被当作隐含的看涨期权或看跌期权来进行分析。一种更为精确的模型是对各个部门中的每一个经济主体进行看涨期权或看跌期权的或有权益分析,然后将其进行加总得到各部门的或有权益资产负债表。在这里我们进行一个近似的处理,即将适用于单个经济主体的或有权益分析运用到由多个经济主体构成的整体的或有权益分析当中。由于区域金融分析更注重从部门整体的风险把握,该方法在某种程度上能够体现出部门的风险特性这一关键因素,因此这种部门或有权益资产负债表的编制方法具有一定的可行性。

下面以企业部门为例简单介绍或有权益相关指标的计算。哥彭(Gapen,2005)等运用 Black-Scholes-Merton 模型估算了企业的资产市场价值以及资产市值的波动率,其中 E 表示企业部门的股权市场价值,VA 表示企业部门的资产市场价值,σA 为企业资产市值的波动率(即企业资产收益率的标准差),DB 为企业部门的违约点(一般以短期负债加上长期负债的一半为违约点),rf 为无风险利率,t 为债务以年为单位的剩余年限,$N(d)$ 为标准正态分布的累计概率分布函数,按照期权定价的思想,将企业权益看成行使价为企业违约点的企业资产价值看涨期权,建立如下方程:

$$E = V_A N(d_1) - DBe^{-r_f T} N(d_2)$$

$$d_1 = \frac{\ln\left(\frac{V_A}{DB}\right) + \left(r_f + \frac{1}{2}\sigma_A^2\right)t}{\sigma_A \sqrt{t}}$$

$$d_2 = d_1 - \sigma_A \sqrt{t}$$

同时，根据赫尔（Hull，1993）的研究，企业部门资产波动率与企业部门股权波动率之间存在如下关系：

$$E = \frac{\sigma_A}{\sigma_{DCL}} V_A N(d_1)$$

将上述方程联立，由于式中 E、DB、σ_{DCL} 可以通过企业部门数据计算或推算得到，解出该联立方程则可以得到企业部门资产市值 V_A 和企业部门资产市值波动率 σ_A。类似的，其他部门的或有项也可以通过类似的方式得到，但各部门的或有资产负债表的表现形式则有所不同，下面主要简单介绍公共部门、金融部门、企业部门以及家户部门的或有资产负债表的各项目。

由于一国的外汇储备主要通过中央政府购买国外债券的形式存在，而基础货币一般由中央银行发行，因此在区域的公共部门或有权益资产负债表中没有这两个项目。区域公共部门的或有权益资产负债表由区域的地方政府和地方中央银行的资产负债表合并后再作经济价值调整所得，其中资产项包括净财政盈余和其他公共资产等，负债项目包括对其他部门所提供的金融担保、外币负债及本币负债等，如表 5.3 所示。

表 5.3　公共部门或有权益资产负债表

总资产	负债和权益
净财政资产	金融担保（隐含看跌期权）
其他公共资产	外债（无违约价值—隐含看跌期权）
	内债（公共部门资产的隐含看跌期权）

区域金融部门主要包括区域内非央行的各类金融机构，其或有权益资产负债表的资产项目主要包括贷款、公共部门的金融担保以及其他资产等，负债项目主要包括金融部门所持有的各类负债，而股东权益可以看作金融部门资产的隐含看涨期权，如表 5.4 所示。

表 5.4　金融部门或有权益资产负债表

总资产	负债和权益
贷款	负债（无违约价值—看跌期权）
金融担保（隐含看跌期权）	股东权益（金融部门资产的隐含看跌期权）
其他资产	

区域企业部门主要包括区域内非金融机构的各公司企业，其或有权益资产负债表的资产项目主要包括各企业的资产，而负债项目主要包括各企业的负债，企业部门的股东权益可以看作企业部门资产的看涨期权，如表 5.5 所示。

表 5.5　企业部门或有权益资产负债表

总资产	负债和权益
企业资产	负债（无违约价值—隐含看跌期权）
	股东权益（企业部门资产的看涨期权）

区域家户部门的或有权益资产负债表的资产项目主要包括家户部门收入现值及其他各类资产，负债项目按等级分为优先债务、次级债务和初级债务等，如表 5.6 所示。

表 5.6　家户部门或有权益资产负债表

总资产	负债和权益
家户部门收入	优先债务
其他资产	次级债务
（含：公共部门的隐含看涨期权）	初级债务

同区域资产负债表一样，区域或有权益资产负债表也因不同部门而表现出不同形式，各部门或有权益资产负债表的资产、负债和权益等项目也表现出不同内容和特点，为统一分析，现按照一般范式编制区域或有资产负债表简表，将部门的各类项目统一分为或有资产、或有负债及或有权益，如表 5.7 所示。

表 5.7　区域或有资产负债表

总资产	负债和权益
或有资产	或有负债
	或有权益

(二)区域金融风险的或有权益资产负债表分析

1. 或有资本结构错配分析

或有资产负债率 = 或有负债/或有资产

对公共部门而言,地方政府的或有债务风险较大,一些隐性的债务项目并不出现在政府的资产负债表中,从而对或有债务的度量和管理造成了影响,如地方政府担保、地方金融机构呆账坏账、社保资金的缺口以及地方国企的负债等;而地方融资平台在经营过程中也积累了一定程度的或有债务,如附带回购协议的股权融资等。由于目前地方政府尚未将或有债务纳入债务管理体系中,或有债务的管理和处理缺乏相应的监管。区域经济发展的不确定性将使以上或有债务的偿还可能性加大,一旦举债主体无法还款,最后仍需要地方政府负责埋单,从而增加了政府或有负债的管理难度和债务偿还难度。

金融部门的或有资本结构错配风险主要来源于或有资产的减少和或有债务的增加。随着利率市场化进程的不断推进,银行业存贷款限制也将逐步放开,国家商业银行的垄断地位将被金融业市场化的推进而削弱,政府对于金融机构的担保将会有所下降,同时,当经济环境下行或发生经济危机时,金融机构对其他部门的贷款可能出现违约情况而难以或无法收回,因而造成资产的减值;另外,金融机构对于企业、个人的担保也能看作金融部门的或有负债,当相关企业或个人出现信用违约时,金融机构将代替该企业或个人进行相关债务的偿还,从而加大了金融部门未来债务增加的风险。

企业部门的账面资产负债率主要反映的是企业部门整体的实际经营状况,一般具有相对稳定的性质,而企业部门或有资产负债率反映的是企业股权在二级市场上的表现,一般处于不断波动的状态中,因而或有资产负债率的波动性大于账面资产负债率。企业部门的或有资产负债率反映了股票二级市场对企业整体运营状况的一种预期,当区域经济发展速度放缓、发展环境恶化时,企业部门在股票市场上的整体表现将有所下滑,此时或有资产负债率将升高;当区域经济发展复苏或出现新的增长点时,股票市场反应趋于上扬,表明市场对企业部门运行持看涨态度,此时或有资产负债率将不断下降。

2. 违约风险分析

在或有资产负债表的编制中，通过整理及计算相关数据能够得到新的风险表，其中主要包括违约距离、违约概率以及信用价差等。

$$违约距离(DD) = \frac{V_A - DB}{V_A \sigma_A}$$

其中，V_A 为资产市值，DB 为违约点，σ_A 为资产市值的波动率。

$$违约概率(P_D) = N(-d_2)$$

其中，$d_2 = \frac{\ln\left(\frac{V_A}{DB}\right) + \left(r_f - \frac{1}{2}\sigma_A^2\right)}{\sigma_A \sqrt{t}}$，$N(-d_2)$ 为累计正态分布函数，r_f 为无风险利率，t 为债务以年为单位的剩余年限。

$$信用价差(Spread) = -\ln\left[N(d_2) + \left(\frac{V_A}{DB}N(-d_1)\right)\right]$$

其中，$d_1 = \frac{\ln\left(\frac{V_A}{DB}\right) + \left(r_f + \frac{1}{2}\sigma_A^2\right)}{\sigma_A \sqrt{t}}$。

违约距离、违约概率以及信用价差是从不同角度对部门或有资产负债结构进行的定量描述，不同程度地刻画了部门在当前资产负债下的违约可能性及信用风险等性质，反映了不同部门在考虑隐性资产和负债后可能出现的资不抵债风险。

第五节　区域金融风险的指标体系

区域金融风险指标体系的构建包括两个方面，一方面是单个风险指标的选取，即区域金融风险指标体系应由哪些单个的风险指标组成；另一方面是权重的确定，即被选取的相关风险指标在区域金融风险指标体系中的贡献程度。

一、风险指标的选取

<table>
<tr><td rowspan="17">区域金融风险指标体系Y</td><td rowspan="5">区域资产负债表指标 x_1</td><td>资产负债率 x_{11}</td></tr>
<tr><td>流动比率 x_{12}</td></tr>
<tr><td>短期资产比 x_{13}</td></tr>
<tr><td>外币资产负债率 x_{14}</td></tr>
<tr><td>产权比率 x_{15}</td></tr>
<tr><td rowspan="2">区域或有资产负债表指标 x_2</td><td>或有资产负债率 x_{21}</td></tr>
<tr><td>短期资产市值比 x_{22}</td></tr>
<tr><td rowspan="4">区域风险表指标 x_3</td><td>资产波动率 x_{31}</td></tr>
<tr><td>违约距离 x_{32}</td></tr>
<tr><td>违约概率 x_{33}</td></tr>
<tr><td>信用价差 x_{34}</td></tr>
<tr><td rowspan="6">区域定性指标 x_4</td><td>地区 GDPx_{41}</td></tr>
<tr><td>GDP 增长率 x_{42}</td></tr>
<tr><td>财政缺口占 GDP 比 x_{43}</td></tr>
<tr><td>通货膨胀率 x_{44}</td></tr>
<tr><td>企业部门净利润率 x_{45}</td></tr>
<tr><td>金融部门净资产收益率 x_{46}</td></tr>
</table>

(一)区域资产负债表指标

区域资产负债表指标指的是在本章第三节中对于公共部门、金融部门、企业部门以及家户部门的资产负债表进行分析时所运用的相关指标,一般通过相对比例的形式反映各部门资产负债在期限、币种、结构以及清偿力等方面的能力及风险状况,包括资产负债率、流动比率、短期资产比、外币资产负债率、产权比率等。

(二)区域或有权益资产负债表指标

区域或有权益资产负债表指标包括在分析公共部门、金融部门、企业部门以及家户部门或有资产负债表时所运用的相关指标,反映各部门在资产结构和清偿力方面的风险,包括或有资产负债率、短期资产市值比等。

（三）区域风险表指标

区域风险表指标主要是在或有权益分析中的违约距离、违约概率、信用价差等指标。

（四）区域定性指标

区域定性指标是指在各部门资产负债表和或有资产负债表之外的一些指标，主要反映区域经济及金融的发展状况及相关风险，包括地区 GDP、GDP 增长率、财政缺口占 GDP 比重、通货膨胀率、企业部门净利润率、金融部门净资产收益率等。

二、指标权重的确定

指标的权重代表着其在区域金融风险指标体系中的贡献程度，也即该风险指标变动对于最终区域金融风险指标改变影响的大小，指标权重的确定包括以下两个方面：一方面是部门指标权重的确定，也即在公共部门、金融部门、企业部门以及家户部门这四个部门中构成某个单一风险指标时，各部门指标在单个风险指标中所占的权重；另一方面是单个指标权重的确定，也即该指标在区域金融风险指标中所占的权重。

（一）部门指标权重的确定

由于资产负债项目是通过资产负债表和或有资产负债表研究区域金融风险的基础，考虑可以以资产项目的规模作为各部门指标权重的参考，由于风险的大小在一定程度上同资产规模的大小呈正相关，因此以资产规模作为各部门指标的权重具有一定的合理性。考虑到以上风险指标的特点，在确定区域资产负债表指标和区域定性指标的各部门权重时，以各部门的资产规模比为权重；在确定区域或有资产负债表指标和区域风险表指标的各部门权重时，以各部门的或有资产规模比为权重。

(二)单个指标权重的确定

1. 专家法

专家法即通过经济、金融学者对以上各指标直接赋予权重的方法。由于专家法所得到的权重由该领域的专家学者直接赋予,因此对专家学者的水平要求较高,同时在确定权重的过程中具有一定的主观性和经验型,因此所得到的权重同实际权重可能存在一定偏差,其结果一般较为粗糙,往往通过多次反馈、修正的方式对权重进行进一步的调整。专家法的优点是工作量相对较小,在权重确定的过程中比较简便易行。

2. 回归分析法

回归分析法是建立在大量数据基础上的一种统计分析方法,能够利用数理统计的方法建立因变量和自变量之间的回归方程式,从而得到各自变量对于因变量的系数,也即权重。具体到区域金融风险指标的构建上,首先假定区域金融风险指标在[0,1]之间波动,其中0代表区域金融状态完全安全,而1则代表金融危机发生。为确定 $Y=\sum_{i=1}^{4}\sum_{j=1}^{4}\alpha_{ij}x_{ij}$ 中 α_{ij} 的大小,可以选取历史上各国或各区域在发生金融危机时的经济、金融数据为样本,对 $\sum_{i=1}^{4}\sum_{j=1}^{4}\alpha_{ij}x_{ij}=1$ 进行回归分析,求出各系数 α_{ij},从而得到区域金融风险指标的函数形式。

3. 主成分分析法

主成分分析(PCA)是多元统计分析中对多个变量进行定量统计分析的一种重要方法,能够将高维空间的多元变量问题转化为较低维空间的问题进行处理,从而把多指标问题转化为较少的、互不相关的综合指标。主成分分析法在降低多变量数据系统维度的同时,将变量系统的数字统计特征进行了一定程度的简化,并提供了如数据平均水平、数据变异最大方向、群点散步范围等数据系统信息。

主成分分析法的基本原理是,通过一个正交变换将原本相关的多维随机变量转换成不相关的新变量,使原变量系统转换成为新的正交系统,以较少数的综合变量取代原有的多维变量,从而把原指标综合成为较少的几个主成分,然后以所得到的几个主成分的贡献率为权重进行加权平均计算,最后构建一个综

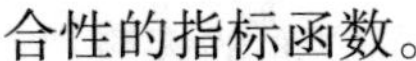
合性的指标函数。

主成分分析的基本步骤如下：

第一，收集并整理 m 维随机向量 $X=(x_1,x_2,\cdots,x_m)$ 的 n 个子样品 $x_i=(x_{i1},x_{i2},\cdots,x_{ip})$，并将其整理为矩阵形式 $X=(x_{ij})_{n\times p}$。

第二，对矩阵 X 的数据进行标准化处理，即令同一变量减去其均值然后除以其标准差，消除原数据中量纲的影响：

$$x_{ij}^*=\frac{x_{ij}-\bar{x}}{\sigma_i}$$

$$\bar{x}=\frac{\sum_{j=1}^{n}x_{ij}}{n}$$

$$\sigma_i=\sqrt{\frac{\sum_{j=1}^{n}(x_{ij}-\bar{x}_i)^2}{n-1}}$$

其中，$\bar{x}_i$ 和 σ_i 分别为第 i 个变量的样本均值及其标准差。

第三，计算标准化后的矩阵 $X^*=X_{ij}^*$ 的相关系数矩阵，求出其特征值及其相应的特征向量：

记标准化后矩阵 X^* 的相关系数矩阵为：

$$R=\frac{(X^*)'(X^*)}{n-1}=(r_{ij})_p\times p$$

根据 $|R-\lambda_j I|=0$，方程，求出矩阵 R 的 p 个特征根 $\lambda_j(j=1,2,\cdots,p)$，并根据特征根从小到大进行排列 $\lambda_1\geq\lambda_2\geq\cdots\geq\lambda_p$，由特征多项式求 $R_{uj}=\lambda_j u_j$ 得相应特征向量 $u_j=(u_{1j},u_{2j},\cdots,u_{pj})(j=1,2,\cdots,p)$。

第四，由之前所求得的特征向量得到第 j 个主成分，即 $y_j=x_{k1}^*u_{1j}+x_{k2}^*u_{2j}+\cdots+x_{kp}^*u_{pj}(k=1,2,=p)$，并分别计算其方差贡献率及累计方差贡献率 $\alpha_k=\lambda_k/\sum_{i=1}^{p}\lambda_i$。方差贡献率 $\beta_k=\sum_{i=1}^{k}\lambda_i/\sum_{i=1}^{p}\lambda_i$。方差献率的大小反映了相应主成分所包含信息的多少，而累计方差贡献率越大，表明相应前几个主成分所包含的原始信息越多。为减少变量，确定主成分个数，一般取累计贡献率≥85%的 n 个主成分，并舍弃后面余下的主成分。

第五，在确定前 n 个主成分后，根据主成分表达式中系数较大的变量综合，对主成分的经济含义进行分析，并将标准化数据代入主成分表达式中，得出对应主成分得分,从而能根据主成分得分大小分析各样本在主成分方面的表现。

第六节 区域金融风险管理

区域金融风险是介于宏观金融风险和微观金融风险之间的一个概念,具有不同于两者的特点,是一种在宏观金融风险尚未形成,而在识别性上又大于微观金融风险的一种特殊风险,对区域金融风险的防范和管理也成为地方政府和金融机构工作的重点。本节主要从公共部门、金融部门、企业部门及家户部门四个部门分别说明区域金融风险的管理。

一、公共部门区域金融风险管理

一方面,公共部门作为宏观经济中四大部门之一,其自身存在金融风险发生的可能,而公共部门的金融风险主要集中于政府债务风险上。近年来,我国区域地方政府普遍存在融资举债程序不当、举债范围太广、举债监管不力等问题,同时对于债务的偿付高度依赖于政府土地财政,在当前体制下容易发生以新债抵旧债的现象,存在较高的债务偿付风险,严重时还将引发区域性的金融风险,造成政府部门信用的下滑。因此,应采取长短期措施相结合的方式,对公共部门的债务风险进行有效防控。

从短期来看,可以通过拓宽地方政府融资渠道的方式,缓解区域公共部门的债务风险。目前,地方政府融资平台业务主要局限在政府信用担保的银行贷款上,其资金渠道较为单一。地方政府可以通过股权转让、技术入股、企业建设债券、融资债券、基建基金等创新模式,加大对于民间资本的引进力度,通过引进民间资本拓宽地方政府资金来源渠道,缓解其资金来源结构不合理的问题。同时,地方政府还能以资产证券化的形式对部分资产或资产组合进行打包销售,或发行基础设施建设项目的资产化证券等,在缓解公共部门流动性紧张的同时,还能在一定程度上化解地方政府的债务风险。

从长期来看,解决公共部门债务问题应从体制入手,从战略的高度去规范政府行为。首先,地方政府应合理划分政府间事权,明细政府间支出责任,完善地方税收体系以及转移支付制度,防止地方政府过度举债;其次,构建完善的人大监督体系,较大提升地方人大对于政府预算的监督能力,进一步规范地方政府举债行为;最后,还应逐步改变目前以 GDP 为中心的干部政绩考核机制,加强地方政府债务的责任意识,将地方政府的偿债能力纳入考核体系,完善干部政绩考核机制,加强对于地方政府财政的硬约束。

另外,公共部门不仅通过财政、担保等同金融部门、企业部门以及家户部门等存在经济联系,同时由于政府具有政策制定与部门监管等职能,因此也能够通过自身对其他部门的金融风险进行管理。

第一,加强区域公共部门对区域金融风险的管理职能。同中央政府相比,地方政府在对区域金融风险的监督和管理上具有更大的自主性和灵活性,在区域金融风险管理中发挥着极为重要的作用,但目前地方政府所拥有的金融事务权利较少,能够运用的金融手段相对有限,其职责和权利存在不对称性。地方政府应在区域金融风险管理上争取更大的自主权和事务处理权,同时提升自身区域金融风险管理能力,加深同区域内金融机构、企业、个人的沟通,促进区域内金融资源的高效整合。同时,加强区域公共部门管理职能建设并不代表地方政府对正常的金融运行秩序利用非市场手段进行干扰,而是应加快转变政府职能和管理方式,提升政府运用市场化手段管理金融活动的能力。

第二,地方政府应实行差异化的区域金融风险管理政策。由于不同区域的经济水平和金融发展程度不同,与其相适应的区域经济金融政策也有所区别。地方政府应在不违背中央整体经济政策的前提下,从区域经济发展和金融风险控制出发,根据各区域的经济基础、产业结构以及金融发展等特点,因地制宜地制定各区域的金融政策,如运用差异化的存款准备金率和公开市场业务形成区域差异化的货币供应量,以及在维持相对稳定的前提下允许区域对利率、汇率的上下限、执行时间等进行调整,通过地方政府的差异化政策,能够更好地适合各区域的不同经济金融环境,降低不同区域间由于同一经济金融政策所产生区域金融风险的可能性。

第三,地方政府应建立完善的金融危机救助体系。由于地方政府对区域经济金融运行状况更为熟悉,能够更为快捷地发现区域金融风险并进行控制,公共部门作为区域经济金融发展的最后保障,在责任和义务上均应对区域各部门运营提供支持。当区域金融风险有所暴露时,公共部门应及时采取相关措施,通过财政支出对市场进行救助,恢复并维持区域经济发展和金融市场秩序,防止金融风险通过部门间进一步传导和扩散。

二、金融部门区域金融风险管理

由于金融部门在运行中通过信贷、担保、股票、债券、基金等多种金融工具与公共部门、企业部门及家户部门相联系,容易成为区域金融风险的发源地,或其他部门发生的金融风险也容易通过金融部门进一步传导和放大,因此金融部门的风险控制对区域金融风险的管理十分重要。

一方面,金融部门应构建并完善其内部风险控制体系。第一,金融部门应首先构建内部风险监控体系,通过监督、审计、检查等工作对金融风险进行预警,使金融机构的各项决策建立在数据上,具有针对性和科学性;第二,金融部门应加强自身资产负债管理能力,严格按资产负债比例实行管理,提高各金融机构的自我约束能力;第三,金融部门还应建立完善的风险补偿机制,实行谨慎的会计原则,为呆账、坏账提前计提充足的准备金,加大金融部门自有资金力度。

另一方面,金融部门应加强区域内各金融机构的合作,形成有效的金融行业自律。第一,金融部门可以在金融监管部门外,由金融界学者、政府以及市场交易者组成外部的金融监管组织,以此为平台定期召开金融风险管理的会议或论坛,共同研究区域中各部门的金融风险问题;第二,区域金融部门应构建信息共享机制,利用开放、对称的信息交流,对区域经济及金融信息进行分析和筛选,加强金融部门相关信息的准确度,避免不同金融机构在区域信息上进行重复建设或恶性竞争,发挥各金融机构的特长;第三,加强金融机构的互相监督机制,形成金融行业自律约束。

三、企业部门区域金融风险管理

对企业部门而言,由于企业在经营过程中直接与政府部门、金融部门以及家户部门发生交易、担保、借贷、支付等活动,是经济活动中规模最大、波动最频繁的主体之一,区域金融风险也将会通过企业部门进行传递或放大,因此企业部门的经营状况和风险控制将对区域金融风险产生重要影响。

第一，企业部门可采取分行业组建行业协会的形式，以各行业协会为核心成立行业内的监督及管理组织。行业组织的功能在于对企业日常经营以及资金运用状况进行审查，同时为各企业提供行业发展及金融业务相关方面的咨询活动，解决企业在发展战略、资金缺口、融资规模及结构等方面的难题，着力于促进企业部门经济增长方式的转变，注重技术创新和发展，对企业部门的呆账、坏账进行严格审查和管理，通过行业自律的方式降低企业部门在资产负债结构方面的相关风险。

第二，上市企业应不断加强对市值的管理水平，减小资产市值波动率，降低企业部门整体或有权益负债率水平。对市值的管理应以实现企业部门市值与内在价值相匹配为目标，通过科学合理地运用多种金融资本运营手段，如并购重组、股票回购、定向增发、资产拆分、股本转增、股票股利等，提高企业部门的盈利能力，降低企业部门整体的资产负债结构风险。例如，当上市企业经营环境较好，企业股票价格呈现上涨趋势时，企业可采取支付股份的形式进行兼并收购，或对企业的不良资产进行剥离；而当企业股价呈现低迷态势时，企业可采取股份回购的方式防止恶意收购的发生。同时，企业部门还应该提高财务决策的能力，在融资方式、股利政策、投资项目选择等财务管理中强调收益与风险的平衡性。

第三，应针对企业部门建立完善的社会保障制度。虽然我国目前已经对社会保障制度进行了一定程度的改革，基本构建了符合我国国情的社会保障体系，但企业本身的破产实业救济制度尚未完全建立，企业部门所累积的金融风险难以通过有效渠道得到转移。因此，加快社会保障制度的完善，建立企业破产救济制度，能够在增强企业自身发展能力的同时，在一定程度上防止由于企业部门同政府部门、金融部门、家户部门及其他部门间存在债务权益关系而造成金融风险的外溢和传导，减小金融风险通过企业部门向其他部门传递的可能性。

四、家户部门区域金融风险管理

虽然家户部门资产在总量上具有一定规模，但由于个人储蓄和负债水平相对较低，同政府部门、金融部门、企业部门及其他部门相比，家户部门不管是在金融风险的产生还是在金融风险的传导方面均相对较弱，但随着经济的不断发展和金融业发展水平的不断提升，股票、债券、基金以及其他理财产品逐渐普及，同时，人们对于不同种类的金融产品需求日益增加，如住房贷款、汽车贷款、消费贷款等规模均保持高速增长，对于家户部门的区域金融风险应提高重视。

对于家户部门的区域金融风险管理，可以以央行总部或区域央行分行为主体，建立区域家户部门的信用体系，对家户部门的信用数据进行系统地收集和整理，包括个人身份信息、资产、负债及其他相关信用数据，并建立和维护专用的信用数据库，以及建立统一的信用评估标准和失信惩罚机制，保证对家户部门信用状况评估的有效性。

构建完善的家户部门信用体系并不一定会降低家户部门的整体资产负债率，虽然能够对部分还债能力较差、信用评级较低的个体贷款起到抑制作用，也会促进还款能力较强、信用评级较高的个体在需要的情况下进行更大规模的贷款，但总体上，家户部门的负债将更多倾向于信用评级较高的个体，因此能够有效降低负债违约概率，遏制不良贷款的增长，防范家户部门金融风险的产生和传导。

第七节　本章小结

本章首先对区域金融风险及区域金融风险管理的内涵进行了相关阐述，并对国内外区域金融风险管理的相关文献进行了研究与整理，在此基础上创新性地提出了运用资产负债表以及或有权益分析方法对区域金融风险进行研究，通过将存量分析与流量分析相结合，将历史信息与市场信息相结合，更为全面地对区域金融的风险进行分析。在对区域金融风险进行基于资产负债表和或有权益资产负债表分析后，还提出了以公共部门、金融部门、企业部门及家户部门四部门资产为权重构建区域金融风险的指标体系，最后就四部门分别提出了区域金融风险管理的措施。

本章是本书的第五章，主要通过宏观金融工程中四部门的资产负债表和或有权益资产负债表分析方法，对区域金融风险进行了分析和研究，为本书后面的相关章节提供了理论基础和分析工具。

参考文献

[1] 纪阳:《对我国区域金融风险成因及防范的研究》,《经济研究导刊》2011 年第 8 期。

[2] 陈颖、王建红:《区域金融风险管理的目标与策略研究》,《海南金融》2011 年第 7 期。

[3] 李嘉晓、秦宏、罗剑朝:《论区域金融风险的防范与化解》,《商业研究》2006 年第 19 期。

[4] 莫兰琼、陶凌云:《我国地方政府债务问题分析》,《上海经济研究》2012 年第 7 期。

[5] 于尚艳:《区域金融风险的成因分析》,《吉林省经济管理干部学院学报》2008 年第 22 期。

[6] 叶永刚、宋凌峰、张培:《宏观金融工程:理论卷》, 高等教育出版社, 2011 年版。

[7] 余劼:《宏观金融风险防范及预警模型研究》,《武汉大学博士论文》2009 年。

[8] 罗春婵:《资产负债表框架下货币错配的效应分析》,《辽宁大学博士论文》2007 年。

[9] 徐梅、王中昭:《汇率变动对中国各部门货币错配程度的影响及传导机制分析》,《商业时代》2011 年第 15 期。

[10] 陈军、王敏:《基于资产负债表的区域金融风险与脆弱性的实证分析》,《上海金融》2010 年第 9 期。

[11] 刘彤:《地方金融风险控制研究》,《山东财经大学博士论文》2012 年。

第六章　金融支持下区域经济发展与绩效考核

金融与经济二者的关系在学界有比较统一的界定，二者是一种相辅相成、相互促进与推进的关系。经济金融发展初期，经济发展程度为金融发展奠定了发展基础；经济金融发展后期，金融发展程度与结构又反作用于经济发展。金融与经济发展关系可以从宏观层面进行分析，也可以将其锁定在区域范围内进行研究。本章将研究金融支持下区域经济发展，并给出适用于区域的绩效考核指标。

第一节　金融支持下区域经济发展与绩效考核概述

本节在考量经济与金融二者关系的基础上，给出区域范围内金融支持经济发展的定义。并根据其特点，给出区域绩效考核的定义，这一定义在一定程度上基于传统的商业银行绩效考核，但又有别于此。

一、金融支持下区域经济发展

金融对经济发展影响的主要理论有 Shaw 和 Mckinnon 的金融抑制论以及 Goldsmith 的金融结构论。这两种理论都阐述了金融对经济发展的影响，本文将借鉴以上两种理论的分析框架，将金融对经济发展的影响限定在某一区域内，并给出金融支持区域经济发展的定义。

（一）金融与经济的关系

金融与经济的关系是学界一直以来的热点问题之一，关于这个问题的理论

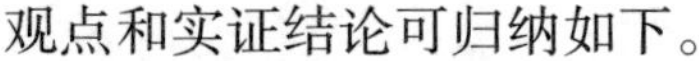

观点和实证结论可归纳如下。

1. 理论观点

第一,金融结构论(Financial Structure Theory)。美籍经济学家 Raymond W. Goldsmith 在 1969 年的代表作《金融结构与金融发展》一书中首次提出金融结构论,即金融发展的实质是金融结构的变化。Goldsmith 通过金融工具与金融机构、金融相关比率(Financial International Ratio,FIR)两类评定标准对一国的金融结构进行分辨和度量,前者作为对金融结构的判定指标,后者则反映金融发展程度的快慢。

第二,金融深化(Theory of Financial Deepening)和金融抑制(Theory of Financial Repression)理论。美国经济学家 Edward S. Shaw 和 R. I. Mckinnon 在 1973 年以较为落后的发展中国家为样本进行分析,从货币、利率以及汇率的角度出发,首次提出了金融抑制论,并针对这种普遍存在于发展中国家的金融抑制问题,提出了解决方案,即金融深化。两位学者认为要摒弃国家干预和官僚主义,转而采取金融自由化政策,促使利率与汇率的市场化,发展金融市场的主观能动性,从而消除金融抑制。

第三,其他理论观点。除了金融结构论、金融抑制论与金融深化论这样的主流、典型的理论,还有一些从其他视角切入金融与经济二者关系的理论观点。博斯(Bose N.)通过研究股票市场的发展动态,提出股票市场、期货市场是将金融与实体经济联系起来的纽带,同时也从侧面反映出金融发展在一定程度上受经济发展程度的制约。罗斯·莱文和阿斯利·昆特(Ross Levine 和 Asli Demirguc - Kunt)在《金融结构与经济增长》(2000)一书中主要从银行与股市角度研究了金融与经济的关系,认为经济发展与金融发展呈双向正相关关系。

第四,与主流观点相悖的其他观点。关于金融与经济二者关系的研究,学界大部分观点认为两者是相互作用的,存在一种相互促进相互推动的关系。但有些学者并不赞同主流观点,认为金融发展与经济发展之间并没有直接联系。例如,罗伯特·卢卡斯(Robert Lucas)指出,金融市场的发展只是一种虚拟经济的发展,金融对实体经济发展的支持作用甚微。

2. 实证结论

实证部分的结论主要从国内学者的学术文章中进行归纳与总结,以便所得结论更接近现在的国情,更具有参考价值。

谈儒勇在《中国金融发展和经济增长关系的实证研究》(1999)一文中,从金融中介和股票市场两个角度研究了金融发展与经济增长的关系。实证结论表明金融中介与金融中介发展对经济增长的推动作用较强,而股票市场对经济增长推动作用极小。说明金融市场有待进一步发展,对经济拉动作用有待增强。

艾洪德在《我国区域金融发展与区域经济增长关系的实证分析》(2004)一文中得出的结论完美地印证了金融深化与金融抑制理论。实证结论分为两大主要部分,一是全国以及东部的金融发展与经济增长间存在正相关关系,印证了金融深化论;二是中、西部情况完全相反,呈现负相关关系,印证了金融抑制论。

(二)金融支持区域经济发展定义

1. 区域金融定义

张军洲是我国首次提出区域金融概念的学者,他将区域金融这一极具中国特色的经济学概念归纳为:一个国家金融结构与运行在空间上的分布状况,在外延上表现为具有不同形态、不同层次和金融活动相对集中的若干金融区域,这些区域的金融结构差异、差异互补和相互关联构成了一国的区域金融体系。

本书中对于区域的界定将以行政区划(省、市、县、乡等)为主要划分依据,充分考虑政府政策制定与扶持的因素,以及中国特色的整体与经济发展之间的关联。因此,本书对区域金融的定义是:一个类型的行政区划内包括金融机构、金融市场在内的金融体系,区域金融的研究内容主要包括金融机构与市场结构、金融创新、金融政策等相关方向。

2. 金融支持区域经济发展定义

在本书范围内,金融支持区域经济发展的含义是:运用一切可得的金融资源,从产业角度切入实体经济,进而拖动经济发展。其中金融资源除了本区域内既有金融资源外,还包括该区域内能触及的其他金融资源;区域经济发展衡量指标主要通过区域经济资本管理下的经济增加值(EVA)以及风险调整后的资本收益率(RAROC)来衡量,即下文中的区域经济发展绩效考核指标。

二、绩效考核

(一)绩效考核定义

绩效考核指的是用量化指标衡量、用特定评价方法度量以及用评价标准判别企业、银行或政府要达到某一特定目标的完成程度,以及为实现这一目的所需的投入产出效率。也可以说是组织依照预先确定的标准和一定的评价程序,运用科学的评价方法、按照评价的内容和标准对评价对象的工作能力、工作业绩进行定期和不定期的考核和评价。

一般意义上的绩效考核(针对公司业绩、企业运行的考评)有以下几种常见方法:

第一,用书面记录的方式将工作中关乎考核目的的有利和不利事件记录下来,这种方法称为关键事件法。第二,从工作人员视角切入,让参与该需要考评事件的工作人员用叙述短文的形式描述业绩,这种方法称为叙述法。第三,直接对员工的绩效进行排列或者比较,这种类型的方法有排列法和平行比较法。

(二)区域经济发展的绩效考核

区域经济发展的绩效考核也可以按照一般意义上绩效考核的定义进行拓展。区域经济发展的绩效考核的目标是一个区域范围内的经济发展情况,本书引入区域经济资本这一概念,通过对区域经济增长值和区域经济资本回报率指标考核金融支持下区域经济发展状况。

第二节　文献综述

金融支持区域经济发展文献综述的理论部分在本章第一节中已经给出,因此本节关系金融支持区域经济发展的文献综述主要针对金融支持区域经济发展的措施及实证。国内的学者关于金融支持区域经济发展的研究主要分为金融支持区域经济发展的措施和以某一区域为例对金融支持区域经济发展进行研究两大方面。

一、金融支持区域经济发展的途径

关于金融支持区域经济发展操作途径的研究，国内学者的研究思路主要为给出金融影响区域经济发展的机制、研究国内金融支持区域经济发展的现状，最后给出相应操作途径的研究路线。该部分文献综述如下：

李廷军、金浩在《区域经济增长中的金融支持研究》一文中给出了金融发展与区域经济增长的内在作用机制，包括资本形成机制、资金导向机制、区域融合机制和产业升级机制。侯世伟在《金融支持区域经济发展的理论分析》(2011)一文给出了区域金融的五个特点：区域性、差异性、流动性、依托性和辐射性以及区域环境制约性。在此基础上，他认为可以通过提高储蓄率及储蓄向投资转化的比率、提高资本积累书评、提高资本使用效率和增加可用于发展经济的资金与人力资源四个方面实现区域金融区域经济增长。张玉辉在《金融支持区域经济发展的具体措施》一文中给出了金融支持区域经济发展的宏观目标，并认为金融支持区域经济发展可以通过健全区域金融组织体系、实行区域差别式的中央调控政策、规划区域金融合作以及推动区域金融业务创新四方面实现。王植荔在《区域经济增长与金融支持研究》一文中对我国区域经济增长与金融支持的现状及问题进行了研究，认为主要有以下三方面问题：地区金融支持力度悬殊、地区资金利用效率低下、各地区融资能力不足。在此基础上，提出了相应的三点建议：加强中西部地区的金融机构体系建设、创造与东部地区对等的投融资环境，通过政策倾斜发挥政府有形手的作用，建立专门的金融机构。郭庆然在《区域经济增长中的区域金融支持策略探讨》一文中认为金融对区域经济的驱动机制包括便利交易、公司治理、储蓄集聚、风险管理与信息揭示五方面。

二、金融支持区域经济发展——以某区域为例

国内学者对此问题的第二类研究方向是以某一区域为实例，通过对数据的简单处理分析或计量分析对该区域的金融支持经济发展提出问题和解决途径。

陈先勇在《中部崛起的金融支持研究》一文中，运用 GDP 及其增长率、人均收入、高新产业总值、创新能力排名等指标比较了中部地区与东部地区经济及

技术发展的差距分析。得出了中部地区金融总量不足,资金聚集功能弱;资产货币化、证券化水平低,金融服务品种少、创新能力不强;风投发展缓慢,与中部地区科学技术发展水平不匹配;金融发展环境欠缺,限制银行业务扩张。在此研究基础上,陈先勇提出金融支持经济发展的途径粗略分为倾斜性政策和完善金融体系的构建。武安华在《中原经济区建设的金融支持研究》一文中通过对各类经济金融数据的分析,提出了中原经济区经济发展中金融支持存在的五大问题,包括金融发展对经济贡献度欠缺、资本市场发展速度缓慢、金融支持存在“结构性”问题、金融创新能力较弱以及金融生态环境落后。为解决相应问题,武安华提出通过分层次制定政策实现政策的倾斜;通过扩大直接融资规模、申请建立辐射中原范围的各类交易所来完善多层次资本市场;通过支持城商行做大做强,实施“引进来”战略以及鼓励中原经济区组建汽车金融公司、融资租赁公司等新型金融业态;建设覆盖面全的融资担保体系四方面完善并壮大金融机构体系;最后配以金融创新和金融生态环境的建设,实现金融支持中原经济区经济发展。

第三节　金融支持区域经济框架下的绩效考核体系设计

一、金融支持区域经济发展框架

(一)金融支持区域经济发展理论

自20世纪90年代起,金融发展对经济发展的支持作用被学者们用各类理论、模型和数据进行了论述并得出了结论。其中以马科·帕加的内生增长模型——AK模型最为简洁地说明了金融发展与经济增长之间的关系:金融发展通过影响储蓄转化为投资的比例、资本边际生产率(或私人储蓄率)这两个因素起到影响经济增长率的作用。

第一,金融发展导致储蓄转化为投资比率增加。将储蓄转化为投资是金融体系的首要功能。资本来源于居民储蓄,但在动员众多分散的居民将储蓄转化为投资的过程中,金融体系吸收了一部分资源,包括交易成本(集中储蓄)与信息成本(克服信息不对称)。吸收的比重在一定程度上取决于金融体系的市场效率。

第二,金融发展通过多种渠道提高资本边际生产率:(1)金融体系通过对投资项目进行评估和甄别,将资金使用到效率最高和具有创新性的项目;(2)金融体系对企业和投资项目进行监督,提高了企业的资源配置效率;(3)通过二级市场金融资产的交易引导资源向收益高的项目和创新项目集中,提高资本边际生产率。

(二)金融支持区域经济发展途径

1. 资本积累促进区域经济增长

资本的积累是从储蓄转化为投资的一种过程,因此能否动员足够多的储蓄成为资本积累推动区域经济发展的关键。首先,金融体系依据本身的职能并通过自身扩张降低交易成本,使其能够动员大量的社会闲散资金,提高边际储蓄总量;其次,通过金融创新提供流动性强、安全性高、收益稳定的金融工具,改善储蓄结构,提高储蓄倾向,这是另一层次的动员储蓄;最后,金融部门利用信用扩张功能,通过高效运用资金强化风险管理水平,降低流动性资产持有量,增加生产投资的比例,将资金有效转化为投资,这一点对促进经济增长起着关键作用。

2. 资金优化配置实现区域经济资源的优化配置

对区域经济增长,除了要增加储蓄及投资总量外,还必须保证储蓄资源的优化配置及投资结构的协调。投资质量在某种程度上比投资数量更重要,减少低效率的投资和增加新投资本质上一样重要。金融体系将分散的资金市场融为一体,使资金在整个社会实现重置和分配。同时金融体系利用自身信息优势及监督优势将资金引导向那些预期收益好发展潜力大的区域、行业和企业。提高资金使用效率,从而起到以金融资源来实现区域经济资源优化配置,推动区域经济科学发展的作用。

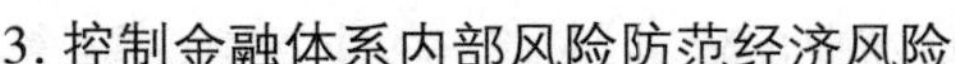

3. 控制金融体系内部风险防范经济风险

金融是经营风险的行业，也是追求经营管理质量的行业，金融为规避自身风险而建立起来的完整而严密的内部经营管理机制，对其他经济组织无疑会起到影响带动和牵引作用。因此，金融发展不仅从宏观方面促进资本的转移和集中，推动企业集团化、产业区域化发展，加速区域产业结构调整，而且，金融发展还能从微观层面为企业集团提供内部控制手段，推动区域企业机制转换和组织形式演化，推动企业向集约化、内涵式方向发展，从而推动区域经济增长方式的转变和区域经济转型。

4. 金融支持主导产业推动区域经济发展

要实现区域经济持续增长，技术进步和产业结构升级是关键。技术进步是产业结构升级的基础。它不仅与科学研究状况有关，还与科技成果能否转化为现实生产力有关。技术进步和产业升级有利于企业提升质量和内部效益。而金融追求质量与效益是其最基本的原则。银行业将通过风险分散管理和资产投向的引导，影响资金对高新技术产业的供给，推动区域产业结构调整和优化，促进区域经济增长。

二、区域经济资本的绩效考核

（一）经济资本的概念

2004 年，由巴塞尔银行委员会制定的《统一资本计量和资本标准的国际协议：修订框架》（以下简称《巴塞尔新资本协议》）正式发布。该协议详细地阐述了监管当局对银行集团的风险监管思想，同时新资本协议通过对商业银行计算信用风险加权资产和操作风险加权资产的规范，来约束商业银行内部建立完整而全面的风险管理体系，以达到保证全球银行体系稳健经营的目的。

协议确定了三大支柱（最低资本要求、监管当局的监督检查和市场纪律），综合考虑信用风险、市场风险，在坚持监管资本方法的同时提出了经济资本的概念。根据国内外学者对于经济资本定义的综述本书对经济资本作如下定义：经济资本是一种虚拟资本，是银行或其他金融机构为了保证在潜在损失发生时能够正常运营而预留的资本保障，任何金融机构都存在一个最有资本量，经济资本的一个重要特点，就是它是指所需要的资本，应该有多少资本，而不是银行真实拥有的资本。

（二）经济资本的作用

1. 风险管理

风险管理对于商业银行来说至关重要，而在传统的经营理念下国内多数银行在强调业务的同时往往忽略了对风险的控制和制约，而经济资本的理念是将收益与风险相结合，实现业务发展与风险控制的统一，经济资本管理针对金融机构的信用风险、市场风险和操作风险而实施，其中的EVA指标和RAROC指标为银行提供了选择风险的工具，经济增加值（EVA）是指在扣除产生利润而投资的资本的成本之后所剩下的利润，若EVA大于0，则意味着该项业务会为银行带来正的附加值，则银行可以接受，若EVA小于0，则不应该放弃该业务。风险调整的资本收益率（RAROC）将银行的收益与风险挂钩，为银行提供了一个高效的风险控制机制，EVA和RAROC将利润指标与风险指标统一起来，使银行能够主动地进行风险筛选和风险控制，以摆脱从前被动适应风险的局面。

2. 绩效评估

对于金融机构而言，科学的绩效考核标准作为激励制度的基础对于提高机构的运作效率具有至关重要的作用，不合理的绩效考核标准会降低整个机构的运作效率，因此绩效考核的标准设计对于金融机构经营的安全性和长远性至关重要。传统的绩效考核只注重收益，大多以利润和业务计划的实际完成情况作为绩效评价和考核结果，主要采用的绩效评价指标包括资产收益率（ROA）、每股收益（EPS）和净资产收益率等。传统的绩效考核评价使信贷员会毫不犹豫地夸大自己的资产业务规模以增加业务量从而带动利润的增加，却未曾考虑能否收回贷款而忽视了风险因素的存在，因此以账面利润额作为绩效考核的指标存在一定的缺陷，而经济资本绩效考核区别于传统只注重权益的绩效考核方法将收益与风险相结合，基于经济增加值和风险调整后的资本收益率的考核方法有效地解决了利润虚增的问题，同时对员工绩效能有更为客观公正的评价。

3. 资本管理

经济资本能够优化金融机构内部的资源配置。持有资本，就等同于减少了业务发展资金,金融机构必须对面临的风险和所需资本进行精确的计量从而释放闲置资本以保证资本的最优配置。经济资本管理体系是根据金融机构或企业内部各业务部门风险调整的绩效测量,将优先的资本资源在金融机构和企业范围内分配给各业务部门和产品项目,已实现最大效率地管理和抵御风险,同时根据风险调整后的绩效评估对经济资本的分配进行调整从而保证资源最优配置,提高盈利水平。

三、区域经济资本的概念及其内涵

(一)基本概念

区域经济资本是宏观经济资本的一个层次,将微观经济资本的概念引入宏观风险管理中,根据微观经济资本的定义,可以将宏观经济资本看作经济体中的主要部门为抵御风险而设置的资本准备,宏观经济资本是为了满足宏观金融风险管理和价值观要求的产物,是保证经济体能够抵御金融风险的最低资本水平,而某一区域正好可以看作一个经济整体,在区域经济体中,经济资本一方面要通过合理配置来抵御区域整体和区域内各个部门的金融风险;另一方面要对经济资本在各个部门之间分配以提高金融资源的使用效率。区域经济资本可以通过宏观计量经济模型(VAR)或其他方法进行度量。区域金融工程是将微观金融工程的有关思想和分析方法应用到区域金融层面,研究区域经济体的金融风险和金融资源的使用状况。区域金融工程的主要研究对象是区域金融资产负债表,对区域金融资产进行确定和估值后,即可通过区域经济资本管理来进行金融资源的配置和金融支持下区域经济发展的绩效考核。

(二)区域经济资本与微观经济资本的联系与区别

微观经济资本管理主要侧重于微观层面银行或保险公司的内部资本管理,基于 EVA 和 RAROC 指标的经济资本管理理念将以商业银行的金融机构的风险与收益统一起来,使金融机构能够精确地量化所面临的风险,计算抵御风险的资本,考核风险扣除后的真实盈利情况,以满足金融机构控制风险和价值创造的需要。区域经济资本将微观经济资本的有关思想和分析方法应用到宏观金融层面研究区域经济体的金融风险和金融资源使用状况。同微观经济资本一样,区域经济资本在区域经济的风险管理体系中占有重要地位。一方面,经济资本直接反映了区域风险状况,风险与经济资本相对应。另一方面,经济资本是地方政府确定风险控制边界的基础,经济资本作为一种虚拟资本,数量超过区域经济体实际资本时说明风险水平已超过实际承受能力,此时地方政府或银行则需要采取相应措施控制风险行为。可以看出区域经济资本在概念和运用上都是微观经济资本在区域宏观领域的延伸。

四、区域经济资本的度量

(一)经济资本度量的概念

经济资本的概念以及度量的研究主要是针对以银行为代表的金融机构以及非金融企业。《巴塞尔新资本协议》较早提出了运用经济资本来管理商业银行金融风险。商业银行的风险主要包括市场风险、信用风险、操作风险等。由于风险带来的不确定性,在对资产的损失进行度量的过程中,通常是刻画损失的分布。损失由三大部分构成,第一部分是预期损失,用商业银行机体的损失准备金进行地步;第二部分是非预期损失,用经济资本进行地步;第三部分是极端损失,这类损失的发生概率极小,可以通过保险的方式进行转移。微观经济资本的度量主要分为以下三个方面。

1. 市场风险度量

市场风险是由于汇率、利率、资产价格水平波动等市场因素而带来的风险,市场风险经济资本的度量采用标准法和内部评级法。新资本协议规定的标准法,是用分块的方式将市场风险分割为利率风险、股权风险、外汇风险、商品风险和期权风险五个方面,而后进行各部分的加总得出最终的总资本要求。具体方法有搭积木法和风险价值法。

2. 信用风险度量

信用风险是指债务人无法按时偿还债务而带来的风险。信用风险的度量也包括标准法和内部评级法两类方法。新资本协议标准法是在1988年风险加权计算资本充足率基础上的深化,在区分银行对国家及中央银行债权、对银行

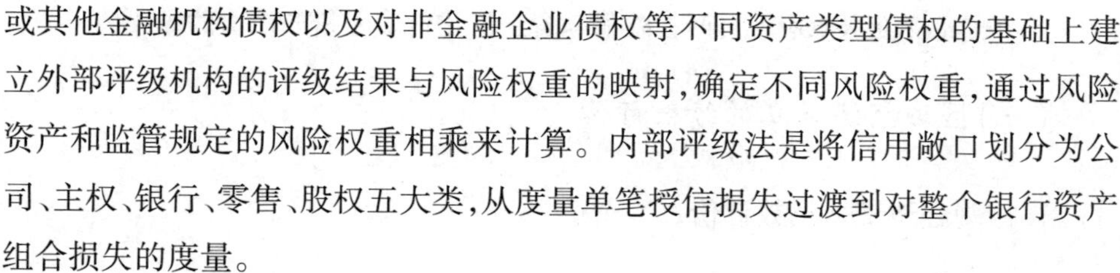
或其他金融机构债权以及对非金融企业债权等不同资产类型债权的基础上建立外部评级机构的评级结果与风险权重的映射，确定不同风险权重，通过风险资产和监管规定的风险权重相乘来计算。内部评级法是将信用敞口划分为公司、主权、银行、零售、股权五大类，从度量单笔授信损失过渡到对整个银行资产组合损失的度量。

3. 操作风险度量

操作风险是商业银行在日常经营中由各种意外失误而带来的损失，将操作风险纳入监管框架并对其计提成本是新资本协议的一大创新，与市场风险和信用风险相比操作风险的识别和度量还不够成熟，主要方法包括基本指标法、标准法和高级计量法。

（二）区域经济资本的度量

区域经济资本是将区域作为一个整体来考虑其经济资本的问题。《巴塞尔新资本协议》中主要针对的是以商业银行为代表的金融机构的微观经济资本，根据本书中对于区域经济资本的定义，本节提出对区域经济资本的度量方法。区域经济资本的度量是将区域看作一个经济整体度量其资产价值的损失，度量方法包括：(1)经验法即根据历史经验判断资产价值的损失占总资产价值的比例进行预期估计；(2)通过假设资产市场价值的分布来计算区域经济子资本；(3)通过模拟资产市场价值的分布来计算区域经济资本。

区域经济资本的度量要求计算区域整体的 VaR。VaR 是指在一定置信度水平下，处于风险暴露状态下的资产规模，VaR 的计算方法从微观经济资本度量中的 VaR 方法衍生而来，微观中经济资本的度量是算经济主体单笔资产损失或者加总资产损失的 VaR，区域经济资本的度量则是将整个区域看作一个经济整体以计算其总资产价值。其基本理论是或有权益资产负债表理论和微观在险值理论。将区域或有权益资产负债表中的权益市值与资产市值建立联系，将权益市值转化为资产市值，进而得到区域资产市场价值的分布。在利用或有权益分析技术得到资产市场价值的同时，还可以得到资产市场价值的波动率。由资产价值的分布可以得到资产价值的平均值和在一定置信水平下的资产市值的极小值，两者之差即为宏观在险值，即宏观经济资本的规模。其公式为：

宏观经济资本＝宏观资产在险值＝资产平均价值－资产市值的极小值

（三）区域经济资本的绩效评价

1. 微观经济资本绩效评价

（1）绩效考核定义

绩效考核是企业、银行或政府经营管理重要的风向仪和导向器。考核主体可以根据资信等因素对各项业务，产品分别设定风险系数或者权重，对各项资产进行风险计量，并测算各分支机构的经济资本占用额，核算经济资本增加值，从而计算经济资本回报率。然后，将经济资本回报率与其业务费用、工资奖励进行挂钩考核。同时，设定目标经济资本回报率，对实际回报率较低的机构减少经济资本配置，促使其调整资产业务结构。

（2）绩效考核方法的演进

赵艳丽在《绩效考核方法的演进与企业的可持续发展》（2009）一文中，将绩效考核方法的演进归纳为四个阶段。第一阶段是杜邦财务评价体系，通过一系列财务指标对企业进行量化考核。第二阶段是创新性业绩评价指标体系，主要代表有经济附加值（EVA）法和平衡计分卡法。前者中，EVA = NOPAT - KW × NA，即经济附加值等于营业净利润与企业加权平均资本成本与公司资产初期的经济价值乘积的差值。平衡计分卡法从财务、顾客、内部经营、学习与成长四方面出发，立足于企业的远景和战略规划的考核方法。第三阶段是供应链运作参考模型考核体系，主要为 1996 年在美国成立的供应链协会（SCC）提出的供应链运作参考模型（SCOR ®），但该方法未得到广泛运用。第四阶段是以安全为中心的考核体系——健康—安全—环境（HSE）管理体系，该方法必须进行风险分析，是一种自我约束、完善与激励的方法。

（3）绩效考核方法的介绍

王晖在《国外商业银行绩效考核特点评析》（2007）一文中对外国商业银行普遍存在的几种绩效考核方法进行了精练的概括：目标管理法规是以制定目标为起点、完成目标为终点的一整套计划和控制的系统；360 度绩效考评法是将评估主体分级细化，从多角度更全面、客观、真实、更可靠地反映实际情况的考评方法；经济增加值考评方法是将资本利得大于投资者风险视为单一目标的考评方法；平衡计分卡法是将目标管理与量化管理相结合，以战略目标为标杆，建立由上至下环环相扣的指标进行量化管理的考评方法。人民银行杭州中心支行课题组在《商业银行绩效考核机制评价》（2003）一文中将外国商业银行绩效考核的主要特点归纳为：具有扎实的绩效管理基础、拥有科学的绩效管理方法、配以长期性和多样性的激励手段三大特点。

（4）绩效考核方法的比较

邱伟年、张兴贵和王斌在《绩效考核方法的介绍、评价及选择》（2008）一文中首先给出了平衡计分卡（BSC）方法、关键业绩指标（KPI）方法、360 度考评方法和目标管理（MBO）方法的概念，并在此基础上对四种方法进行了深入的比较研究。得出了与这四类考评方法相适应的企业特征。BSC 方法适用于大中型规模、处于成熟期的跨国企业，这种企业具有竞争程度中等、知识密集型和资本密集型的特点；KPI 方法适用于各种规模的、处于创业期和发展期的民企或外企，这类企业具有竞争程度激烈、劳动密集型和资本密集型的特点；360 度方法适用于处于发展期和成熟期的中小型国企或民企，这类企业具有竞争程度中等、知识密集型的特点；MBO 方法适用于中小型规模、处于创业期和发展期的外企或民营企业，这类企业具有竞争程度中等和知识密集型的特点。

（5）绩效考核方法的应用

韩学义在《基于平衡计分卡的地方政府绩效考核研究》（2005）一文中不拘泥于经济学分析范式，配以博弈论和现代管理学的理论对平衡计分卡法在我国地方政府的运用进行了深入系统的研究。在详细分析我国地方政府涉及的委托代理关系和与其他主体间的博弈关系的基础上，构建了包括经济发展绩效指标、教育绩效指标、行政管理绩效指标、民众生活质量绩效指标与社会安全与稳定绩效指标在内的基于平衡计分卡的地方政府绩效考核指标体系。

（6）传统绩效考核指标选择

在传统的商业银行绩效考核评价体系中主要关注银行收益而较少考虑风险因素。主要绩效考核指标包括资产收益率（ROA）、每股收益（EPS）和净资产收益率（ROE）具体内容如下：

资产收益率

资产收益率也叫资产回报率（ROA），他是用来衡量每单位资产创造多少净利润的指标。其计算公式为：

资产收益率 = 净利润/平均资产总额 × 100%

资产收益率是应用最为广泛的衡量给银行盈利能力的指标之一，该指标越高表明资产的盈利能力越高，否则相反。该指标受价格、单位成本变动、产品销售天数以及资金占用量多少的影响。

每股收益

每股收益是指年度净利润与年末普通股股份总数的比值，是反映上市公司盈利能力的最重要的财务指标之一。其计算公式为：

每股收益 = 利润/总股数

每股收益通常被用来反映企业的经验成果，衡量普通股的获利水平及投资风险，每股收益反映的是股东投资的收益情况，较资本收益率更侧重于投资的盈利能力，在横向比较上更具说服力，但每股收益与资产收益率一样，不能反映股票所含的风险。其变化只能反映收益而无法匹配风险。

净资产收益率

净资产收益率又称股东权益收益率，是净利润与平均股东权益的百分比值，是公司税后利润除以净资产得到的百分比率，该指标反映股东权益的收益水平，用于衡量公司运用自由资本的效率。其计算公式为：

净资产收益率 = 净利润/平均股东权益 × 100%

净资产收益率越高并不能说明投资带来的收益越高。ROE 是财务业绩评价与绩效管理的重要指标，反映股东权益的收益水平，在微观企业业绩评价方面使用广泛。

传统的绩效考核指标能够有效地考核银行的盈利能力，但现代银行经营也不再单纯地追求利润，风险控制和管理已经成为商业银行经营的重点，因此必须将风险因素纳入绩效评价。传统的绩效考核评价指标的一大缺陷就是无法反映风险因素，不能同时分析收益和风险，基于此，风险调整的绩效评价模型（Risk - adjusted Performencce Measurement，RAPM）开始被广泛使用。

（7）风险调整的绩效考核

风险调整的资本配置概念由美国信孚银行在 20 世纪 70 年代提出。此后逐渐成为金融理论界和实业界公认有效的核心经营管理手段。风险调整的绩效评价和资本分配模式将银行获得的收益与其所承担的特定风险匹配，考虑到风险对银行的影响，并在此基础上衡量绩效和进行资本配置。

传统的绩效考核模型主要运用资本收益率或者权益收益率，但如果不考虑风险因素就不能做到完善的绩效评价。因此风险调整的绩效评价模型得到了广泛应用。风险调整的绩效评价模型（RAPM）是基于经济资本的绩效评价模型，常用的模型包括：经济增加值（EVA）、风险调整后的资本回报（RAROC）。在微观经济资本的绩效考核中，经济增加值和风险调整后的资本回报率是两个主要指标。

经济增加值衡量的是扣除所有资本（包括股权和债务）成本后的税后净利润，能够有效地综合评价业绩提高状况，通过减少成本和在资本不变的条件下增加利润，提高运营效率，改善资产管理，促进利润增长和降低资金成本。经济增加值从营业利润中扣除了资金成本，能够更加准确地衡量股东价值创造，进行绩效评估。

风险调整的资本收益率是目前比较常用的绩效评价指标之一，将风险对商业银行的影响纳入指标之中，根据风险对收益进行调整。改变了传统上银行以 ROE 或 ROA 为中心的业绩考核模式。RAROC 的水平高低同时受商业银行业务发展水平和风险控制水平的影响，将银行可能的损失与收益结合起来，实现业务发展与风险控制的内在统一。

2. 区域经济资本的绩效评价

（1）区域经济资本与经济增长

宏观经济资本对于经济增长具有重要意义。区域经济资本就是宏观经济资本在区域层面上为抵御宏观系统性风险而提供的资本准备，能够有效降低区域征地经济运行风险，有力保障经济稳定运行，促进经济增长。区域经济增长能够通过区域经济利润即经济价值来度量，同时能够通过投资利润转化的绩效考核指标来衡量，该指标表现为区域经济资本效率。而区域经济增加值能够综合反映出经济价值创造程度和资本效率水平。

经济价值创造可以用 EVA 来表示，在微观层面，EVA 为正值说明股东净价值增加，企业价值上升，反之则表示股东净价值减少，企业价值下降。表现在区域层面，即区域经济增加值为正说明区域价值上升，经济出现正增长，区域经济增加值为负责说明区域价值下降，经济出现负增长。另外，区域经济增长也可以通过区域 RAROC 来衡量。以区域经济资本为基础的资本配置方式为区域经济增长提供了新的方向，地方政府在制定区域目标产业的发展政策时，可以一方面给予税收政策提高收益率；另一方面提供管理产业风险的机制，从收益和风险两方面来综合制定政策。

区域经济增加值和调整风险后的区域经济资本收益率能够对区域经济增长和经济利润的创造进行有效的考核，该考核体系的构建能够较好地平衡利润与风险，是比较科学可行的衡量指标。在下一节中，本书给出了区域资本绩效评价的具体方法。

(2)区域经济资本绩效评价的方法

以经济增加值和风险调整资本收益率为核心的宏观经济资本绩效评价同时权衡风险和收益两项原则。

区域宏观经济资本的绩效评价，基本原则是比较风险调整净资产收益率与社会资本平均收益率水平。如果区域风险调整净资产收益率高于社会资本收益率水平，宏观经济资本的绩效评价达到要求，如果区域风险调整净资产收益率低于社会资本收益率水平，宏观经济资本就要进行调配，在经济资本的理念下对金融支持下区域经济的发展进行绩效评估，主要有以下两个方面：

区域经济增加值

完全依赖 GDP 的经济增长模式存在诸多缺陷，如容易导致生产效率低下、产能过剩等问题，因此经济增长的目标应该包括经济利润和投资效率两方面。经济价值的核心是经济增加值(EVA)，区域经济增加值从微观层面延伸而来，以区域为一个经济体，计算其整体宏观经济增加值，计算公式如下：

宏观经济增加值 = 经济增加值 + 总税负 = 营业利润总额 - 全社会有偿资本回报率 × 部门股东权益总额 - 全社会有偿资本回报率 × 部门经济总额 = 税后净营业利润 + 企业应税额 - 全社会有偿资本回报率 × 部门股东权益总额 - 全社会有偿资本回报率 × 部门经济资本总额

宏观经济增加值回报率 = 宏观经济增加值/有偿资本 = 宏观经济增加值/部门经济总额

通过宏观经济增加值计算公式可以得到区域经济价值创造，即区域经济增长水平。

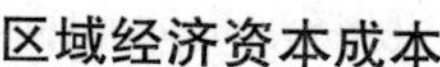

区域经济资本成本

在区域经济体中，各行业和部门的资本配置需要综合考虑收益和风险的情况，微观经济中的 RAROC 是将经济资本与预期损失和非预期损失联系起来，将这一指标扩展到宏观层面并应用到区域经济体中就可以对区域经济资本成本进行衡量。

$$\text{宏观 RAROC} = \frac{\text{区域经济增长} - \text{区域资产价值损失}}{\text{区域经济资本}} \times 100\%$$

对于整个区域来说，宏观经济增长指标就是其整体收入，用 GDP 来表示，分母采用区域经济资本，分子为区域宏观资本利润率指标，既考虑了盈利能力又考虑了所承担的风险。区域 RAROC 可以作为考核金融支持下区域经济发展情况的考核指标，以引导区域内资源的有效配置，将有限的资源转移到低风险、高回报的部门和行业，实现经济增长。

第四节　本章小结

本章首先讨论了金融支持下区域经济发展基本内容，金融支持区域经济发展是指运用一切可得的金融资源，从产业角度切入实体经济，进而拖动经济发展。其中金融资源除了本区域内既有金融资源外，还包括该区域内能触及的其他金融资源，随着金融发展水平的不断提高，金融在支持经济发展方面发挥的作用越来越大，金融支持在不同区域间发挥的作用和效率也有所不同。随后本章研究了微观经济资本的绩效考核，对传统商业银行绩效考核指标进行了分析，传统绩效考核指标主要包括资产收益率、每股收益率和股本收益率，主要针对商业银行的盈利能力方面而对风险因素的考虑较少，现代商业银行绩效考核主要采用风险调整的绩效考核，以经济增加值（EVA）和风险调整资产收益率（RAROC）为主要指标，对各部门发展状况进行绩效考核。

在微观经济资本的基础上，本章引入了区域经济资本的概念。区域经济资本的绩效考核建立在微观经济资本的绩效考核基础上，针对区域或有权益资产负债表对区域经济增加值和区域资产回报率进行计算，对区域经济资本进行配置和绩效评价。风险调整后的区域经济资本回报率是金融支持下区域经济绩效考核的重要指标，因此地方政府应该努力提高区域宏观经济资本的回报水平，保证区域经济资本的高效利用并取得良好的绩效考核结果，从而促进区域内产业结构优化升级以及资本的良好配置。

参考文献

[1]武安华:《中原经济区建设的金融支持研究》,《市场论坛》2011 年第 8 期。

[2]王植荔:《区域经济增长与金融支持研究》,《商场现代化》2011 年第 20 期。

[3]张玉辉:《金融支持区域经济发展的具体措施》,《知识经济》2011 年第 4 期。

[4]郭庆然:《区域经济增长中的区域金融支持策略探讨》,《商业时代》2010 年第 20 期。

[5]李延军、金浩:《区域经济增长中的金融支持研究》,《河北学刊》2007 年第 2 期。

[6]艾洪德、徐明圣、郭凯:《我国区域金融发展与区域经济增长关系的实证分析》,《财经问题研究》2004 年第 7 期。

[7]谈儒勇:《中国金融发展和经济增长关系的实证研究》,《经济研究》1999 年第 10 期。

[8]韩学义:《基于平衡计分卡的地方政府绩效考核研究》,《中国矿业大学(北京)》2010 年。

[9]赵艳丽:《绩效考核方法的演进与企业的可持续发展》,《中国商界(下半月)》2009 年第 4 期。

[10]邱伟年、张兴贵、王斌:《绩效考核方法的介绍、评价及选择》,《现代管理科学》2008 年第 3 期。

[11]王晖:《国外商业银行绩效考核特点评析》,《中国金融》2007 年第 18 期。

第七章　区域金融政策体系研究

第一节　区域金融政策体系理论框架

一、区域金融政策的必要性

经济发展史和现代经济增长理论都证明,金融是经济发展的核心。恰当的金融政策能够加速区域经济的发展,可以促成区域经济比较优势的形成,能够造就以资金为纽带的横向经济联合体的生成和发展,有利于经济主体冲破地域屏障,实现跨区域发展。我国区域经济发展失衡在很大程度上取决于区域金融发展失衡。金融政策在区域经济发展中的作用,不仅表现在区域资本形成过程中金融政策的聚合功能,还表现在金融政策显著的结构调整功能。金融资源短缺且分布不均,是我国经济发展的重大难题,而区域经济发展的二元结构又加剧了金融资源分配不公。发达地区凭借良好的经济环境,充分调动金融资源,得以迅速发展;而欠发达地区、不发达地区金融资源利用效率很低,潜在的经济发展要素无法启动,始终难以寻找到经济发展的突破口。因此,区域金融政策的制定、实施和执行对我国区域经济发展至关重要。

(一)基于西方经济学理论下的市场失灵

西方经济学自由主义学派认为,经济体存在自动平衡机制。但是,这一理论是建立在自由竞争、充分就业和资本与劳动力充分流动等假设基础之上的。自由主义学派认为,当外力打破区域均衡,使生产要素报酬产生差异时,会导致资本和劳动力的区际流动,直到达成新均衡。然而,市场外部性的存在告诉我们自由主义学派的假设并不成立。因此,区域自动平衡机制不明显。正如缪尔达尔指出的,区域中心的吸引力可能主要源于历史偶发事件,某些事情一旦发端于此,就不会再转移到可能更具优势的区域。或许正是这些偶发事件破坏了自动平衡机制,并告诉我们不应专注于市场机制调节,而应通过区域政策缩小区域差异。实际上,凯恩斯早就指出过,没有国家制衡干预的资本主义增长具有内在不稳定性。国民经济不景气趋势会因乘数效应而强化,经济因此而陷入一个恶性向下的螺旋。这一论断同样适用于区域差异研究。所以实施区域金融政策是缩小区域金融差异、实现区域经济均衡发展的必然途径。

从信息经济学的角度来看,受自私、信息不对称、区域竞争不完全、信息传递空间上衰减等因素的影响,会引发微观主体的道德风险和逆向选择问题,导致微观主体非合作博弈,陷入囚徒困境,因而个人、企业、政府作为微观主体是有限理性的,在最大化自身所在区域的利益的同时无法兼顾周围区域的利益,这种矛盾使区域间的利益是非均衡的,导致市场失灵,无法建立起区域发展平衡机制。因此,微观层面分析更能说明区域金融政策的必要性。

总之,无论是从宏观层面的区域经济学,还是微观层面的信息经济学上来讲,区域金融政策的实施都是十分必要的。我国应该结合国情,在建立完善市场秩序的基础上实施灵活多样的区域金融政策,从宏观层面引导微观主体行为整体理性,使之向整体最优和区域均衡的目标靠拢。此外,要顺应区域经济发展的新规律,及时适当地调整区域金融政策,以确保区域经济朝着健康、快速、可持续的方向发展。

(二)区域发展的不均衡

区域经济发展失衡是我国经济发展的主要特征之一。虽然,我国一直将“西部大开发战略”、“振兴东北老工业区战略”、“中部崛起战略”放在重中之重的地位,但是我国区域经济金融发展失衡的问题始终没有得到根本解决。2012年中国金融区域运行报告显示:

首先,区域经济总量失衡严重。2012年,我国东部、中部、西部和东北地区分别实现地区生产总值29.6万亿元、11.6万亿元、11.4万亿元和5.0万亿元。东部和西部经济总量占比为71.5%,西部占比为19.8%。

其次,区域城乡居民收入差距很大。2012年,我国东部、中部、西部和东北地区城镇居民可支配收入分别为 30812. 9 元、20660. 4 元、20082. 2 元和 20641. 6 元;农村居民纯收入分别为 12992. 9 元、7395. 5 元、6152. 1 元、8877. 3 元。东部地区与其他地区的居民收入差距很大。

再次,区域金融资产总额差距很大。2012 年,我国东部、中部、西部和东北地区金融资产总额占比分别为 59. 5%、14. 9%、18. 5% 和 9. 4%。东部和中部金融资产占比为 74. 4%;西部和东北地区金融资产占比为 25. 6%。

最后,区域信贷总额严重失衡。2012 年,我国东部、中部、西部和东北地区本外币各项存款占比分别为 58. 2%、16. 0%、18. 8% 和 7. 0%;本外币各项贷款占比分别为 58. 6%、14. 9%、19. 4 和 7. 1%。

对于我国转轨经济而言,各种金融资源的区域分布差异有着不同的决定因素。储蓄存款的地区分布差异主要是由地区经济发展差异造成的,而金融机构贷款规模和股票融资规模则在很大程度上是由中央政府经济发展偏好及其相关制度安排、地方政府经济控制能力以及由此衍生的其与中央政府、中央银行、商业银行等经济主体的讨价还价能力等共同决定的。因此,金融政策的制定和实施需要时刻考虑区域问题,应因地制宜,区别对待,这样才能保证金融政策的有效性,促进各地区协调快速的发展。

二、区域金融工程思想在区域金融政策体系中的体现

(一)积木分析法在区域金融政策体系中的体现

积木分析法也叫模块分析法,指的是将各种金融工具进行分解或组合,以解决各种金融和财务问题。在微观层面上积木分析法在保证契约方程两边现金流等价的基础上,实现对产品的组合与分解,用以达成预期目标。在宏观层面上,可以将金融政策看成金融工具,由于金融政策工具制定的时滞,很多区域政策目标难以达成。通过组合和分解现有区域金融政策,可以复制出目标金融政策工具,以达到区域政策目标。

(二)无套利分析法在区域金融政策体系中的体现

无套利的基本方法是将金融市场中的某项头寸与其他头寸组合,构筑起一

个在市场均衡时能承受风险的组合头寸,由此测算出该头寸在市场均衡时的价格。如果市场是有效的,那么市场价格由于套利行为必定向均衡价格回复。因此,在有效市场上,任何一项金融资产的定价,应当使利用该项金融资产进行套利的机会不复存在。在这种情况下,运用无套利原理,复杂金融衍生工具几乎都可以通过基础性金融产品复制定价。

区域经济中,地区可以看成宏观金融资产,其在未来的支付可以用状态价格来描述。因此,可以通过状态价格定价法给区域进行定价,从而打开区域经济的套利空间,使区域金融政策能够更好地引导区域资金跨地区套利,同时促进区域经济的协调发展。

(三)区域金融政策与区域金融战略风险管理

区域金融战略风险管理是区域金融政策研究中重要的一环。区域金融风险的连锁反应严重时可以使区域经济面临崩溃,而区域经济资本可以有效应对区域金融风险。对于区域经济资本管理而言,是将经济资本管理延伸到区域金融层面。在微观金融层面,经济资本有两个重要职能,分别为抵御金融风险和分配金融资源。在区域金融层面,区域经济资本管理一方面要通过区域经济资本的合理配置来抵御各个部门和区域整体的金融风险;另一方面由于经济资本要求必要的回报率,因此要对区域经济资本在各个部门间进行分配,从而提高金融资源的使用效率。

第二节　金融工程支持区域产业发展

不同区域之间由于地理环境,资源分布的不同经济发展存在显著差异,因此地方政府需要针对当地的具体特点,制定区域产业政策,抓住区域主导产业实现产业升级。所谓主导产业,是在区域经济中起主导作用的产业,是指产值占有一定比重,采用了先进技术,增长率高,产业关联度强,对其他产业和整个区域经济发展有较强带动作用的产业。主导产业对于区域经济的发展起着决定性作用,主导产业的微小发展可以对其他产业起到带动作用,因此制定合理的产业政策对于区域经济发展至关重要。

一、区域产业发展的政策制定特点

区域产业政策的作用对象是区域产业，服务于实现区域产业的合理布局、区域产业结构优化升级、区域产业集群发展及区域产业竞争力的提升，其主要特征包括：

(一)系统性

区域产业经济的复杂性和系统性，决定了区域产业政策必须具有相应的系统性。这种系统性表现在政策的内容包含多个层次，涉及多个方面，而各个层次和方面的产业政策都应具有一定的关联性和协调性，服务于区域产业发展的共同目标。因此，区域产业政策是一种相对系统性和综合性的政策体系，这种综合性和系统性主要围绕区域产业的类型和特征、围绕区域经济社会发展的目标而展开。作为一种具有综合性、系统性的区域经济政策，区域产业政策是区域经济政策的核心内容，它与区域贸易政策、区域劳动政策、区域金融政策等多项区域经济政策相互配合和协调，共同构成完整的区域经济政策体系，达到促进区域经济发展的目的。可见，区域产业政策的系统性表现在两个彼此联系的方面，一是区域产业政策体系内的各项政策之间的关联性与协调性；二是区域产业政策与区域其他经济政策的相互关联性与配合性。

(二)区域性

区域产业政策是从一个区域的角度来考察问题的，发挥区域比较优势，因地制宜，构成了区域产业政策的内在要求。对于地方政府来说，制定实施区域产业政策，就是要在国家产业政策和总体产业布局的要求下，从本地区实际出发，合理确定自己在全国区域产业分工的大格局中的地位，综合考虑本地区自然条件、资源状况、技术水平和经济基础等因素，确定重点发展的产业以及所要构建的地区产业结构、形成的区域产业组织和发展的区域产业集群，扬长避短、因地制宜地发展区域产业和经济，合理设计区域产业结构的演进战略及布局模式，形成区域产业发展特色，实现最大的区域产业经济效益。这种区域范围内的产业发展效益与国家整体产业政策的要求是一致的，只有实现各区域产业效率的提高，才能带来整个国家层面上产业效率的提高；只有实现区域产业经济结构的协调，才能实现整体经济结构的协调。当然，从国家整体产业政策角度来看，除了注意发挥各地区产业发展优势外，还要注重实现区域产业的分工与协作，在这种产业协作中，实现一种聚集性、协同性效率。

（三）倾斜性

如果说系统性是对区域产业政策的整体结构而言的，那么倾斜性则是对区域产业政策系统内部各项政策地位及作用的要求。也就是说，在区域产业政策内部，各项具体的产业政策并不处于等同地位，其作用和地位具有轻重缓急之分，这主要与特定地区的经济发展程度、发展目标和面临的区域经济发展政策等因素有关。与国家产业政策相比，区域产业政策的这种倾斜性更为明显，更强调要优先发展区域的主导产业、优势产业和支柱产业，带动整个区域经济的发展。区域产业结构系统是内外开放的，各区域产业结构之间的分工与协作，要求区域产业结构的变化通常采取非均衡发展方式，从来没有平衡发展区域各个产业的区域产业政策。当区域交换能比本地区自己经营具有更大的收益时，就应该放弃自己的某些行业或产品生产，通过区域交换和协作来满足本地区的需求，而不是一味地追求自我平衡，强求区域产业体系的完整性，搞封闭式发展。因此，合理的区域产业政策应当是重点突出、适度倾斜、整体协调的政策，倾斜性是其重要的特征。

从中央政府制定的区域产业政策来说，倾斜性则表现在中央政府立足于全国经济发展的大局，对特定区域产业发展实施的一定程度的倾斜和扶持，以实现全国各区域经济社会的协调发展。众所周知，区域经济发展水平主要依托于各区域产业发展的水平，区域经济发展差距的产生主要是由于区域产业发展水平的差异而形成进而放大的。因此，中央政府要缩小区域经济发展的差距，实现协调发展，一个重要的方面就是要实施具有一定倾斜性的区域产业政策，促进落后地区产业的振兴和发展，进而推动这些地区经济与社会的发展。区域产业政策的这种倾斜性在现阶段我国区域经济发展过程中得到了明显的体现。我国在实施西部大开发、中部崛起和东北老工业基地振兴等重大战略过程中实施的经济政策，相当一部分是促进这些地区产业发展的政策，构成了中央产业政策体系中带有一定倾斜性的区域产业政策。

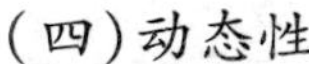

（四）动态性

任何一种经济政策都不是固定不变的，都应随着国内外经济形势、技术条件的变化而作相应的调整，区域产业经济政策也不例外。区域产业发展的经济、技术环境和条件会发展变化，区域产业政策必须适应这种变化作相应的调整。由此说来，区域产业政策体系是一个动态的系统，其调节作用是一个动态作用的过程。区域产业政策动态性的重要着眼于充分反映区域产业未来发展变化的规模、趋势和特点，从长远考虑，着眼于区域产业长远发展和结构升级，在有效地实现区域专业化分工协作的前提下，不断地引导并促进本区域产业结构从低级趋向高级，从以资源、劳动密集型产业为主体逐步转向以资金、技术、知识密集型产业为主体，进而促进区域产业竞争力的提高。

二、金融工程支持区域产业发展的目标

任何经济政策都是为解决特定的经济发展问题和实现一定的经济社会目标而制定的。区域产业政策是针对区域产业发展过程而制定的有关政策，其制定实施同样服务于一定的目标，发挥其特有的作用。这种作用主要包括以下几个方面：

第一，实现区域产业生产力的合理布局，充分发挥区域比较优势。遵循效益原则，合理布局区域产业生产力，充分发挥区域比较优势，是区域经济发展的客观要求。实现区域产业生产力的布局合理，仅靠市场机制是难以实现的，而必须充分发挥国家产业政策和区域产业政策的作用。区域产业结构与生产力的区域布局具有密切的关系，从某种意义上也可以说，两者是一个同一的运动变化过程，区域产业结构的调整也就意味着生产力空间或区域布局的调整，因为产业总是坐落于一定区域之内，区域产业结构发生变化，生产力区域布局也必然发生相应的变化。区域产业布局是区域产业运行在空间上的实现，从原则上讲，产业结构的调整与生产力区域布局调整的经济效益是可以统一的。区域生产力合理布局主要是解决在区域经济发展的不同阶段，区域内各产业空间组合的最佳形式即合理的区域产业结构，以求合理地利用区域资源，获得最大的区域效益。因此，通过区域产业政策合理调整区域产业结构，将有效地实现区

域产业生产力的合理布局，实现产业资源的空间配置效益最大化。

第二，实现区域资源配置合理化和经济效益的不断提高。区域产业政策是政府为了促进资源在空间或区域上的有效配置而制定的经济政策，其基本作用在于弥补市场机制在区域配置资源中的缺陷，实现资源空间配置的合理化和效益的高度化。无论是生产力的合理布局，还是优化区域产业结构，调整区域产业组织等，都是为了实现区域资源的合理配置，促进生产要素在地区间的充分自由流动，以提高资源的空间配置效益和结构效益，进而促进整个国民经济质量与效益的提高。区域产业政策不仅关心区域内各产业之间的均衡和协调发展问题，更重视区域内特定产业的成长问题，特别是对一些关系区域长期发展和动态成长的重要产业的扶植，是区域产业政策作用的重要方面。从特定区域经济的长远经济发展来说，这些带有根本性、长远性意义的产业发展是十分重要的，而单靠市场机制的调节作用往往难以实现其快速发展。在充分发挥市场机制作用的基础上，应制定实施科学的区域产业发展政策，促进这些产业更快地成长，发挥其对区域产业结构和经济发展的巨大带动作用。

第三，统筹和促进区域经济协调发展。区域产业政策不仅服务于各区域产业发展和竞争力的提高，而且还应服务于国家整体区域经济的协调发展，在这方面，国家制定实施的区域产业政策将发挥不可替代的作用。我国幅员辽阔，各区域经济、社会、文化发展很不平衡，产业素质和水平差别也较大。针对这种状况，国家区域产业政策应有效地发挥各区域资源、要素比较优势，促进各区域产业协调发展，进而实现国家区域经济协调发展。各地方政府也应该因地制宜，从各区域实际情况出发，制定切实可行的区域产业发展政策和战略，扬长避短，发挥优势，促进区域产业经济快速、健康发展。为此，区域产业政策应选择特定时期合适的区域主导产业，形成大中小企业协调配套的区域产业组织结构，发展产业集群，促进区域产业技术进步，提高区域经济利益，实现区域资源的优化配置。

三、区域产业发展具体措施

（一）政府政策与市场作用相结合

按照制定与实施的主体不同，区域产业政策可分为中央政府制定与实施的区域产业政策和地方政府制定与实施的区域产业政策。前者在内容上主要包括区域产业布局政策、区域产业转移政策与区域产业分工协作政策等。在这里,产业布局是指产业在全国各区域根据一定的经济发展目标和产业发展条件而实现的空间分布和配置。区域产业转移与分工协作政策则是中央政府立足于全国区域经济发展的大局而制定和实施的区域产业政策,其目的是实现产业在不同区域的梯次转移,实现各区域产业合理分工与有效协作。

在市场经济条件下,无论是实现产业的空间布局,还是产业在区域间的梯次转移与分工协作,都要借助于两种力量:一种是市场机制作用下的产业内在力量的驱动,即企业在追求利润最大化动机的激励下,通过要素在不同区域间的流动和配置,实现产业在不同区域的配置。这种作用实际上是市场机制作用下产业自我发展和调整的结果。另一种是政府利用产业政策自觉进行的调整和拉动。政府通过制定和实施相应的区域产业政策,引导产业在区域空间实现合理布局与配置,实现产业资源总体配置效率的提高。在市场经济条件下,市场机制对产业布局无疑发挥着基础性调节作用,但仅仅靠市场机制的作用是不够的。涉及产业的空间布局和结构调整,还应发挥政府各项区域产业政策的作用,特别是区域产业布局政策的作用,顺利地实现产业在空间或区域上的合理布局,及时矫正可能出现的产业空间配置扭曲和各种不合理现象。在解决和克服以上问题方面,政府区域产业政策有着市场机制无法达到的功效。当然,政府区域产业政策的发挥不应脱离市场机制的作用,它仅仅是为了弥补市场机制作用的不足,而不是抵消、更不是替代市场机制的作用。相反,在市场经济条件下,政府区域产业政策作用的有效发挥,在很大程度上要借助于市场机制的作用,以市场机制的作用发挥作为基础。

(二)抓住主导产业实现产业升级

地方政府区域产业政策,还可根据产业政策的不同类型具体划分为区域产业结构政策、区域产业组织政策、区域产业技术政策和区域产业贸易政策等。区域产业结构政策主要是实现区域产业结构合理化与高度化的政策,通过选择和培育区域经济发展中的支柱产业和主导产业,带动其他产业的发展;通过提高区域产业素质,实现产业结构优化升级;通过调整区域内第一、第二、第三产业之间的结构比例和关系,形成区域相对合理的产业结构。区域产业组织政策是调整和优化区域产业组织的相关政策，具体包括：实现发展大企业、企业集团，促进区域产业规模经济的政策；限制垄断、维护市场竞争秩序的政策；推动大中小企业之间形成生产协作的政策；促进本地区产业集群形成、发展和升级的相关政策等。区域产业技术政策是促进区域内各产业技术水平提高和技术结构合理化的各项政策。区域产业贸易政策是实现本地区与其他地区间产业、要素的相互交流，促进区际贸易发展，互利共赢，充分发挥本区域产业比较优势的政策。

从我国现实区域经济情况来看，区域产业结构政策是最重要的区域产业政策，而在区域产业结构政策中，选择和促进区域主导产业发展、及时淘汰落后产业，支持新兴产业发展是最重要的内容。主导产业是区域产业结构的核心，对区域其他产业具有较强的关联和带动作用；通过制定实施相应的政策，选择合适的区域主导产业，并促进其成长、发展，可以有效地带动区域产业结构的调整。及时淘汰落后产业，支持新兴产业发展政策，是指通过实施相应的区域产业政策，及时将落后的、过时的产业淘汰，将有限的产业发展资源用于发展新兴的有较大发展前景的产业，可以有效地促进区域产业结构的高级化。从市场供需态势来看，区域产业结构政策主要是通过产业供给结构的调整来达到区域产业结构优化的目的。由于产业资源供给与社会或市场的需求相比较对于政府部门来说具有更大的可操作性，因此，政府可以通过采取一定的资源供给结构调整政策，促使区域产业结构向预定的目标变动。同时政府还可以通过调整分配结构、收入结构等，调节需求结构，以增强市场需求对区域产业结构的引导作用。随着我国市场经济体制的不断完善，产业组织调整和优化在一个区域产业和经济发展中的地位和作用将进一步显现出来，相应地，区域产业组织政策的地位和作用将越来越明显。

（三）促进资源整合

根据政策的作用方式，地方政府的区域产业政策可分为区域产业扶植政策和区域产业调整政策。前者是指政府通过给予各种优惠政策，完善投资和产业发展环境，或是利用直接投资等手段，遵循倾斜发展的思路，在本区域范围内促进某一类或某几类产业的快速发展，目的是通过加快发展区域内的重点产业，带动区域内相关产业的发展，进而带动整个区域经济的快速增长。特别是对于某些区域经济发展相对落后的地区，由于财力有限，企图同时发展所有产业将面临财力的限制。这时，应该通过制定实施科学的区域产业扶植政策，率先发展有市场潜力、发展前景和带动效应强的产业，由此形成区域产业发展的重要基础，迅速摆脱落后状态，实现产业和经济的振兴。另外，对于那些具有大规模发展某类产业的资源禀赋优势但缺乏一些关键要素的区域，通过制定相应的产业扶植政策，突破产业发展"瓶颈"，也可实现本地区产业和经济的快速发展。需要注意的是，在市场经济条件下，地方政府对区域产业发展的倾斜和扶植同样要遵循市场原则，要体现和服从市场机制作用的要求，而不是限制和排斥市场机制的作用。扶持的手段主要通过政府掌控的经济杠杆、制定实施的相关经济政策等，而不是采取行政命令式的手段和措施。

区域产业调整政策是指促进某类产业从劣势生产区域向优势生产区域转移，或是加快特定区域内的衰退产业加速生产要素退出的政策总和。地区间优势生产要素的差异使每个地区对不同产业有不同的吸引力，而且地区的优势生产要素是变动的，这就决定了每个地区适宜生存的优势产业也具有动态性，由此将会发生区域间产业转移的现象。区域间产业转移可以是纯粹自发的市场过程，但由于市场调节的缓慢和存在某些资源流动的壁垒，需要政府制定实施相应的区域产业调整政策，发挥市场机制难以发挥的作用，弥补市场机制不足。由于区域产业调整政策是对市场机制自发作用的一种推动和补充，所以它首先要与市场机制自发作用的方向相吻合，在此基础上，通过限制某类产业在某些区域的发展，鼓励某些生产要素从某类区域流向另一类区域等手段，加速区域间产业调整的步伐。

政府引导资源整合可以针对特定区域的资源依赖型产业，如采矿业、采煤业等。当该区域资源已经趋于枯竭时，加速经济资源、要素从资源依赖型产业顺利退出，及时转向新兴成长型产业，就成为政府区域调整政策的一个重要方面。这种区域产业调整政策几乎在各个国家都是需要的，尤其是对于那些资源环境和产业发展条件发生变化的国家或地区，制定实施这种区域产业调整政策更是不可缺少。它还涉及一个区域产业经济发展的后劲和社会稳定问题，是区域产业政策中不可缺少的一部分。

四、区域产业发展政策实施机制

所谓"机制",是指某一工作系统的各组织或部分之间相互作用的过程和方式。区域产业政策的实施及其成效,在很大程度上取决于是否建立起一套科学有效的区域产业政策实施机制。

从总体上说,区域产业政策发挥作用时要通过一定的区域经济运行机制来实现。现在,我国资源配置是依靠市场机制来进行的,区域产业政策的制定和实施必须适应市场机制作用的要求,为此,要加快培育市场体系。培育市场体系包括理顺价格关系,发展商品市场特别是要素市场,改造区域市场,建立统一、开放、竞争、有序的全国统一市场体系等,以市场的发展和完善增强区域产业政策制定和实施的推动力。市场的主体是企业,区域产业政策的效果如何,最终看企业对它反应的灵敏程度,通过企业的具体活动,实现区域产业政策的目标。

区域产业政策的具体实施机制包括协调统一机制、适时微调机制和协商反馈机制。

(一)协调统一机制

区域产业政策的协调统一机制是指政府综合运用区域产业政策体系的内在联系及相互作用,达到区域产业政策的调节效果。区域产业政策是地方政府根据国家宏观区域政策和产业政策结合本地区实际制定的,主要包括:区域产业结构政策、区域产业技术政策、区域产业组织政策、区域产业布局政策等。在整个区域产业政策体系中,以上各类区域产业政策既具有一定的相对独立性,同时又存在多方面的联系,其作用又具有一定的互补性。

对我国来说,区域产业结构政策是区域产业政策的核心,它主要包括区域产业结构合理化和高级化两方面,地方政府规划调节地区产业方向和结构变动,选择扶持地方主导产业,促进产业结构合理化;培植产业结构的转换机制,促使资产由衰退产业向新兴产业转移,形成相互协调、促进的产业序列,推动产业结构高级化等。其他区域产业政策也分别在不同的方面促进以上目标的实现。

区域产业技术政策是整个区域产业政策的"牵引器",它是基于地区产业经济技术特点制定的,旨在促进地区产业技术进步的政策措施。产业技术是产业关联的本源,趋于产业技术结构的合理化及高级化程度直接影响区域产业结构的高级化和合理化,同时也对区域产业集群和产业竞争力产生直接影响。因此,通过区域产业技术政策的制定和实施,将有力地促进区域产业结构的合理化和高级化,促进区域产业集群升级和区域产业竞争力的提升。区域产业技术政策主要包括两方面内容:一是采用新技术有计划地建立一批新兴产业,增加其在区域产业结构中的比重,从而降低耗能大、耗物多的传统产业比重;二是利用新技术对区域原有传统产业进行改造,提高技术水平,促进其更新换代和质量提高。

区域产业组织政策和产业布局政策是实现区域产业政策的重要手段和载体。区域产业组织政策是指政府采取一系列政策组织地区主导产业的大规模生产体系,充分利用规模经济,同时建立活跃适度的竞争秩序,保持企业生机与活力。

区域产业布局政策是通过地区产业及企业的合理布局,实现空间经济效率与平等的和谐统一。只有当两者同产业结构政策协调一致地发挥作用时,区域产业结构调整的最优目标才有可能实现。

区域产业政策体系的内在联系和相互作用,决定了地方政府在实施各类区域产业政策时必须综合运用,协调搭配,增强和发挥各种政策的合力,同时尽可能减小各类区域产业政策的冲突和掣肘,推动区域产业健康发展和结构优化。

(二)适时微调机制

区域产业政策实施手段除前文所述分类外,还可分为强制性和诱导性手段两种。强制性手段与产业政策目标直接相关,如政府对其要发展的产业部门进行直接投资和贷款分配数量的倾斜,这种手段针对性强、措施得力,短期的政策效应强,但很难保证产业长期健康发展。诱导性手段与产业政策目标间接相关,政府通过利益诱导等方式使欲发展部门获得相对优势,引导企业生产,如对需发展产业实行订购等保护和刺激措施,这种手段有利于增强区域经济系统功能,长期的政策效应强,为产业发展提供了较大潜在力量,但短期效果不明显,根据是否针对个别企业还可分为有选择诱导和无选择诱导两种。

在区域产业政策实施过程中,这两种手段具有互补性,往往结合使用。经济发展的动态性决定了区域产业政策目标应根据实际不断调整,与之相应的实施手段也处在动态协调过程中,究竟哪种手段多一些,还需根据实际情况来调节。由于经济体制的转变,我国区域产业政策的模式、目标、市场机制完善程度都在发生变化,实施手段也表现出以下变化趋势:由以强制性手段为主转变为强制与诱导两类手段兼施并用,并将逐步过渡到以诱导性手段为主。区域产业政策实施手段的动态协调机制要求地方政府在使用时必须遵循因时、因地制宜的原则,实现两种手段的有效结合,以提高实施力度。但是在调控中要注意时机和调控力度的把握,不应盲目跟进地乱调,而要充分考虑产业发展阶段,调控政策实施后的反应时间和效果等,做到适合、合理的微调。

(三)协商反馈机制

区域产业政策实施过程中涉及多方面的关系:中央与地方政府、地方政府与企业、地方政府与中介机构、企业与中介机构、其他地方政府之间等,多元化的利益主体之间形成协商反馈机制,这种机制要求地方政府在实施区域产业政策时必须处理好以下关系。

1. 与中央政府的关系。不可避免的区域本体利益的存在,使国家产业政策和具体而微的区域产业政策或多或少地存在矛盾,地方政府在实施区域产业政策时必须处理好与中央的关系,尤其要处理好与中央直属企业的关系,同中央各产业部门协调一致,减少政策实施的摩擦阻力,在有利于国家利益前提下实现区域利益最大化。

2. 与中介机构的关系。中介机构作为政府与企业联系的纽带,参与区域产业政策的制定、实施及监督。为保证决策顺利实施并增强其可操作性,地方政府需发展完善中介机构,加强彼此的联系,接受其建议和监督。

3. 与企业的关系。市场机制的逐步建立要求地方政府实现由生产者到服务者的角色转换,依据区域产业政策,多采用经济、法律手段对企业生产经营进行宏观调控,尽可能避免直接行政干预。与此同时,企业作为实施客体对政策的反应直接或通过中介机构间接反馈给地方政府,使其在政策实施过程中不断调整方式、方法和手段,并为政策修订提供参考和建议。

4. 与其他地方政府的关系。地区资源差异性和互补性决定了实施区域产

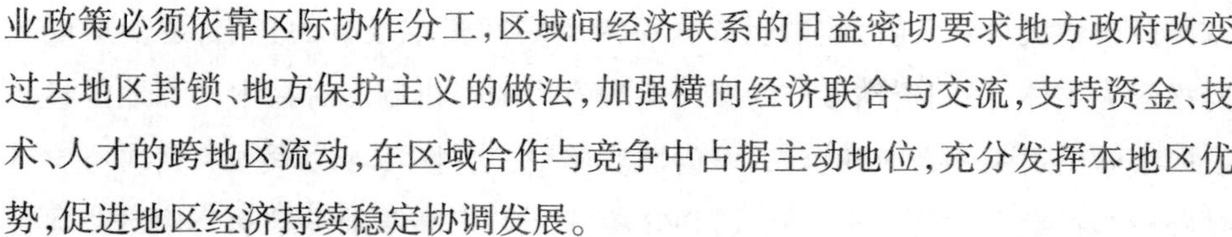

业政策必须依靠区际协作分工，区域间经济联系的日益密切要求地方政府改变过去地区封锁、地方保护主义的做法，加强横向经济联合与交流，支持资金、技术、人才的跨地区流动，在区域合作与竞争中占据主动地位，充分发挥本地区优势，促进地区经济持续稳定协调发展。

第三节　政府主导区域财政制度完善

完善的财政制度对于区域经济发展至关重要，政府通过优化财政支出结构，完善中央及省以下财政转移支付制度，实施税收优惠政策，保障生态补偿机制正常运行，保障基本公共服务均等化，最终实现区域经济健康协调发展。

一、优化财政支出结构

调整财政支出政策的目的是通过优化政府财政支出结构，努力提高公共服务水平。财政职能的发挥基本上靠财政支出活动体现出来，财政支出对于促进经济落后地区居民享受均等化基本公共服务、加速发展基础设施等方面发挥重要作用。优化财政支出结构的主要目的是确保区域经济做大和做强，增强区域经济竞争力。针对我国中西部地区财政支出结构现状，要通过优化中西部地区政府的财政支出结构来提高财政支出对资本、劳动等生产要素投入及其产出效率产生的激励作用，促进区域经济协调发展。主要从三个方面进行调整：一是转变政府职能，加大财政的宏观调控力度，推动经济结构调整和经济增长方式转变；二是加大财政对科技、教育等社会事业支出的力度；三是在推进农村综合改革的大背景下，明确支持农村的方向和重点。

由于中西部地区大多是农村地区，为了促进城乡统筹协调发展，解决农村公共物品供给的严重不足问题，有必要将更多财力向农村倾斜。财政投资政策的调整方向应该向农村基础设施倾斜，重点支持与农民收入、农业发展关系密切的乡村道路、人畜饮水、农田水利设施等；突出发展农村教育、农村卫生、农村科技、能源产业等农村公共物品，为农村区域经济发展提供坚实的基础；要建立规范的政府财政支农资金管理制度。为此，首先要增加中央政府对中西部地区基础设施建设投资，通过政府引导作用带动民间资本投资的介入，逐步形成政府投资为主体，民间资本参与的多元化政府投融资机制。对在中西部地区经济发展中做出贡献的企业和个人，可尝试实施财政补贴或予以奖励；其次可尝试基础设施投融资的公私合营模式（PPP 模式）等，提高基础设施和公用事业项目的使用效率。最后要有效利用政府采购制度，重点加大对中西部生态环境及基础设施的政府采购力度，把中西部地区投资环境改善与旅游开发及扶贫开发扶持结合起来，促进中西部区域的经济协调发展。

二、调整税收政策

学界和实践部门普遍认为税收政策与区域经济协调发展具有高度的相关性。对经济落后地区给予更多的税收优惠也是国外运用区域财政政策促进区域协调发展的重要做法。首先，应制定和实施产业政策和区域导向并重的税收优惠政策。改革开放以来，为了贯彻当时的区域经济发展战略，在运用税收优惠政策促进区域经济发展方面，主要向东部倾斜，使东部沿海地区获得比中西部地区更多的发展机会。可以说，我国东部地区的快速发展与从国家得到较多税收优惠政策有关，这也是造成我国区域经济差距的主要原因。尽管在国家层面，为了体现税收政策的公平性，税收优惠应从区域倾斜向产业优惠转移。我们认为税收优惠政策应突出对中西部地区的照顾，促进资源丰富的西部地区和民族地区加快发展。对中西部地区，考虑其区位特点、资源情况、科技水平及人力资源状况，可实行产业优惠和区域优惠相结合的税收优惠制度，以体现对中西部地区的支持导向。其次，应进一步调整和完善税收制度。考虑到经济落后的中西部地区有资源大省，资源税的合理设计至关重要。在资源税方面，可提高资源税税率，实行“先征后返”的办法。一方面，为中西部资源区域政策促进其能源开发工业和深加工工业的发展提供条件；另一方面，在一定程度上抑制东部地区对能源的需求和加工工业的盲目发展，实现资源消耗型产业、劳动密集型产业向技术密集型、外向型产业的转变，从而使全国产业布局和各地产业结构趋于合理。完善营业税、消费税等流转税，均衡各地区之间税收能力，促进区域经济协调发展。最后，应赋予中西部区域政府更多税收管理权限，完善地方税收体系。考虑到现行分税制体制及中西部地区产业特点，中西部地区财力

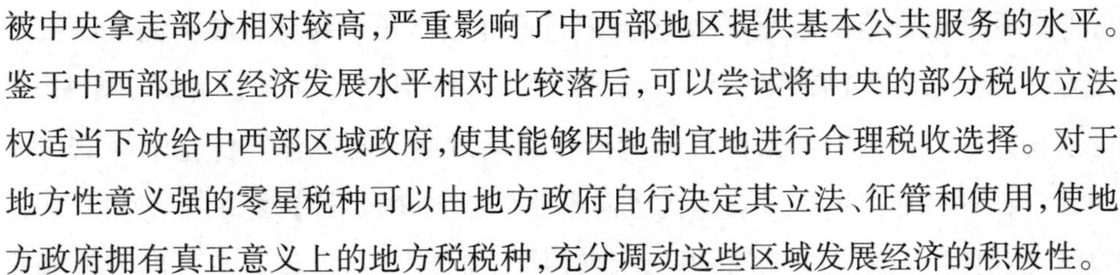

被中央拿走部分相对较高，严重影响了中西部地区提供基本公共服务的水平。鉴于中西部地区经济发展水平相对比较落后，可以尝试将中央的部分税收立法权适当下放给中西部区域政府，使其能够因地制宜地进行合理税收选择。对于地方性意义强的零星税种可以由地方政府自行决定其立法、征管和使用，使地方政府拥有真正意义上的地方税税种，充分调动这些区域发展经济的积极性。

三、规范财政转移支付制度

规范的财政转移支付制度是协调地区经济社会发展、实现区域间公共服务均等化的重要手段。现行财政转移支付制度存在制度性缺陷，未能缩小地区经济发展差距，应做到运用立法手段确保转移支付制度的严肃性、一贯性和连续性，按照透明度原则、方向性及多种措施综合配套的原则，规范一般转移支付和专项转移支付，发展横向转移支付。一要规范转移支付比例。经中央政府协调确定并经东、中、西部各省区政府（特别是中、西部区域政府）认可和接受后，转移支付比例要严格执行；二要规范转移支付使用方向。按照公益性、帮扶性、基础性和开发性分类，确定转移支付重点，对落后地区的认定对象应更加细化；三要规范转移支付时限，应确定一个使区域间相对差距缩小到一定幅度的测度比例作为其时点。在现有基础上，根据各项基础设施在西部开发中的重要性、规模大小、影响范围等因素，科学确定中央财政直接负担的专项转移支付比例水平；逐年缩减税收返还的规模，逐年扩大中央对西部一般性转移支付量，逐步提高西部区域享受的公共服务水平；构建一般性转移支付为主，专项转移支付为辅的财政转移支付体系，使用“因素法”合理确定中央政府对地方政府的财政转移支付额度，实现转移支付的合理化、规范化及均等化；科学合理的财政转移支付形式是确保区域居民获得均等化公共服务的关键。要实现动态化转移支付，即将财政支付额度与零售物价指数等挂钩，以保证其实际补助水平不变；同时，也有必要推行横向转移支付作为纵向转移支付的补充，充分发挥东部发达地区对中西部地区的支持力度。

四、区域产业与财政政策协调配合

为了使区域财政政策对区域经济协调发展的促进效果发挥得更好，还应加强与产业政策和金融政策等的配合，通过产业政策导向和金融政策的扶持来实现对区域经济发展的调节，从而达到区域经济协调发展目标的实现。首先，充分发挥产业政策的导向来促进区域经济协调发展。要调整和优化中西部产业结构，发展特色经济，促进资源优势向产业优势转变，促进资源加工型和劳动密集型产业向中西部资源丰富地区逐步转移。总体上说，应该充分考虑中西部地区实际情况，实施有别于东部地区的产业政策，将其比较优势发展成为发展优势，提升自我发展能力。其次，增强财政政策和金融政策的协调配合，促进对中西部欠发达地区经济发展的支持力度。金融是促进区域经济增长的重要动力，国务院应有专门的机构对财税政策和金融政策进行协调。财政政策和金融政策配合促进中西部地区更快发展，主要是调节财政转移支付资金、专业银行信贷资金、政策性银行的资金和国际金融机构的资金，使其向中西部地区适当倾斜。在给予西部地区金融政策支持的同时，应积极着手建立和完善与西部地区经济发展相适应，能够满足不同类型企业和个人的资金需求、多层次和多元化的金融组织体系，以提高金融服务水平。考虑到中西部区域金融发展现状，国家应建立更加完善的政策性金融体系来加大对中西部地区的开发力度。通过完善区域金融调控政策的相机抉择能力，扩大对中西部地区的政策性贷款比重和贷款利率浮动范围，实施差别化的再贷款、再贴现限额管理，支持区域资源开发及基础设施建设。此外，土地政策和人口管理政策等也是区域财政政策实施过程中需要统筹考虑的重要因素。

第四节　区域资本市场完善

一、货币政策调控

（一）区域货币政策完善

区域货币政策是中央银行调控各区域经济发展目标，如稳定区域物价、控制区域通货膨胀、增加区域就业、缩小区域经济发展差异而对区域货币供应量

进行的政策操作。

（二）区域货币政策的特点和作用

区域货币政策具有决策机制集中、政策工具统一、传导机制统一的特点。在区域差异较大时，不同区域的市场阻力与其发达程度高度相关，且对政策变量的反应弹性也不对称，落后地区的政策传导阻碍远大于发达地区，所以货币政策的“绳子效应”使落后地区的扩张政策反应弹性小于紧缩政策反应弹性，而发达地区对紧缩政策的反应弹性小于扩张政策的反应弹性，这就使统一货币政策尽管表面平等，但政策效应却并不平等，不仅不利于缩小区域差异，反而会使差异的“马太效应”更加明显，因而减弱了政策实施效应。由于缩小区域差异属于宏观调控范畴，而货币政策又是宏观调控的主要手段，所以缩小区域金融差异应是货币政策的主要目标。

（三）区域货币政策的内容

1. 存款准备金政策

统一的存款准备金政策由于区域货币乘数差异导致货币供给区域不均衡分布。由于欠发达地区与发达地区在货币化水平、资金周转率、现金漏损率、资金外流率等方面差距较大，因而货币乘数也存在区域差异。一般而言，欠发达地区货币乘数较低，统一准备金政策会加剧地区货币供给差距，使其陷入资金短缺的恶性循环，因此当调高准备金时，由于金融结构单一、市场不发达，欠发达地区货币供给缩减幅度大于发达地区，对经济冲击也严重得多。

2. 公开市场操作政策

公开市场操作以统一货币市场和多样化的市场工具为基础，而我国目前区域货币市场深化程度的差异使公开市场操作效果对区域经济的影响不同，如东部地区金融机构债券持有量比较大，对公开市场操作的反应也较敏感，而中西部地区金融机构的敏感度则要差得多，这就使统一的公开市场操作在不同区域产生了不同的实施效果。

3. 再贴现操作政策

我国还没有形成合理的再贴现利率体系，且未实行差别利率。这种管制性较强的贴现利率体系要求有统一票据市场与之适应。而目前票据市场存在明显的区域性和隔断性,如由于信用缺失导致的票据跨系统、跨地区流通困难、对票据真实性贸易背景的过度强调使其丧失融资功能,票据签发、承兑、贴现环节的区域化等都使票据市场发展举步维艰,尤其是欠发达地区票据市场发展滞后,更使再贴现政策鞭长莫及。

(四)区域货币政策实施模式

货币政策区域操作有两种模式:一种是被动模式,即货币政策被动适应区域差异,根据差异情况分别实施相应政策,目前我国货币政策操作类似于这种操作模式,最明显的例子体现在支农再贷款政策上。另一种是主动模式,即货币政策当局在实现统一货币政策目标的前提下,分层次制定出区域性目标,主动选择不同政策工具组合,使政策工具的实施力度和方向在不同区域有所差异,从而缩小区域差异。显然,主动模式更具优点,但操作难度大。就我国目前而言,货币政策的区域操作应包括以下内容:首先,在统一货币政策目标下,根据区域差异特点制定出适应差异的分区域政策子目标,使缩小区域差异体现在具体操作目标上。其次,在具体政策操作中,应根据不同区域特点,采取能够发挥区域比较优势,有利于资金优化配置的政策工具组合,如东部地区主要使用一般性政策工具组合,而中西部地区则交叉使用一般性和选择性货币政策工具,突出选择性工具,以使央行针对不同区域有重点地传导政策意图,放大政策传导效应。最后,结合我国区域发展的特点,相机健全政策传导环节,完善政策传导机制。在确保决策统一的前提下,适当拓宽分支行的货币政策权限,使之能因地制宜地实施相应的政策操作,提高政策实施效应。

二、区域金融体系的完善

金融促进区域经济发展需要完善的区域金融体系。地方政府在引导产业发展和财政制度完善的同时应促进区域金融体系的完善。形成银行、保险、证券、担保、小额贷款公司、民间资本管理公司等多种机构并存、功能互补的金融市场体系。

（一）健全金融机构

1. 提高现有金融机构的经营效率

扩大现有的政策性银行、国有商业银行、邮政储蓄银行、农村信用社的经营效率，积极拓展资金来源渠道；大力拓展业务范围，健全信贷风险防控体系；加强信息系统建设。

2. 筹建地方银行

地方政府可引导银行业金融机构作为主要发起人筹建地方银行，帮助银行业金融机构进行组建村镇银行的可行性和必要性分析、市场前景分析，预测未来业务发展计划，政府从财政、税收等方面予以支持。

3. 完善小额贷款公司

地方政府应建立健全小额贷款公司内部控制制度和内部审计机制，提高风险识别和防范能力，以确保资产损失准备充足率始终保持在100%以上，同时通过健全贷款管理制度，明确贷前调查、贷时审查和贷后检查业务流程和操作规范，切实加强贷款管理。给予担保中介、小额贷款公司以一般中小企业优惠扶持政策；同时按15%的税率征收担保中介、小额贷款公司所得税。

4. 加强担保体系建设

地方政府可以通过划拨部分财政资金以注入货币资金、划拨优质资产等方式，有效整合资产、资源、资金、资本，提高担保公司注册资本，加强区域担保体系建设。

（二）完善银行信贷市场

1. 创新贷款等融资业务

中小企业的发展对于区域经济发展至关重要，为了解决中小企业融资难、融资贵的问题，促进中小企业长远发展，银行需要创新贷款等融资业务。第一，大力发展动产、知识产权、土地经营权、林权、采矿权、股权、供应链融资、出口退税等质押贷款业务。第二，引导各金融机构积极发展授信开证、押汇、保理、融资租赁等金融业务，积极支持小微企业使用银行承兑汇票和商业承兑汇票，并简化手续，减少收费，降低融资成本。第三，创新适合中小企业需求的金融产品，拓展中小企业融资抵押资产的范围，积极探索采用企业的无形资产、应收账款、在建工程以及项目本身抵押方式，解决中小企业抵押资产不足问题。鼓励企业采取股权融资、项目融资、租赁融资、信托融资、基金融资等其他形式实现直接融资。第四，优选、培植一批优质中小企业进入债务融资工具发行后备企业资源库，推动短期融资券、中期票据、中小企业集合票据、中小企业集合债、集合贷款信托等满足小微企业融资需求特点的创新型金融产品的运用。

2. 增加对区域经济发展信贷力度

地方政府可以与商业银行签订相关协议以争取信贷资金对于区域经济体的政策倾斜力度，对区域主导产业进行重点扶持，加大对基础设施、龙头产业等贷款。促进金融机构对于本地经济发展的支持力度。可以采用财政资金定点存放等措施对支持力度较大的金融机构予以奖励。通过协调会、会商会、对接会、项目推介会等形式加强这些行业与金融机构的沟通协商，为重点行业的发展提供资金保障。规范和引导民间借贷，满足农村经济发展的多种金融需求。政府部门要为中小企业提供辅导支持，帮助其提高经营管理水平，提高盈利能力及诚信自觉性，从根本上降低银行信贷风险。

第五节　区域金融创新

一、区域金融创新的概念

金融创新是指对现有的金融体制进行变更以及创造新的金融工具从而获取现有的金融体制和金融工具所无法取得的潜在利润，对于金融创新的定义目前主要由 Schumpeter 的观点衍生而来。Schumpeter 在其成名作《经济发展理论》一书中提到创新是指新的生产函数的建立，也就是企业家对企业要素实行新的组合。即新的产品的生产、新技术或新的生产方法的应用、新的市场开辟、原材料新供应来源的发现和掌握、新的生产组织方式的实行等。目前金融创新

的类别主要包括金融制度创新、金融市场创新、金融产品创新、金融机构创新、金融资源创新、金融科技创新以及金融管理创新。

二、金融创新影响经济增长途径分析

（一）金融创新促进金融发展

金融创新是金融机构为实现利益最大化利用新的观念技术等对金融要素进行组合，对金融制度如金融工具等进行的创造性变革。而金融发展可以认为是金融结构的变化，从某种意义上来说，金融创新对于金融要素的重组可以实现金融市场创新、金融机构创新、金融业务创新、金融工具创新和金融制度创新，这种要素重组和创新渗透到金融体系中并且能够进一步优化各个体系，从而推动金融发展，随着经济发展，金融发展又能够进一步促进金融创新。

（二）金融创新促进金融深化

经济学家 Mackinnor 最早在《经济发展中的货币与资本》中提出了金融深化理论。金融抑制会妨碍储蓄投资的形成，造成资源配置不合理从而阻碍经济发展。而金融深化是通过放宽政府对利率、汇率的控制，让市场供求关系来决定利率和汇率水平，从而刺激储蓄与投资，实现金融增长带动经济全面增长。金融创新通过对金融要素的重新组合，研发整合创新的技术、人力、资本，从而进一步推动金融深化。同时金融创新使不同金融市场相互融合，形成新的金融市场，促进金融深化。金融深化与经济增长之间具有相互作用，金融深化能够促进经济增长，反过来经济增长也能进一步促进金融深化。

（三）金融创新促进经济发展

金融创新不仅能够推动经济增长，还能推动金融发展，促进金融深化。同时，经济增长也会反作用于金融创新。金融创新通过金融体系的风险管理功能、信息揭示功能、公司治理功能、动员储蓄功能和便利交换功能五项功能直接促进经济增长。通过风险管理以规避分散风险，优化资源配置，调整储蓄率，同时通过动员储蓄功能促进储蓄转化为投资，减少信息成本和交易成本，促进技术创新,推动经济增长。便利交换功能使金融创新促进专业化分工,降低交易成本,推动经济增长。

三、金融创新与区域经济增长

由于我国经济发展的不均衡,不同区域金融与区域经济发展之间的关系有所不同,地方政府及银行需要加大金融创新力度,引起金融机构金融业务的多元化,拓宽区域体内融资渠道以促进区域金融与实体经济的深度融合。具体来讲主要包括以下措施。

(一)发展衍生金融工具市场

随着经济一体化进程的加快,对外贸易的规模将会迅速扩大,这会增强国际市场波动的影响,使企业参与国际市场竞争时面临更多、更直接的国际市场风险。对于规避市场风险的衍生工具如商品期货、外汇期货、汇率期权等需求日益增大,地方政府应鼓励发展并规范衍生金融工具市场,帮助地方企业更好地管理和规避风险。

(二)扩展金融业务创新范围

金融机构的快速发展,带来了诸如资产管理、现金管理、全方位的融资服务、商人银行等金融业务,扩大在传统金融业务和中介服务中的市场份额。此外,科学技术的发展将不断推进金融业务创新,不仅使金融业务的处理方式更加高效快捷,还改变了金融业务的推进方式,鼓励银行在融资工具和融资模式上进行创新、利用资本市场等直接融资工具进行创新,同时强化金融配套服务使金融以更高效率服务实体经济。

参考文献

[1]王金龙:《我国财税金融政策对区域经济的影响研究》,《改革与战略》2015年第11期。

[2]王文慧:《区域经济政策体系构建及评价研究》,《知识经济》2014年第7期。

[3]王洋、任艳:《我国区域经济政策创新研究》,《现代经济信息》2014年第15期。

[4]罗剑:《论区域经济发展的市场失灵与财政政策调控》,《新经济》2014年第14期。

[5]李苗苗、肖洪钧、赵爽:《金融发展、技术创新与经济增长的关系研究——基于中国的省市面板数据》,《中国管理科学》2015年第2期。

第八章　县域金融工程研究——通山县

第一节　研究背景与意义

一、县域经济的定义及特征

县域经济是县级行政区划内的经济，包括建制县、县级市(区)的经济。它以县级行政区划为地理空间，以县级政权为调控主体，以市场为向导，通过生产要素的充分流动实现社会生产的具有地域特色和功能完备的区域经济。简言之，县域经济就是县域范围内由各种经济成分构成的一个有机的区域性经济。

从县域经济的内涵中可以看到，县域经济是“行政区经济”和“市场区经济”叠加的“复合”空间经济，具有区域性、市场导向性和相对独立性的一般特征。

1. 区域性

县域作为一个特定的地理空间，其经济是以县级行政区划为地理空间，以县城为中心，以乡镇为纽带、农村为腹地的区域经济。与城市经济相比，县域经济的发展受地理位置、资源条件、人口状况、人物历史等因素的制约程度更大一些，具有明显的地域特色。

2. 市场导向性

县域经济是以市场为导向，接受国家宏观调控的开放性经济。县域经济虽然是在县级行政区划上形成的，但又不同于县级行政区划，随着市场经济的发展，县域经济必然要突破县级行政区划的约束，在更大的区域内进行资源配置，获取竞争优势。因此，县域经济不是封闭的经济体，它具有开放性，农业产业

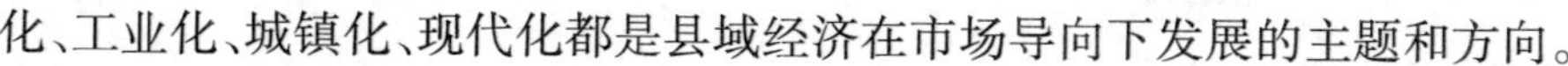

化、工业化、城镇化、现代化都是县域经济在市场导向下发展的主题和方向。

3. 相对独立性

县域经济既是国民经济的基本单元,又是功能完备、产业部门齐全的综合性经济体系,其经济活动涉及生产、流通、消费、分配、公共服务各环节以及三大产业的各个部门,在一个省、市范围内具有一定的相对独立性。另外,县域经济有一个县级政权作为市场调控主体,县域政府及经济调控职能对县域经济的运行及发展具有直接的影响,因此县域经济还具有一定的能动性,能够在一定的区域中发挥政府在配置公共资源、提供公共产品或服务方面的作用。

二、县域经济发展的一般模式

县域经济不同于国民经济,不能"小而全",要"宜农则农"、"宜工则工"、"宜商则商"、"宜游则游",注重发挥比较优势,突出重点产业。一般来说,县域经济的发展模式主要分为农业带动型、工业带动型以及第三产业带动型;具体来说,主要分为以下七种:

(一)工业企业带动型

工业企业带动型,是指以当地基础条件为出发点,以发展工业企业为契机,通过工业企业的发展壮大带动农村政治、经济、基础设施、教育、文化、卫生等事业的全面综合发展。同时,乡村在土地、劳动力等资源整合的基础上,又进一步促进工业企业的大发展,使工业企业与乡村融为一体,形成和谐发展的模式。

(二)畜牧养殖带动型

畜牧养殖业承前启后,前连种植业,后连加工业,是大农业的主要角色。世界发达国家畜牧产业值占农业的比重普遍超过50%。在我国,无论现在还是将来,畜牧业都是农村经济的重要支柱,都是农牧民增收的重要途径,也是发展县域经济的主要内容。

畜牧养殖带动型,是指在畜牧龙头企业的带动下,通过规模化拆建、产业化经营、循环化利用带动农村发展、农民增收的一种新农村建设模式。该模式的必需条件是要有规模化的畜牧龙头企业、特色的养殖品种和相应的市场需求。

（三）旅游产业带动型

旅游产业是当前全球经济中发展势头最强劲和规模最大的产业之一，它对经济的拉动、对社会就业的带动以及对文化与环境的促进作用日益显现。旅游产业带动型，是指以农村地区为特色，以农民为经营主体，以旅游资源为依托，以旅游活动为内容，通过农村旅游促进新农村建设的一种模式。发展旅游业首先需要有可以挖掘的旅游资源，包括自然资源和人文资源。其次要有便利的交通条件，以及与旅游相配套的娱乐、住宿、餐饮等基础设施。

（四）休闲产业带动型

休闲产业带动型，是指以农业和农村为载体，利用农业生产经营活动、农村自然环境和农村特有的乡土文化吸引游客，通过集观赏、娱乐、体验、知识教育于一体的新兴休闲产业带动新农村建设的一种模式。近年来，随着经济社会的可持续发展，农业发展也进入了一个新的时期，再加上回归自然、保护环境成为世界性议题，为农庄旅游，或者说休闲农业作为一种产业形式被提出，奠定了坚实的基础。农业休闲旅游既可以扩展农业的内涵，又可以丰富旅游业的空间，最重要的是可以有效地拓宽农民的增收渠道，增加农民的就业机会，提升农村精神文明程度，可谓一举多得，前景广阔。

（五）特色产业带动型

特色产业带动型，是指在一个乡或村的范围内，依据所在地区独特的优势，围绕某个特色产品或特色产业链，实行专业化生产经营，以一村一业发展壮大来带动乡村综合发展的一种模式。专业村是这种模式的代表。特色企业一般需要具备三个基本条件：具有生产某种特色产品的历史传统和自然条件；有相应的产业带动，市场需求旺盛；需要“能人”通过产业集群形成规模。

（六）商贸流通带动型

商贸流通带动型，是指依托专业市场或市场群落，发展现代农村商贸流通服务业和市场网络，进而形成以当地农村为中心的市场，以市场促产业，以产业带乡村，最终形成商贸发达、乡村繁荣的一种发展模式。发展县域经济，在一定

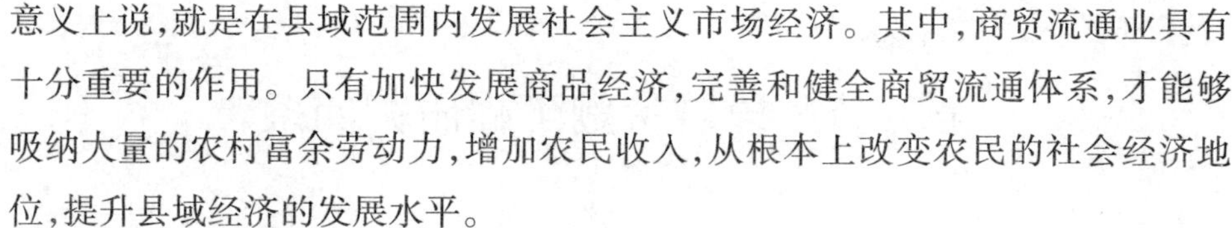

意义上说，就是在县域范围内发展社会主义市场经济。其中，商贸流通业具有十分重要的作用。只有加快发展商品经济，完善和健全商贸流通体系，才能够吸纳大量的农村富余劳动力，增加农民收入，从根本上改变农民的社会经济地位，提升县域经济的发展水平。

（七）劳务经济带动型

劳务经济带动型，是指转移大批的农村剩余劳动力进城，不仅加快了工业化、城镇化的进程，而且优化了农村劳动力资源的配置，提高了农村劳动生产率。转移就业后的农村劳动力将获得收益的一部分投入到农业生产和农村建设中，反哺家乡，反哺农村，从而直接或间接推动县域经济发展。

三、金融在县域经济发展中的作用

美国经济学家休·帕特里克（Hugh T. Patrick）提出发展中国家金融促进经济发展有需求追随模式和供给领先模式两种。在需求追随模式中，经济增长使经济主体产生对金融体系提供融资与服务的强烈需求，作为对这种需求的反应，金融体系将不断发展并趋于完善，而发展了的金融体系又将反过来形成对经济增长的推动；在供给领先模式中，只有全面、完善的金融供给才能刺激金融需求增长，并保证满足金融需求。

两种模式与发展中国家经济发展的不同阶段相适应。在经济发展早期阶段，由于金融不完善，同时也由于存在一定的金融抑制，金融供给成为县域经济发展的主要约束，因此，健全和完善县域金融供给成为促进县域经济发展的先决条件。所以，处于发展初期的县域经济体应选择“供给领先型金融模式”，通过完善的金融服务和较高的金融利率，广泛而充分地吸收社会金融剩余，并使之转变为经济发展可支配的储蓄；当经济发展到一个新的增长水平时，金融重点将由过去的供给不足转化为金融需求不足，此时应采用“需求追随型金融模式”，通过市场化方式，建立竞争性金融体系，充分动员并有效配置社会金融资源，从而促进县域经济的增长。

第二节　县域金融工程研究体系

一、县域经济发展战略

县域是城乡之间、工农之间、宏观和微观之间的重要连接点和交会处，县域经济作为区域经济的重要组成部分，在国民经济中起着基础性作用。本节在吸收国内外区域经济及产业经济理论成功经验的基础上，结合中国县域经济在发展过程中存在的特点及问题，提出县域经济发展战略的基本思路：将县域经济发展作为主体，通过金融支持与产业升级来推动县域经济、生态经济和循环经济的发展。既要根据当地的优势条件与潜在资源打造具有特色的经济发展路径，又要注重县域经济外向化协调发展，从而实现传统县域经济向新型县域经济的转变过程，改变以往依托于乡村发展农业和农村经济的经济模式，更加注重非农经济的主导地位，推动三大产业协同发展。因此，在县域经济的发展过程中以下几个方面至关重要：

（一）完善金融体系

完善的县域金融体系是县域经济发展壮大的前提，是疏通产业、盘活企业的关键，发展县域经济金融需要先行。完善县域金融体系需要以健全农村金融体系和优化金融生态环境为基础，建设金融机构完善、金融市场活跃、金融功能完备的现代农村金融结构。

（二）发展特色经济

县域经济的发展要着眼于自身特色，要以其独特的交通区位、自然资源、文化底蕴以及政策环境为依托来完成重点项目的开发、优势产业的打造以及知名品牌的创建。充分利用当地的比较优势，走出县域差异化发展道路。

（三）优化产业结构

要促进企业集群化发展，推动县域产业结构进一步优化，加快传统的粗放

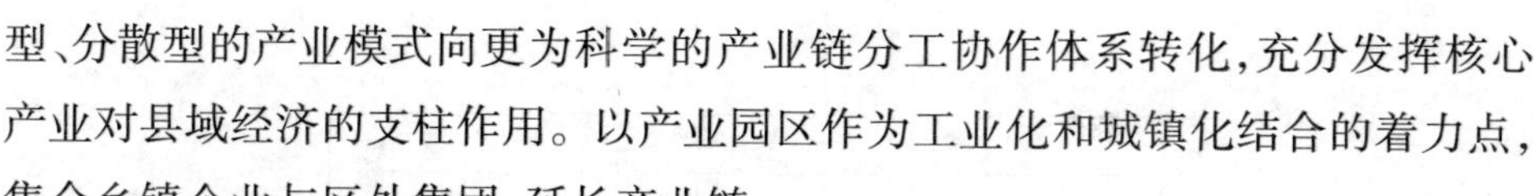

型、分散型的产业模式向更为科学的产业链分工协作体系转化,充分发挥核心产业对县域经济的支柱作用。以产业园区作为工业化和城镇化结合的着力点,集合乡镇企业与区外集团,延长产业链。

(四)支持中小企业

支持中小企业的发展是促进县域经济健康发展的核心。一方面要将各种优势资源向中小企业倾斜,推行优惠政策,降低行业门槛,强化金融和财政扶持,营造良好的运营氛围;另一方面要帮助中小企业做强做大,增强核心竞争力,向规模企业、上市企业的目标迈进。

(五)推进城镇建设

城镇化建设要以县城为核心,一方面要加快城镇综合服务体系建设,为农村人口和乡镇企业的转移打好基础;另一方面要积极为农村劳动力提供就业,发挥县域经济在创造就业机会方面的重要性。

二、通山县经济发展概况

(一)通山县经济发展情况

通山县位于湖北省东南部。该县以经济建设为中心,实施农业稳县、工业强县、民营富县、科教兴县的"四大战略",加快山水、矿产、旅游三大开发;坚持以改革开放总揽全局,以招商引资促进发展,以结构调整增产增收,以改善环境提供保证,以科学的发展观指导工作,初步形成了具有通山特色的经济体系。

1. GDP 高速增长

该县自 2001 年至 2011 年,生产总值得到了突飞猛进的增长,由 10.8 亿元增长至 56.2 亿元。与此同时,GDP 增速也在不断地增加,由 2001 年的5.23%增长至 2007 年的最高值 28.18%。随着 2008 年次贷危机及 2009 年欧债危机的到来,通山县经济发展的泡沫破灭,经济发展逐步回归至正常轨道,GDP 增速也降至 2011 年的 21.94%。即使这样,通山县经济发展幅度仍然高于湖北省乃至全国的平均水平,表现出极强的发展潜力。

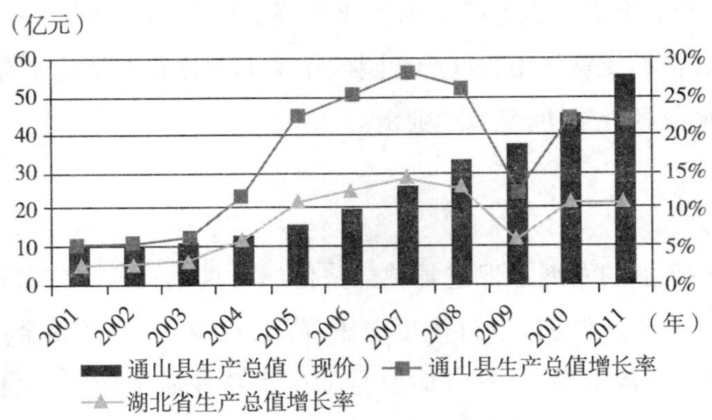

图 8.1 通山县 GDP 增长概况

数据来源:通山县 2001 ~2011 年统计公报

2. 产业结构不断优化

通山县产业结构自 2001 年至 2011 年不断优化。2001 年至 2004 年,通山县三大产业占 GDP 的比重呈现均匀分布,维持在 35% 左右,第一产业所占比重太大,没有突出第二产业与第三产业对经济发展的贡献作用。自 2005 年至 2011 年,通山县产业结构发生了显著的变化。第一产业占 GDP 的比重由 35% 逐渐下降至20% 左右,第二产业占 GDP 的比重保持不变,而第三产业占 GDP 的比重明显加大,上升至 55% ,第二产业与第三产业对经济的贡献作用日渐突出。

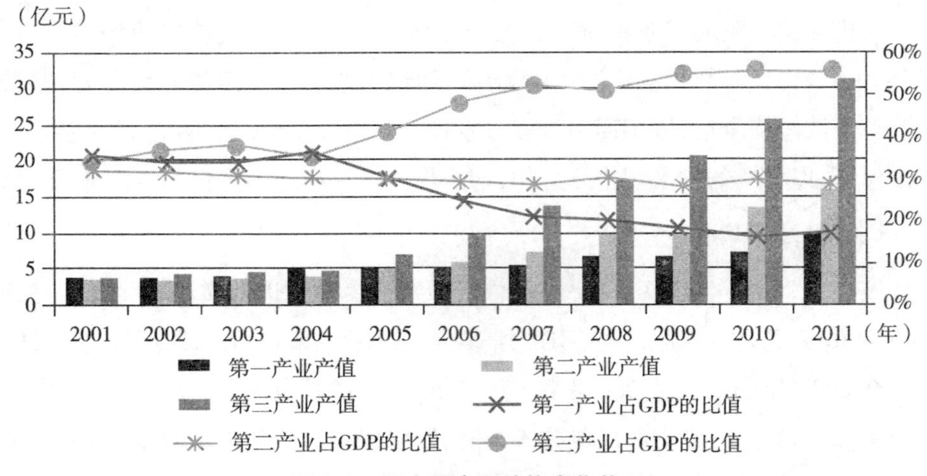

图 8.2 通山县产业结构变化状况

数据来源:通山县 2001 ~2011 年统计公报

3. 石材产业发展迅速

通山县实施以石材产业为主的特色产业发展模式,县政府与行业部门及石材协会一道努力,积极招商引资,狠抓服务平台建设,走资源节约型道路,推动了通山县石材产业的稳步发展。目前,通山县石材产业链集群已初步形成,石材企业已达173家;在通山县75家规模以上工业企业中,石材企业占30家,如表8.1所示,占比达到40%,充分体现出石材产业对通山县经济增长的带动作用。

表8.1 通山县规模以上工业企业

合计75家	
一、县直3家	20. 通山井湾采石厂
1. 通山县华宇纸业有限公司	21. 湖北旭扬工贸有限公司
2. 通山县水电公司	三、大路乡10家
3. 通山县自来水公司	1. 欧罗文实业有限公司
二、通羊镇21家	2. 通江玄武矿业有限公司
1. 泉下煤矿有限公司	3. 通山土巴爷酒业有限公司
2. 通力镁业有限责任公司	4. 金地印务有限公司
3. 华南石材有限公司	5. 通山杨鑫木业有限公司
4. 宜通石材有限公司	6. 通山县界水岭振兴碎石厂
5. 天丰石材有限公司	7. 通山新鑫建筑材料有限公司
6. 中艺石材有限公司	8. 湖北通山赛钻石英板材有限公司
7. 浩利制衣有限公司	9. 通山县铭松鞋业有限公司
8. 晋通镁业有限公司	10. 通山县新柏水泥厂
9. 大自然石业有限公司	四、黄沙铺镇3家
10. 德行玻璃制品有限公司	1. 黄沙苦荞酒厂
11. 通山县四海玄武岩公司	2. 通山黄沙铺万家垅采石厂
12. 日兴石材有限公司	3. 通山县毛杨财源采石厂
13. 通山佳奇石材有限公司	五、九宫山镇7家
14. 通山森源水泥粉磨有限公司	1. 横石煤业有限公司
15. 通山县顺发钙业有限公司	2. 恒通竹业有限公司
16. 通山新蓝云石业有限公司	3. 通山卫东纸业有限公司
17. 通山县石塔石牛碎石厂	4. 大广采石厂
18. 通山县凤石山碎石场	5. 通山县程许煤矿有限责任公司
19. 湖北方远新型建材有限公司	6. 湖北时代环保科技炭业有限公司

续表

合计 75 家	
7. 通山县陈胜煤矿有限责任公司	2. 福南胶合板厂
六、洪港镇 6 家	3. 粤通水泥有限公司
1. 通山正祥竹制品公司	4. 通山县庆果采石厂
2. 通山华厦石材有限公司	5. 通山广信混凝土有限公司
3. 通山县洪山石材厂	十、慈口乡(无)
4. 通山县东瑞石材厂	十一、大畈镇 1 家
5. 通山郭源青石板厂	通达矿业有限公司
6. 通山县洪发花岗岩石材厂	十二、燕厦乡 3 家
七、闯王镇 7 家	1. 通山福鑫水泥粉磨有限公司
1. 苏基坦煤矿	2. 通山通建矿石厂
2. 亨通高纯石英砂有限公司	3. 通山福鑫生物质能开发有限公司
3. 新厦松木业有限公司	十三、杨芳林乡(无)
4. 欧源玻璃石英砂有限公司	十四、九管会 1 家
5. 腾达矿冶有限责任公司	九宫山风力发电有限责任公司
6. 高炬石英砂有限公司	十五、开发区 6 家
7. 通山信达石英砂厂	1. 武钢森泰冶金有限公司
八、厦铺镇 2 家	2. 瑞邦电子科技有限公司
1. 通山县酿造工业公司	3. 福通食品有限公司
2. 湖北厦铺河水利水电发展有限公司	4. 湖北玉龙机械有限公司
九、楠林桥镇 5 家	5. 湖北富士峰生物科技有限公司
1. 通山县通南石材厂	6. 通山佳印达包装印务有限公司

数据来源:通山县 2011 年统计公报

(二)通山县经济发展问题

作为新兴发展的县域经济体,通山县经济与全省经济尤其是与全国经济发展相比,还存在很大的不足。以石材产业为主的特色产业带动型经济发展模式虽然可以带动通山县经济发展,形成通山县的竞争优势,但是过于依赖石材产业会导致通山县经济结构单一,使通山县面临较大的经济及行业的系统性风险。

1. 县域经济基础薄弱，整体实力弱

从整体上看，通山县的经济形态主要以传统农业和农村经济为主，这使得通山县县域经济基础十分薄弱，经济实力弱，GDP 总量不足。

2. 财政缺口不断增加

虽然通山县 GDP 增速较快，但由于基数小，导致通山县经济总量不足，财力薄弱。自 2001 年至 2011 年，通山县财政缺口不断扩大，由 1.1 亿元扩大到12.3 亿元。与此同时，通山县财政缺口占 GDP 的比重在 2001 年至 2009 年也不断增加。2011 年全县财政缺口占 GDP 的比重为 22%，较 2010 年稍有下降。通山县财政收支连续出现资金缺口，且资金缺口占 GDP 的比重不断增大的事实表明，政府的财政支出与政府投资是拉动通山县经济增长的主要动力，但随着时间的延长，这种内生性的增长方式的效应会逐渐弱化，通山县政府亟须通过招商引资或税收政策引导等方式吸引县外资金，从而促进经济的发展。地方财政收入作为县一级政府汲取财政资源的能力和调控地方经济发展的能力以及薄弱的财政收入，在一定程度上限制了政府对地方经济的扶持力度。

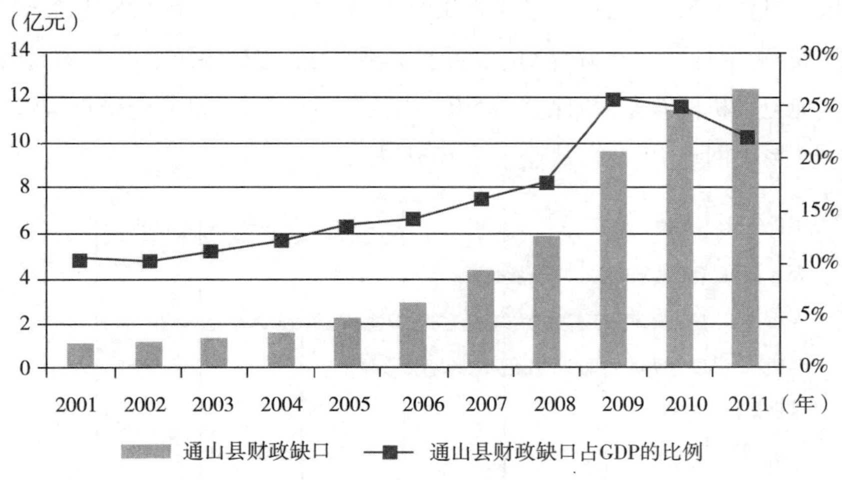

图 8.3　通山县财政状况

数据来源：通山县 2001 ~ 2011 年统计公报

3. 经济结构单一，工业经济质效不高

通山县以石材产业为主带动经济发展，会导致该县经济结构相对单一，全县经济面临较大的石材产业系统性风险。另外,石材产业生产经营的规模化程度仍然较低,处于商业运作的雏形阶段,富有活力、成长性好的民营企业还不多。目前,通山县经济发展处于依赖资源开发的初级阶段,石材产业仍以原材料加工为主,工业制成品、高附加值的最终产品生产加工较少,产业加工链较短,技术附加值较低。虽然近年来通山县发展县域经济及小城镇的积极性较高,但其盲目性也是显而易见的,规划也跟不上,与全国县域还存在很大的差距。

三、通山县金融发展概况

(一)通山县金融发展现状

1. 金融机构总体现状

总体来说,通山县金融业发展较为缓慢,对该县经济发展的支持力度较弱。截至2011年年底,通山县金融机构总数为26家,其中中央银行1家(人民银行),监管机构1家(银监办),政策性银行1家(农业发展银行),商业银行6家(工行、农行、中行、建行、邮储行、农商行),保险公司11家(财险2家、寿险9家),其他金融机构6家(担保公司5家、小贷公司1家)。现有金融机构营业网点55个(乡镇网点19个),从业人员1031人。

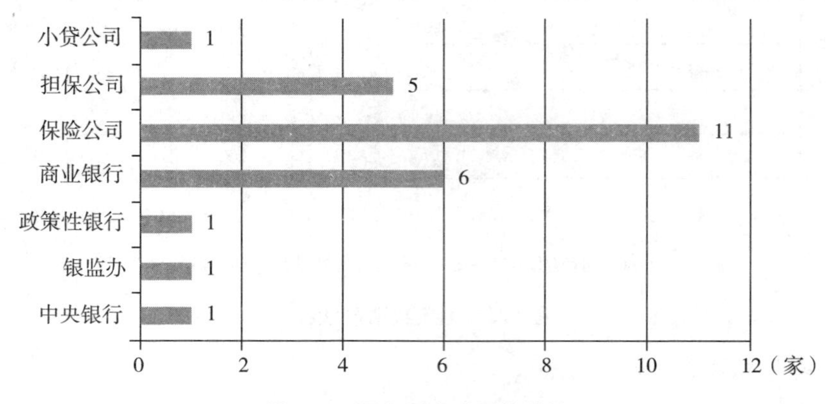

图8.4 通山县金融机构结构

数据来源:通山县2011年统计公报

2. 银行业状况

(1)存贷总量及结构

截至2011年年末,通山县全县金融机构人民币各项存款余额549984万元,比年初增加90054万元,增长19.6%;各项贷款余额258854万元,比年初增加39406万元,增长15.2%。2011年通山县贷款余额的增长速度赶不上存款余额的增长速度,存贷比为47%,低于湖北省平均水平,存贷差为291130万元,说明有291130万元的资金流出了县外。从2011年通山县各金融机构的存贷差来分析,建设银行、农业银行、农村信用社与邮政储蓄银行的存贷差占全县存贷差的比例最大,其中建设银行的存贷差所占比例高达26.8%,说明通山县291130万元的资金有26.8%是从建设银行流出的。农行、建行与农信社的存贷差比例较高主要是因为其与通山县基础设施建设与农业发展紧密相关,是通山县最为活跃的银行,其存款与贷款余额均占通山县存贷款余额的比重很大;而邮政储蓄银行存贷差所占总资金流出的比例较大,主要是因为该行是作为吸收居民存贷的主要渠道,较少发放贷款。

表8.2　通山县金融机构2011年存贷款余额　　(单位:万元)

	存款余额	贷款余额	存贷差	存贷差占总资金流出的比例	存贷比
人行	27655	0	27655	9.50%	0.00%
工行	65932	48919	17013	5.84%	74.20%
农行	123925	58244	65681	22.56%	47.00%
中行	9380	7548	1832	0.63%	80.47%
建行	112796	34783	78013	26.80%	30.84%
发行	1085	13415	-12330	-4.24%	1236.41%
农信社	134395	89233	45162	15.51%	66.40%
邮政银行	74816	6713	68103	23.39%	8.97%
全金融机构	549984	258854	291130	100%	47.07%

数据来源:通山县2011年统计公报

（2）机构放贷状况

通山县银行业机构主要由政策性银行、国有商业银行、邮政储蓄银行以及农村信用社构成。从其对通山县的贷款情况来看，自2005年至2011年，各银行业金融机构对通山县的贷款总量逐年增加，但各机构所占份额有所不同。其中，政策性银行为农业发展银行，其不以盈利为目标，主要为通山县经济提供政策性贷款和资金支持，贷款对象主要为三农行业、石材及旅游行业。国有商业银行主要为工商银行、建设银行、中国银行以及中国农业银行。其中，中国银行进入通山县的时间较晚，对通山县提供的资金支持较少；建设银行与工商银行对通山县提供的资金支持在近年来逐年扩大；农业银行由于其支农的性质，对通山县提供的贷款数额较多。信用社一直是通山县提供信贷支持的主力军，近年来其对通山县所提供的资金支持占通山县资金总量的1/4以上，但2011年信用社的贷款力度减小，邮政储蓄银行对通山县的贷款份额大幅增加。

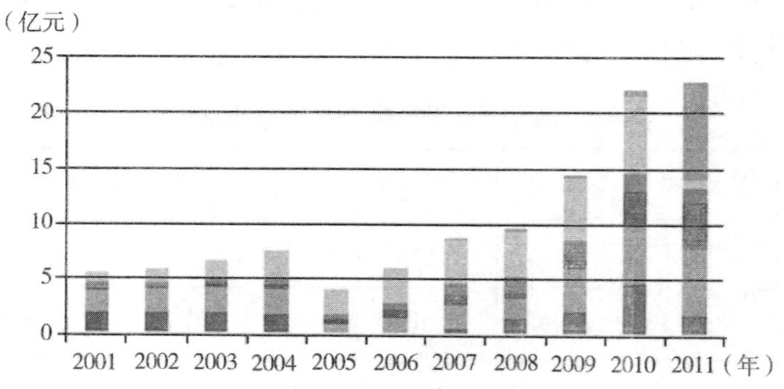

图8.5　通山县银行业机构贷款数额

数据来源：通山县2001～2011年统计公报

（3）放贷行业结构

从通山县的行业贷款结构可以看出，2012年上半年，三农行业的贷款数额最多，为150655万元，一方面表明通山县农业及农业产业对资金的需求量大；另一方面表明通山县加大了在农村金融上的政策扶持力度，积极贯彻“农村金融全覆盖”。除了三农行业外，石材产业、能源产业及旅游业也获得了相对数目的资金支持，唯有医疗机械行业的贷款数额为零。

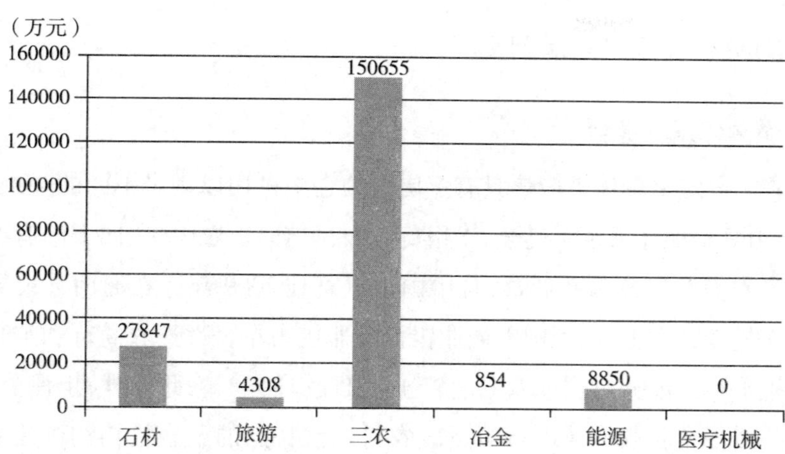

图 8.6 通山县 2012 年上半年各行业贷款情况

数据来源:通山县金融办 2012 年上半年统计

3. 保险业状况

通山县目前拥有保险机构 11 家,其中财产保险 2 家,人寿保险 9 家,保险市场初步建立,还很不完善,保险机构的种类过少,这与当地的经济发展水平有关。

4. 担保业状况

完善的信用担保体系可以解决企业担保物不足等问题,协助中小企业成立、成长与发展。目前,通山县的融资担保体系尚未建立,未形成一个专业化、规模化的融资平台。通山县现有中小企业担保公司 5 家,其中 3 家为市场化运作,可以帮助银行支持中小企业;2 家为政府财政运作,发展不够好,对中小企业的支持力度有限。

5. 农村金融发展状况

一方面,通山县涉农贷款稳步增加。截至 2010 年 11 月末,通山县涉农贷款余额达 133754 万元,较 2005 年年末增加 72445 万元,占各项贷款的比重达 62%;另一方面,新型农村金融机构和小额贷款公司也逐步深入农村地区提供服务。目前,通山县已有担保公司 3 家,贷款公司 1 家,资金互助社 1 家。新型农村金融机构的设立,进一步改善了该县“三农”和小企业金融服务不足的现状。

（二）通山县金融发展问题

1. 金融体系不健全

完善的县域金融体系应该具有多层次的金融机构以满足不同的金融需求。但是，通山县金融体系很不健全，在银行方面，只有“工农中建”四大国有商业银行、发行、农商行以及邮政储蓄，且中国银行直到2009年才在通山县设立分支机构。在贷款额度上，四大国有商业银行并非主力军，发行、农商行和邮政储蓄反而承担了绝大部分对农业及石材产业的贷款任务。除此以外，担保公司、小额贷款公司以及农业村镇银行等适应农村经济特点的金融机构均未建立。目前，通山县只有银行信贷市场和保险市场，其他的资本市场、货币市场、外汇市场、租赁市场、黄金市场和其他投资品市场都没有建立，只能从事银行、保险两类金融市场业务。

表8.3　通山县金融体系情况

金融机构种类	存在情况
政策性银行	√
国有商业银行	√
邮政储蓄	√
农村信用社	√
保险公司	√
担保公司	√
融资租赁公司	×
证券公司	×
期货公司	×
小额贷款公司	×
村镇银行	×
民间金融	×

数据来源：通山县2011年统计公报

2. 存贷比偏低，资金大量外流

截至2011年12月，全县金融机构人民币各项存款余额为549984万元，比年初增加90054万元，增长19.6%；全县金融机构贷款余额为258854万元，比

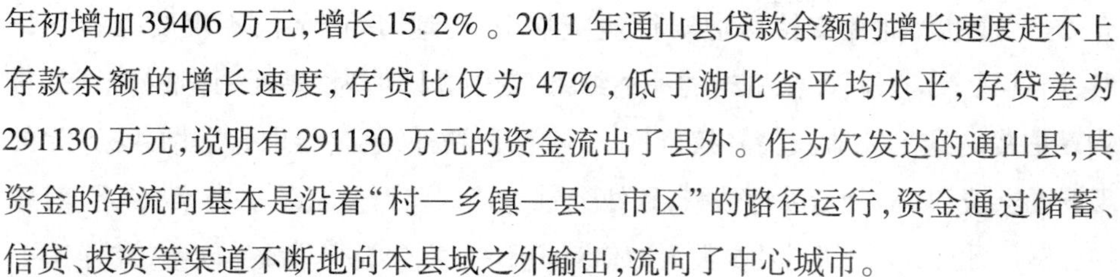

年初增加39406万元，增长15.2%。2011年通山县贷款余额的增长速度赶不上存款余额的增长速度，存贷比仅为47%，低于湖北省平均水平，存贷差为291130万元，说明有291130万元的资金流出了县外。作为欠发达的通山县，其资金的净流向基本是沿着“村—乡镇—县—市区”的路径运行，资金通过储蓄、信贷、投资等渠道不断地向本县域之外输出，流向了中心城市。

3. 贷款难问题仍然突出

从贷款构成来看，2011年通山县企业贷款余额为70016万元，比年初减少1043万元，涉农贷款余额为132092万元，比年初增加22402万元，个人消费贷款余额为53643万元，比年初增加17076万元。企业贷款的减少，说明在通山县贷款难问题仍较突出，使2011年工业对经济的贡献率低于农业与第三产业。通山县企业贷款难主要由几个方面构成：一是企业缺少抵押物，二是企业自身管理和经营存在问题，三是商业银行的逐利行为，四是融资成本高。与企业贷款相反，涉农贷款余额的增加主要由政策性金融对农业的扶植所致，个人消费贷款的增加极有可能是通山县私营小企业主在企业贷款未遂的情况下另谋出路的结果。

4. 融资担保体系尚为雏形

完善的信用担保体系可以解决企业担保物不足等问题，协助中小企业成立、成长与发展。目前，通山县的融资担保体系尚未建立，未形成一个专业化、规模化的融资平台。通山县现有中小企业担保公司5家，其中3家为市场化运作，可以帮助银行支持中小企业；2家为政府财政运作，发展不够好，对中小企业的支持力度有限。

5. 金融要素市场仍为空白

目前，通山县的金融要素市场仍为空白多层次有效的资本市场，可以迅速为企业融到发展的第一笔资金，为中小企业未来的进一步发展提供了广阔的天地。但是，在通山县，资本市场仍为空白，使中小企业融资难问题更加“雪上加霜”。

6. 社会信用环境建设滞后

通山县个别经济主管部门出于利益考量，制定的产业政策不利于信贷资本介入产业发展,如在支持房地产行业贷款中,土地、房产部门不仅要收取登记费,而且只承认下属评估机构的评估结果,变中介评估为“垄断”评估,特别是贷款评估费高达5‰;在支持林权贷款中,除登记费外,还要收取每公顷4~5元的现场勘察费和6‰的贷款评估费,致使金融支持这些行业贷款一直难以得到有效的突破。此外,少数部门及少数人诚信意识不强、拖欠银行贷款的问题仍然存在。

第三节　县域金融资源支持体系

一、通山县金融资源供给

(一)通山县金融资源供给现状

1. 供给总量不足,资金外流严重

通山县年存款额从2001年的6.81亿元增加到2011年的51.74亿元,增长了6.59倍;而贷款额则从2001年的5.55亿元增加到2011年的22.89亿元,增长了3.12倍。通山县年存款额的增长速度快,说明通山县经济在不断发展,居民日渐富有,但是通山县年贷款额增长速度却明显慢于年存款额增速。这主要是由银行的信贷政策与逐利目标所致,严格的贷存比规定以及对风险的控制,使商业银行以吸收存款为主,而很少发放贷款,银行严格的信贷体制就好似一个“水库”,使大量的闲置存款被“拦截”在了“水库”里,并未真正用于通山县的经济发展。将通山县2001年至2011年的GDP与年存款额和年贷款额对比,可以发现,通山县年存款额与GDP的拟合程度较高,但是年贷款额与GDP的差距越来越大。这说明了通山县自身并不缺少资金,主要是因为资金总量在供给与需求上不均衡,两者之间发生了错位,县域自身具有资金供给能力,由于资金的大量外流而无法满足资金的需求,使通山县经济发展所产生的金融资源只有一部分被通山县使用,而绝大部分配置到了县外区域。

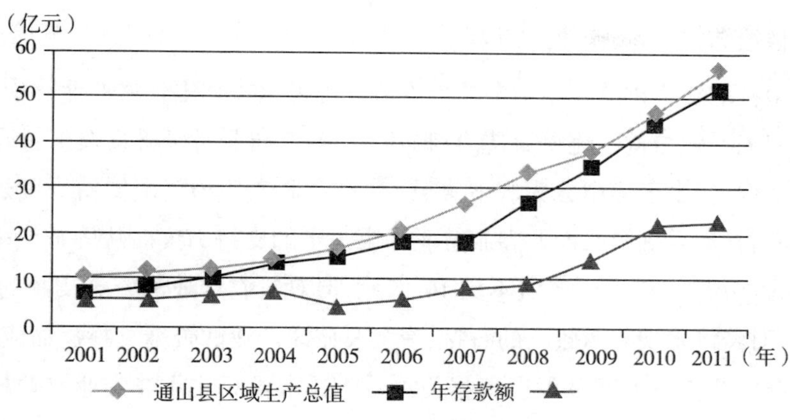

图 8.7　通山县金融缺口

数据来源：通山县 2001～2011 年统计公报

自 2001 年至 2011 年，通山县存贷差迅速扩大，由 2001 年的 1.26 亿元，扩大到 2011 年的 28.85 亿元，存贷差占贷款的比例由 2001 年的 22.66% 扩大到 2011 年的 126.06%。存贷差占贷款的比例在 2007 年至 2011 年几乎都在 100% 以上，说明通山县近年来资金不断向外净输出。这主要是由于通山县域经济本来处于弱势地位，经济主体以农业及中小企业为主，产业结构层次低，技术含量少，市场利润低，不受银行的青睐。这样，资金不仅得不到已经发展起来的城市经济的"反哺"，反而使继续资金支持的县域自身资金流向中心城区的第二、第三产业。通山县资金不断向外净输出，使本来就缺乏资金支持的通山县经济更是"雪上加霜"。

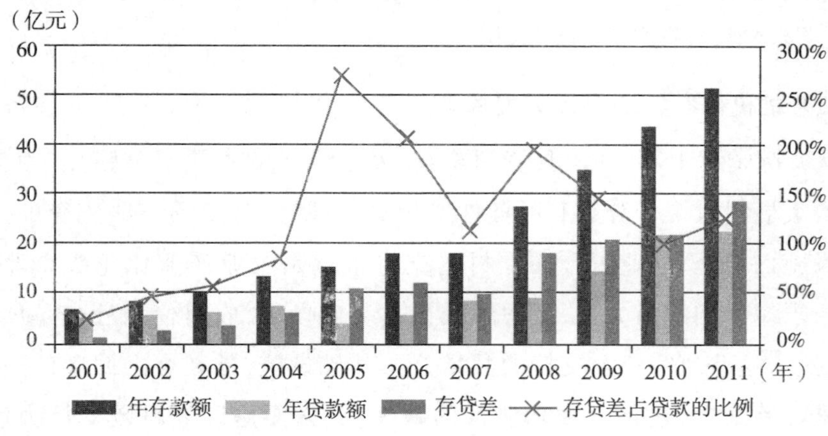

图 8.8　通山县存贷差及存贷差占贷款的比例

数据来源：通山县 2001～2011 年统计公报

2. 供给结构不均，产业支持单一

通山县的资金供给在结构上的不均衡表现得比较突出。从产业结构上看，通山县三大产业结构的比例日趋合理，第二、第三产业对经济发展促进作用逐渐加大。但是，由于通山县为农业大县，其对农业产业的资金支持力度远远超过了对石材、冶金等第二产业和旅游业等第三产的支持力度。从图8.9中可以看出，2011年第一产业的产值不到10亿元，但对三农产业的资金支持超过15亿元，而对经济发展贡献较大的石材、冶金及旅游产业的资金支持反而较小，产业产值与资金支持力度呈现出负相关关系。通山县只注重对农业产业的支持力度，而忽视了对第二产业及第三产业的资金支持，不利于通山县经济的协调发展以及内源增长动力的开发。

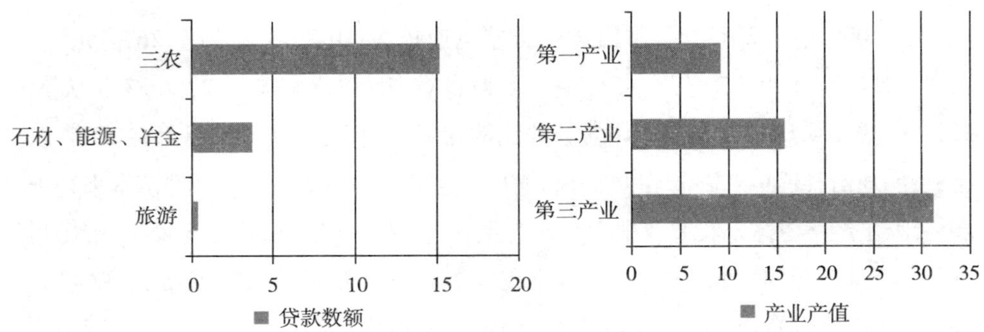

图8.9　2011年通山县产业产值与行业贷款数额对比（单位：亿元）

数据来源：通山县2011年统计公报

3. 金融机构不全，功能难以发挥

从实际情况上看，通山县资源丰富，发展经济的意愿十分强烈，为县域经济的发展提供了十分有利的条件与机遇。同时，也亟须一些配套的公共基础设施。但是，农业银行在农村的支持重点是农业产业化龙头企业，更多地追求短期利润最大化，无暇顾及公共基础设施，农村信用社也是如此。因此，对于这些急需资金支持的县域公共基础设施，处在金融服务的边缘。从国外经验来看，这是一种功能性的缺失，一方面是国家财政支持力度不够；另一方面是政策性金融作用发挥不到位。貌似健全的县域金融体系，在功能上与县域经济的需求不相符。县域金融供给矛盾主要表现为金融供给不足，其中，最直接、最突出的表现是资金供给不足，农民和中小企业贷款难的问题没有得到根本解决，这直接影响县域经济的发展。同时，还给农村的“地下钱庄”等非正式金融组织以可乘之机，在一定程度上还扰乱了金融秩序，影响金融安全与稳定。

（二）通山县金融资金来源

通山县金融资金的来源主要有三，一是以农业发展银行为主的政策性银行，主要提供涉农及政策性贷款；二是商业银行，包括工商银行、农业银行、中国银行、建设银行、邮政储蓄及农村信用社；三是其他金融机构，在通山县主要为小额贷款公司。

从通山县各金融机构的资金供给能力来看，农村信用社对通山县经济的资金支持力度最强，在2011年提供了超过8亿元的贷款，这主要源于通山县在2005年启动的农村信用社改革。2005年，通山县启动农村信用社法人治理改革，到2007年年底，人民银行专项票据置换其农村信用社不良资产5520万元，化解了农村信用社沉重的历史包袱，使其资金支农的作用得以发挥。其次为农业银行、商业银行和建设银行，主要为通山县提供涉农贷款、基础设施建设贷款以及石材企业的贷款。农业发展银行作为一家政策性银行，主要提供涉农政策性贷款，自主选择放贷对象的空间较小，故贷款能力较弱。通山县邮政储蓄银行自2008年成立伊始，就把其服务定位为农村地区提供直接面对客户和服务中小企业的涉农贷款，积极开展产品创新，涉农贷款余额明显增加，但是由于其主要功能在于吸收存款，故贷款能力相对较弱。通山县在2010年曾成立一家小额贷款公司，但是由于金融危机的影响与经营不善，在2011年停止经营。各金融机构的贷款能力具体如图8.10所示：

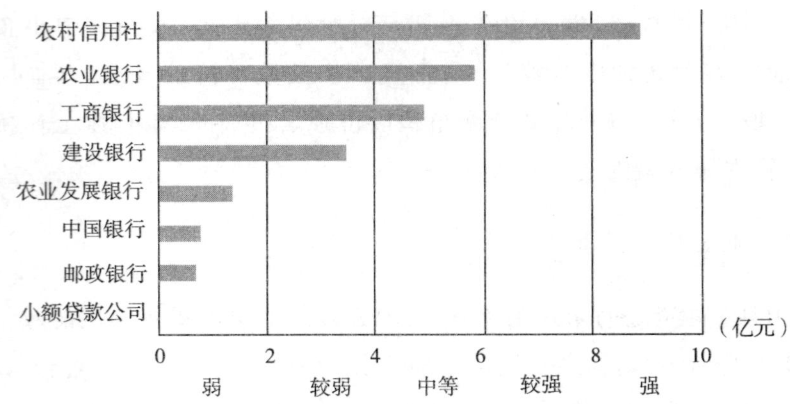

图 8.10　通山县 2011 年金融机构资金供给能力对比

数据来源：通山县金融办

二、通山县金融资源需求

（一）公共部门对金融资源的需求状况

通山县的公共部门主要指的是通山县政府。虽然通山县 GDP 增速较快，但由于基数小，使通山县经济总量不足，财力薄弱。2001 年至 2011 年，通山县财政缺口不断扩大，由 1.1 亿元扩大到 12.3 亿元，财政收支连续出现资金缺口，说明随着通山县经济的不断发展，通山县公共部门对金融资源的需求日益扩大。

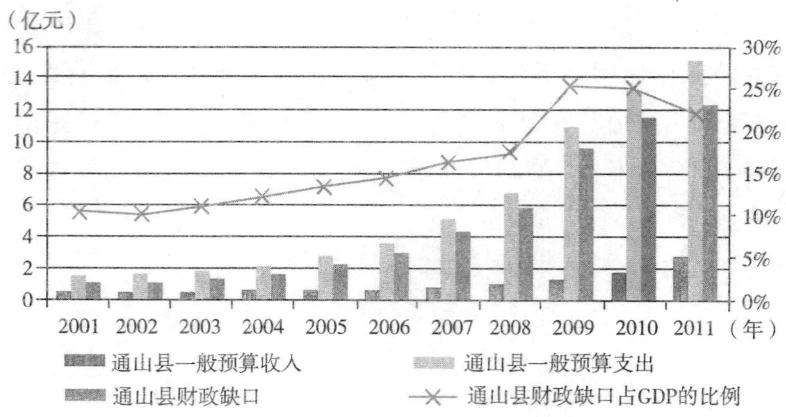

图 8.11　通山县财政状况

数据来源：通山县 2001 ~ 2011 年统计公报

（二）企业部门对金融资源的需求状况

近年来，通山县中小企业快速发展，并出现了一批基础好、发展势头强劲、效益可观的典型企业。通山县企业部门对金融资源的需求主要涉及石材、旅游以及农业产业方面。

在石材产业方面，2007 年通山石材产业实现工业总产值 5 亿多元，占全县工业总产值的 25%，占全县税收的 19%，石材产业已经成为通山的区域性特色产业和优势产业，随着通山县石材产业不断的产业化和集群化，石材产业对金融资源的需求将不断增加；在旅游业方面，通山县 2010 年实现旅游综合收入 7.7 亿元，占全县地方生产总值的 17%，为全省旅游发展先进县和湖北省旅游强县，旅游产业的快速发展也将会产生相应的资金需求；在农业产业化方面，通山县已拥有省级农业产业化龙头企业 2 家，市级 18 家，规模以上农产品加工企业 75 家，2007 年年产值达 2.5 亿元，目前通山县正在规划建设农产品储藏保鲜、深加工、贸易流通一体化的农产品物流中心等，这都将带动对金融资源的需求。

（三）家户部门对金融资源的需求状况

2011 年，通山县个人消费贷款 53643 万元，比年初增加 17076 万元。个人消费贷款的增加，说明家户部门对金融资源的需求也日益增加。近年来，通山县旅游产业链的延伸促使农村传统服务业向现代服务业转变。通山县充分利用广大农村生态良好、宜居宜游的功能，实施以“景区景点 + 乡村文化 + 农家乐”为主要内容的乡村旅游工程，不断加快农村服务业由传统的餐饮、零售向星级农家乐、综合服务社等现代服务业转变。在此背景下，通山县农民也由传统的农业种植不断转向开办农家乐、农家旅馆等旅游配套服务项目。目前，通山县的农家乐已有 255 家，农家旅馆已有 186 户。随着通山县旅游业的不断发展，配套服务业也将会加速发展，带动着农户对资金的需求逐步提高。

三、通山县金融资源的优化配置

(一)供给总量增加

通山县经济金融资源配置的第一步便是资金总量的增加,只有把蛋糕做大才有分的可能性。而通山县目前的主要问题是资金总量不足,蛋糕才做了一半,当然没有办法合理地分配,只能先将蛋糕分配给最需要的产业(农业)。总量的增加主要分为内源性的增加和外源性的增加两个方面,内源性的增加主要是减少金融资源的外流,其措施包括堵住邮政储蓄这一大"漏管"、放宽国有商业银行的放贷政策、成立担保公司及小贷公司加速县域内资金的流动等。外源性增加主要是吸引县外资金流入本县,其措施包括加强基础设施建设,优化通山县投资环境、通山县政府出台招商引资优惠政策等。

(二)行业间配置

在通山县金融资源供给总量增加的前提下,确保资金供给的产业结构与三大产业的产值相适应。在农业方面,应加强金融产品的创新,在满足农户及农业产业的多样化金融产品需求的同时适度减少对农业产业的资金支持力度;在工业方面,应将主要资金集中于石材企业的集群化及产业化升级,打造通山县石材产业基地,吸引更多的县外企业投资于通山县石材,从而形成石材生产的规模化基地;在旅游业方面,应将资金集中于精品经典的开发,打造通山县独具特色的旅游,同时也应加强旅游配套设施的建设,如酒店、餐饮等,使通山县的旅游接待能力逐步提高。

(三)部门间配置

一方面,通山县政府要"开源节流",缓解其严重的财政缺口,其措施主要包括使用县外资金而非政府支出的方式减少政府支出、减少上划收入等,但是最为关键的是增加通山县政府自身的收入;另一方面,通山县金融资源对企业部门的配置现状不能满足其发展的需要,因此应加强对企业部门的资金配置,特别是中小企业,化解中小企业的贷款难问题;除此以外,家户部门的资金需求目前基本可以得到满足，但需要加强金融创新，满足家户对不同金融产品的需求。

第四节　县域金融风险管理体系

一、风险识别

通山县的金融风险主要从公共部门、金融部门、企业部门以及家户部门四个方面进行识别。

（一）公共部门

通山县政府的主要风险为财力薄弱。财政缺口不断扩大。2001 年至 2011 年，通山县财政缺口由 1.1 亿元扩大到 12.3 亿元，而且通山县财政缺口占 GDP 的比重也在不断增加，在 2009 年全县财政缺口占 GDP 的比重达到最高值 25.45%。通山县政府的财政缺口不断扩大，主要是财政预算收入总量太少，增速过慢，财政预算支出总量太大，增速过快所致。在总量上，一方面，通山县处于经济发展的起步阶段，企业也处于成长过程中，缺乏较大规模的企业导致了通山县一般预算收入不足；另一方面，通山县政府需投入大量资金进行基础设施建设与“三农”建设，这也导致了超量的一般预算支出。在增速上，如图 8.12 所示，自 2002 年开始，通山县财政已呈现出较大的缺口，一般预算收入为 0.5 亿元，一般预算支出为 1.6 亿元。但是，在 2002 年至 2009 年的 7 年内，通山县一般预算收入的增速明显低于一般预算支出的增速，且在大多数年份内，一般预算收入的增速低于通山县 GDP 的增速，而一般预算支出的增速要大于通山县 GDP 的增速，预算收入的增速慢于预算支出的增速，使得通山县财政缺口不仅没有得到遏制，反而继续扩大。这种情况在 2010 年出现好转，自 2010 年以后，通山县预算收入的增速超过了预算支出的增速，且财政缺口占 GDP 的比重也较 2009 年有所下降。但由于通山县一般预算收入的总量太少，财政缺口的绝对值仍在不断扩大。

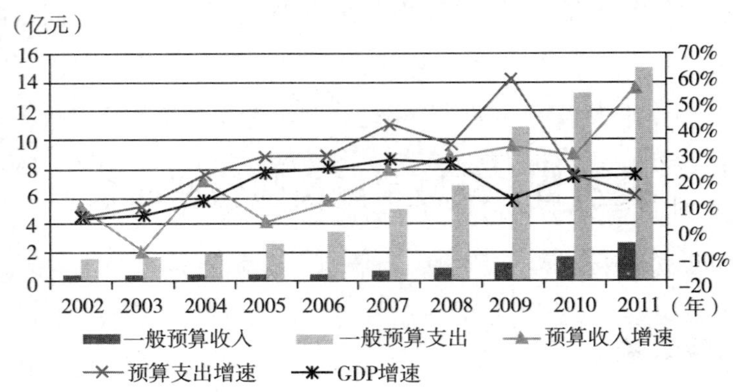

图 8.12　通山县财政收支增速与 GDP 增速对比图

数据来源:通山县 2001～2011 年统计公报

（二）金融部门

目前,通山县的金融机构种类比较单一,主要是银行及保险公司。其他金融机构诸如证券公司、期货公司以及融资租赁公司等均还未在通山县设立分支机构。对于银行类金融机构来说,国有商业银行如工行、中行、建行对通山县的贷款策略比较保守,着重于对贷款风险的控制;而农村信用社则盲目追求资产规模扩张,对放贷对象的审核和控制较为放松,存较大的坏账风险。对于非银行类金融机构来说,通山县目前已有保险公司 11 家,其市场容量几近饱和,但是各打各的“牌”,从业人员良莠不齐,必然会引起行业竞争的加剧,进而破坏原有的保险市场经营规则。况且,通山县并未设立专门的保险业监管机构,人民银行进行监督管理又无依据,政府有关职能部门意欲管理,却对该行业的专业规律把握不准,难以实施有效监管。非银行类金融机构的监管真空,使市场准入无人审批,经营状况无人考究,预留电话、经营地址以及负责人变更成为常事,这样的风险隐患不可小觑。

（三）企业部门

石材产业是通山县的特色产业。近年来,由于通山县的鼓励政策,一些已有的市场企业盲目追求规模效应,过度扩张,但投资之前并未做深入细致的市场调研和市场预测;与此同时,与石材相关的中小企业也如“雨后春笋”般成立。

石材企业这种“吹气球”式的膨胀或扩张.在规模不断放大的同时,潜在风险也越积越大,一旦政策调整、市场变化、投资经营出现失误,紧绷的资金链断裂,整个企业就面临崩溃,金融机构贷款和在社会上大量的融资无法归还,企业风险直接转化为金融风险,严重者将引发金融机构支付危机。另外,通山县过度依赖于石材产业发展带动其经济发展,会造成经济结构过于单一,不利于风险的分散,若石材产业出现危机,则通山县的经济金融都将面临危机。

(四)家户部门

通山县是个集“老、库、山、穷”于一体的省级重点贫困县。“十一五”以来,该县大力加强三农及基础设施建设,整合各类扶贫资金扶持4.03万低收入人口摆脱贫困,帮助1.8万极端贫困人口解决温饱。2009年,全县农村人均纯收入达到3141元,重点乡镇贫困村人均纯收入2629元,分别比2005年同期增长1222元和1312元,增长率分别达63.7%和99.6%。尽管通山县农业产值不断增加,农村人均收入不断增长,但从绝对额来说,通山县的人均收入仍处于咸宁市的最低端,且城乡差距不断扩大。2001~2008年咸宁市农民收入存在不平衡,地区间收入差距较大且在不断拉大。赤壁市的农民年人均纯收入在各县市中最高,排在咸宁各县市第1位,而通山县的农民年人均纯收入在各县市中最低,排在咸宁各县市最后。

二、风险管理

(一)“开源节流”缩小财政缺口

一方面,在不增加税负的前提下,调整通山县政府的上划比例,也可通过增加转移支付力度的方式增加地方政府的财力;另一方面,广开财源,积极扶持和引导石材产业的健康可持续发展,对于各种应缴税款做到应收尽收。除此以外,还可以进行“费改税”,在对现有的政府收费进行清理整顿的基础上,用税收取代一些具有税收特征的收费,通过进一步深化财税体制改革,初步建立起以税收为主,少量的、必要的政府收费为辅的政府收入体制。

（二）加强对经济金融运行的监测

要充分发挥通山县基层各行职能部门现有的统计系统、账户管理系统、支付交易系统等的作用，建立起科学的监测监控指标体系，拓宽信息搜集渠道，拓展金融统计范围，全面掌握各行的资本充足状况、资产质量、管理水平、收益状况及资产流动性水平等，从而为辖内系统性金融风险监测提供准确信息。同时，不断完善、充实企业信用信息基础数据库系统，对当地主要企业经营状况了如指掌，重点关注扩张速度超常的企业，对某些行业要建立专门的监测制度。定期分析其经营和融资情况，发现异常后，在进一步调查落实的基础上，向有关部门发出预警通告。切实发挥央行窗口指导作用，定期召开金融运行分析例会。利用企业信用信息基础数据库系统提供的贷款资料，向金融机构通报企业贷款情况，对出现贷款集中投向某一企业的现象，应及时预警和引导。

（三）采取有效措施化解金融风险

对已暴露出的各类风险，相关部门应采取切实有效的措施，逐一、稳妥地予以化解，切不可让单一风险逐步扩散形成系统性金融风险，在金融机构之间进行传染。对银行违规操作问题应加强内部管理，完善内控机制，严肃责任追究制度，严防道德风险和操作风险。对县域保险机构应尽快由保监部门进行规范、整顿，包括经营发展的各个方面，真正还保险市场以本来面目。对行业竞争手段不当问题，可采取向行业组织通报情况，促使行业协会充分发挥管理、协调和监督的职能作用，并制定和实施相应政策，避免行业的恶性竞争，把风险隐患消除在萌芽状态。

（四）采取有效措施促进农民增收

一方面，依托资源，大力推动通山农村第二、第三产业加快发展。加快发展农村工业。依托通山丰富的竹木、大理石等资源，开发适应消费时尚的特色旅游产品，形成小商品，大产业，拓宽农民生产经营渠道，支持有条件的村民与外来投资者合作兴建农庄，扶持农民参与开发旅游产品生产。另一方面，发展特色农业，发展优质农产品，发展高效经济作物，优化农畜产品结构，稳步推进工业原料林基地建设，培育一批特色鲜明、类型多样、竞争力强的专业村和专业乡镇,形成规模优势和品牌优势。除此之外,还需加强政策引导,健全完善农户与企业的利益联结机制,改善农民的收入结构,切实做到促进农民收入的增加。

第五节　县域金融政策保障体系

加强金融对县域经济发展支持,就是要针对当前县域金融发展中存在的组织机构单一、金融资源外流、信贷资金投入不足、金融服务水平不高等问题,采取切实有效的措施,全方位促进县域金融的发展进而支持县域经济的发展。

一、重构农村金融体系,支持县域经济发展

(一)提高现有金融机构的经营效率

扩大现有的政策性银行、国有商业银行、邮政储蓄、农村信用社的经营效率,积极拓展资金来源渠道;大力拓展业务范围,健全信贷风险防控体系;加强信息系统建设,促进金融结构对于本地经济发展的支持力度。可以采用财政资金定点存放等措施对支持力度较大的金融结构予以奖励。

(二)筹建村镇银行

引导一家银行业金融机构作为主要发起人筹建通山村镇银行,帮助银行业金融机构进行组建村镇银行的可行性和必要性分析、市场前景分析,预测未来业务发展计划,政府从财政、税收等方面予以支持。

(三)鼓励股份制商业银行在通山县设立分支机构

从财政资金补助和税收补助等方面对于引进县外银行业金融机构进行引导。引进湖北银行等城市商业银行,以及其他股份制商业银行来通山设立分支机构,更好地为县域经济、新农村建设和小企业发展提供金融服务,缩小金融发展的区域性差距。

(四)建立小额贷款公司

通过健全贷款管理制度,明确贷前调查、贷时审查和贷后检查业务流程和操作规范,切实加强贷款管理。建立审慎、规范的资产分类制度和资本补充、约束机制,准确划分资产质量,充分计提呆账准备,确保资产损失准备充足率始终保持在100%以上,全面覆盖风险,及时冲销坏账,真实反映经营成果。小额贷款公司应建立健全内部控制制度和内部审计机制,提高风险识别和防范能力,对内部控制执行情况进行检查、评价,并对内部控制的薄弱环节进行纠正和完善,确保依法合规经营。充分发挥小额贷款灵活、快捷的补充作用,积极争取政策,切实贯彻落实国务院支持小型和微型企业发展的金融政策措施,努力解决社会资金需求。

(五)促进多层次的要素市场的建立

引导政府与证券公司、期货公司签订合作协议,在通山县引进证券公司和期货公司的分支机构,扩宽资金流通渠道。着手培植企业上市。选择主业突出、经济效益好、成长性强的企业,加强跟踪培植、贴身服务和重点辅导,推荐进入"湖北省省级上市后备企业名单",优选3~5家企业进入上市辅导期。聘请企业上市专家开展企业上市培训,完善企业上市相关制度,加强调度,积极解决企业上市前的困难。与武汉光谷联合产权交易所洽谈,促使发展前景较好,成长性较强,但是还未达到场内上市标准的企业实现在场外交易市场上融资。在通山县建立石材交易市场和楠竹交易市场,为本地特色资源提供规范的流通市场,吸引外地资金流入。

(六)加大对担保公司的政策支持力度

一是做强"湖北金石担保有限公司"。通过注入货币资金、划拨优质资产等方式,有效整合资产、资源、资金、资本,提高"湖北金石担保有限公司"的注册资本,增加与"湖北金石担保有限公司"进行合作的商业银行数量,扩大融资来源,促进金融支持石材行业的力度。二是成立中小企业担保公司,由县财政出资,以参股方式牵头,吸纳民间资本,整合现有担保机构的资源,成立中小企业融资担保公司。公司的性质为有限责任公司,按照"政府引导、社会参与、规范经营、市场运作”的模式，建立现代企业法人治理结构的中小企业信用担保平台，主要为通山中小企业提供融资担保。三是由县政府和各乡镇联合出资建立农业担保公司，为“农村新型合作组织 + 基金 + 成员联保”贷款、“龙头企业 + 基地农户 + 订单 + 担保”贷款、“涉农企业 + 农户 + 基金 + 成员联保”贷款、“担保公司 + 农村客户”贷款等模式进行担保。

二、进一步加强信用体系建设，优化金融生态环境

（一）努力构建良好的信用环境

开展“信用工程”创建活动，推动县域信用环境的根本改善，培育和规范多元化的信用主体，设立以信用征信、信用评价、信用自律和失信惩戒为主的企业信息系统。加大“信用乡镇”、“信用社区”创建力度，推动将信用创建纳入乡镇领导的业绩考核指标；积极组织、引导经信、商务、发改等部门配合银行机构做好A级及以上信用企业的培植工作。

（二）建立必要的联合监管机制

鉴于当前县域易出现的金融监管真空地带，政府可以通过金融办建立金融办为主体的县域金融综合监管体制，将县域银、证、保的分业监管职责集中到县级金融办，充分利用其现有监管资源对县域金融实施综合监管。赋予县级金融办综合监管职能，有效形成合力，避免多头监管，防范系统性风险，保证整个金融体系的安全稳定。对县域内金融机构建立行业协会，促进行业自律，采取沟通与合用备忘等形式整合监管资源，确保金融秩序的稳定。

（三）推进农村金融服务全覆盖

第一，降低建设运营成本，努力增加农村金融网点。相关部门要从财政补贴、税收减免、市场准入、业务审批等方面积极鼓励金融机构到农村地区设立网点，通过构建多层次的农村金融组织体系，培育适度竞争的农村金融经营主体，改变目前以农信社和邮储银行为主的现状。第二，引导金融机构建立村组金融服务联系点，解决农民不能在家门口办理金融业务的问题。建议由金融管理部

门授权，依托村组中心商店安装的POS机和转账电话，在允许其收取少量手续费的前提下，可开展小额现金存取、汇兑、缴费、残损人民币兑换等业务，以达到普及金融知识延伸银行服务窗口的目的。第三，创新涉农金融服务，制定城乡有别的收费标准。结合农村实际，不断开发适合农村需要的金融产品，重点推广转账电话、个人网上银行、家庭理财等金融产品。加快农村网点现代支付系统建设，提高资金汇划速度。针对农民消费水平低的实际，对银行收费项目进行认真梳理，制定适合农村实际、城乡有别的收费标准，为农民提供更为质优价廉的金融服务。

三、金融支持县域经济发展的具体措施

（一）加大商业银行对通山县的信贷支持力度

引导各商业银行与县政府签订合作协议或备忘录，争取信贷资金对于通山县的政策倾斜力度，重点支持石材、旅游、冶金建材、医疗器械等重点产业，加大对农业基础设施、提高每年贷款余额增长率，改变存款增速快于贷款的现状，提高存贷比。通过协调会、会商会、对接会、项目推介会等形式加强这些行业与金融机构的沟通协商，为重点行业的发展提供资金保障。规范和引导民间借贷，满足农村经济发展的多种金融需求。政府部门要为中小企业提供辅导支持，帮助其提高经营管理水平，提高盈利能力及诚信自觉性，从根本上降低银行信贷风险。

（二）创新贷款等融资业务，满足特色行业的资金需求。

第一，改变重点发展产业中单个企业规模较小，信贷能力较差的状况，由政府引导，通过组成行业协会的方式，实行联合担保机制。第二，大力发展动产、知识产权、土地经营权、林权、采矿权、股权、供应链融资、出口退税等质押贷款业务。第三，引导各金融机构积极发展授信开证、押汇、保理、融资租赁等金融业务，积极支持小微企业使用银行承兑汇票和商业承兑汇票，并简化手续、减少收费、降低融资成本。加大电子银行业务宣传，提高电子商业汇票在小微企业中的使用率。第四，创新适合中小企业需求的金融产品，拓展中小企业融资抵

押资产的范围,积极探索采用企业的无形资产、应收账款、在建工程以及项目本身抵押方式,解决中小企业抵押资产不足问题。鼓励企业采取股权融资、项目融资、租赁融资、信托融资、基金融资等其他形式实现直接融资。第五,优选、培植一批优质中小企业进入债务融资工具发行后备企业资源库,推动短期融资券、中期票据、中小企业集合票据、中小企业集合债、集合贷款信托等满足小微企业融资需求特点的创新型金融产品的运用。

(三)加大对县域农业产业化的支持力度,促进农村经济发展

第一,加大对农业的信贷支持力度。对支农信贷实行免税或财政贴息支持,引导基层商业银行的资金投向,降低商业性金融机构在农村的营业税和企业所得税,减少农村金融资源从农村地区的流失,开展农户小额信用贷款和联保贷款建立起农村政策性融资渠道,发挥政策性金融在资源配置中的作用,引导农业和农村经济结构战略性调整,促进农业增产、农村发展和农民增收,带动城乡经济协调发展。

第二,降低农村金融市场准入壁垒,增加农村金融供给主体。发展各种所有制类型的小型金融机构,特别是培育由自然人、企业法人或社团法人发起的农村社区银行、村镇银行、农村资金互助组织和小型金融担保公司,农村经济发展的资金来源。

第三,完善农业保险制度,建立多元化的农村担保体系。以政策性银行机构为主,政府出少量资金为辅,引导、培育和发展县域金融担保组织,为农户和县域中小企业直接提供担保,切实解决农户及农村个体私营经济融资担保难的问题,同时还可以对企业互助担保机构和商业担保机构提供必要的再担保,消除农民投资的后顾之忧,锁定银行贷款的风险。大力支持农民自发成立农村互助担保组织,结合农业产业化的深化,推进“协会+农户”、“合作组织+农户”、“公司+农户”、“基地+农户”等多种形式的信用合作模式,充分发挥农民专业合作组织的桥梁作用,引导龙头企业以多种形式与农户建立风险共担、利益共享的利益联结机制,弥补金融信用供给的不足。此外,应该充分发挥土地在担保方面的作用。在国家现有政策框架内,进一步完善土地使用权流转的政策、法律、法规,积极创新相应的组织形式,应积极推动土地进入农村金融领域,允许农民以自留山和自有的林木、土地经评估后投资入股设立信用担保公司,让

农民通过土地承包经营权抵押，取得中长期信贷资金投入，保障信贷资金收益，增强信贷支农的积极性。

参考文献

[1]叶永刚:《县域金融工程》,人民出版社2014年版。

[2]叶永刚、刘宇奇:《金融支持区域经济发展的路径选择》,《光明日报》2014年第5期。

[3]叶永刚:《区域金融工程理论实践及其协同创新》,《中国县域经济报》2016年第6期。

[4]石全虎:《县域金融支持县域经济发展的理论思考》,《经济社会体制比较》2009年第2期。

[5]巴曙松:《中国县域金融体系的发展和重构》,《西南金融》2010年第7期。

[6]张树勇:《县域金融服务支持小微企业的路径探究》,《财经界》2016年第11期。

[7]车文斌:《人民币“入篮”与县域金融创新》,《当代县域经济》2016年第1期。

[8]雅鑫:《县域金融“互联网+”创新对策分析》,《当代县域经济》2016年第3期。

[9]冯全民:《胡松,新常态下县域金融风险累积与防控》,《经济研究导刊》2016年第6期。

[10]李中华:《县域金融扶贫需多策并举》,《中国金融》2016年第8期。

第九章　市域金融工程研究——黄冈市

市域经济作为工业经济与农业经济的交汇点，是宏观调控与微观管理的衔接处，也是拉动消费、启动内需的切入点，在县域经济和整个国民经济中起着承上启下的桥梁作用。

第一节　研究背景与意义

一、全国市域经济发展迅速

市域经济发展非常重要，如今中国面临着经济发展下行的压力，我们亟须跳出原来的思想桎梏，找到新的思路、新的方法来破解当前的困境。随着市域金融工程计划的实施与开展，我国市域经济和市域产业发展得到很大提高，通过将政府的有形之手与市场的无形之手有效结合，政府利用有形之手引导资源使用，市场发挥其配置功能提高活力，经济资源配置效率有所提升。近年来，湖北省大力推行县（市）域金融工程实施，已有数县通过县域金融工程走出贫困县的困境，小微企业不再面临融资难、融资贵的难题，通过金融政策、金融手段的改变，激发县域经济成长动能，形成了具有地域特色和功能完备的区域经济体。不仅如此，中国的市域经济也已经进入快速发展的新阶段，市域经济保持平稳较快增长，经济运行稳中有进、稳中向好、质效同步。市域经济的稳步提升对城市建设、产业转型、三农发展起到了重要作用，同时也对国民经济平稳较快发展做出很大贡献。新“国九条”出台，明确了将加快完善现代市场体系、拓宽企业和居民投融资渠道、优化资源配置、促进经济发展转型升级。市域经济的发展对于我国的经济发展起着至关重要的作用。

二、湖北省市域经济质效亟待提升

市域经济作为工业经济与农业经济的交汇点,是宏观调控与微观管理的衔接处,也是拉动消费、启动内需的切入点,在区域经济和整个国民经济中起着承上启下的桥梁作用。然而,湖北省市域经济的发展仍然相对落后:根据2015年全国城市经济排名,浙江省、江苏省、广东省、山东省仍占据着榜单的半壁江山,而湖北省仅有武汉市、宜昌市、襄阳市入选。我国各省市的发展历程表明,凡是经济实力迅速提升、持续较快发展的地区,其市域经济都扮演了极为重要的角色,省域经济之间的差距,深层次是市域经济的差距。湖北省作为我国中部区域的重要支撑,在中部崛起战略中具有举足轻重的作用,湖北省应加大对于市域经济的重视程度,努力提升市域经济的发展。

三、黄冈市经济发展面临机遇

"十三五"乃至更长一个时期,是黄冈市城镇化加快推进、产业结构优化升级、基础设施完善提高以及城乡居民生活质量和水平全面提升的关键时期。综合分析国际国内形势和国家宏观政策取向,未来一个时期黄冈面临着中部崛起战略和"两型"社会综合配套改革试验叠加、武汉城市圈建设和长江经济带开放开发叠加、老区扶贫政策和西部开发政策叠加"三大叠加"的战略机遇,特别是湖北省委已将推进大别山革命老区经济社会发展试验区上升为全省战略,并积极争取纳入国家战略。这些政策措施将为黄冈市谋划和推进重大项目建设带来大好机遇。

第二节　市域金融工程研究体系

一、市域经济发展战略

市域金融工程发展战略将以市域为基本区域,整合市内既有金融资源并吸引市外资金,通过健全完善的金融体系、大力推进外部金融发展环境建设,促进

市域金融业全面、健康、高速的发展。市域金融工程发展战略将以推动金融业的发展为初级目标、以金融支持中小微企业、金融优化产业升级、金融推进城市建设以及金融助推特色经济为途径，实现金融服务实体经济的终极目标。

总体设计思路主要从金融机构、金融市场以及金融生态环境三方面着手，其中，金融机构将遵循结构调整、数量扩充、业务拓展三条主要路径实现优化；金融市场将主要通过缺位市场的构建实现市场的补充与完善；金融生态环境主要通过加强信用观念、完善监管体系设置、推进金融法律法规更新实现改善。

（一）引入机构，拓展市场

从金融机构角度而言，在黄冈市原有的银行业为主的基础上，鼓励设立和引入多样化金融机构，如小额贷款公司、租赁公司等民间金融机构和针对黄冈市产业特色的专业型金融机构。对于银行业金融机构，可引入规模更大、辐射范围更广、服务品质更高的区域性总部金融机构，在提升金融机构数量的同时提升质量、品质和影响力。在发展中资金融机构的同时，引入外资及合资金融机构，借助境外资金发展黄冈市内的金融机构及市场。总体而言，黄冈市将通过外部引入和内部提升两条途径发展和完善多类型、多层次的金融机构，建立一个有机联系的金融机构体系。

从金融市场角度而言，构建并完善黄冈市多层次的金融市场，包括多层次的资本市场、多层次的货币市场、金融要素市场以及民间金融市场等，此外，还应新建如大宗农产品市场、医药市场、服装市场等交易市场，推进交易市场的建设和完善，扩大黄冈市金融市场的辐射能力，加强市场对于资源的调配作用。

（二）金融与实体经济相互促进

黄冈市大别山金融工程规划应以金融与实体经济相互促进为宗旨，具体包括以下两个方面：

一方面，黄冈市应着力于壮大实体经济，为金融业的发展培育土壤。实体经济是金融业发展的基础，只有拥有成熟的市场体系和市场主体，才能产生对于金融业务和金融产品的需求，进而推动金融业的发展。因此，应在黄冈市大别山金融工程实施的初期,着力于企业的扶持和产业的壮大,通过引导一批具有发展前景的企业做大做强,以龙头企业的形式带动产业提升,从而为金融业发展培育更为良好的环境。

另一方面,当黄冈市实体经济发展到一定规模时,应以金融业为依托,以金融工程为手段,发挥金融对黄冈市农业、服装纺织产业、医药化工产业和旅游产业等产业的支撑作用,促进实体经济发展。通过完善金融机构及金融市场,根据黄冈市各产业特色,为其度身定制结合实际且有地方特色和产业特色的金融服务。扩大直接融资的同时,拓宽间接融资渠道,通过注入资金和流动性支持黄冈市内主导产业的技术创新、管理创新、人才培养,最终实现产业的做大做强和产业的转型升级。响应国家政策的号召,重视实体经济的发展,运用金融工程方法推动黄冈市实体经济产业更上一层楼,从而使实体经济取得更大的经济效益与社会效益。

(三)控制风险、促进发展

在黄冈市大别山金融工程建设的过程中,应设计一套创新的金融业管理体系,履行金融业发展规划的职能以及金融监管职能。地方政府应积极参与到金融管理的创新中来,突破以往地方政府无作为的模式,以金融办或新设金融业发展和管理委员会为核心,同时集结发改局、城建、国资委等相关单位的力量,一同承担对黄冈市金融业发展总体规划的职能和全面监管的职能。以金融办为核心的职能部门将统领黄冈市金融业发展的全局,把握国家相关政策契机、整合政府资源、营造黄冈市内良好的金融生态环境,帮助黄冈市金融业按照既定发展目标和方向实现健康、安全的跨越式发展。

二、市域金融资源配置现状

近年来,在国内外日趋复杂的经济社会发展环境下,黄冈市着力于稳增长、调结构、抓改革、惠民生等各项工作,经济发展取得了一定成效。如图 9.1 所示,黄冈市 2012 年共实现地区生产总值 1192.88 亿元,继 2011 年迈入千亿元大关后进一步保持增长,接近 2008 年 GDP 水平的两倍;2013 年,黄冈市实现 GDP 达 1332.6 亿元,增速达 10.5%,高于湖北省平均水平 0.4 个百分点。

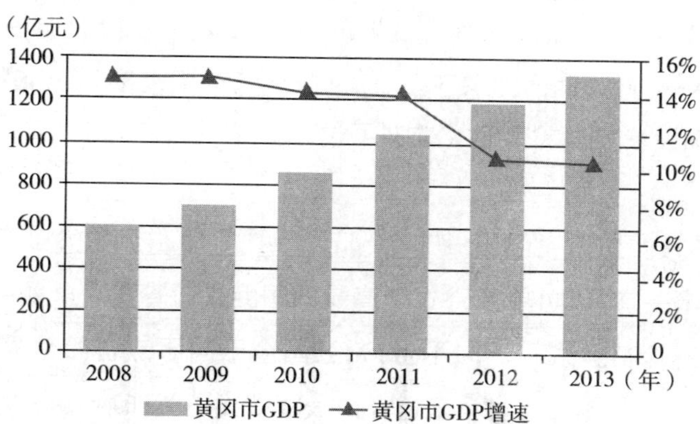

图 9.1　2008～2013 年黄冈市 GDP 及 GDP 增速

数据来源：黄冈市 2008～2013 年统计公报

2013 年，黄冈市实现一般预算收入 79.78 亿元，增长 27.1%，其中税收收入达 53.02 亿元，同比增长 12.58 亿元；一般预算支出达 271.95 亿元，增长 21.7%，其中对于教育、社会保障和就业、医疗卫生等项目的支出增长较快。如图 9.2 所示，从预算收支结构上来看，黄冈市 2013 年一般预算缺口达 300.8 亿元，一般预算缺口增速由 2009 年的 57.16% 逐渐下降至 2013 年的 5.64%，缺口增速有所放缓但仍处于较高水平。

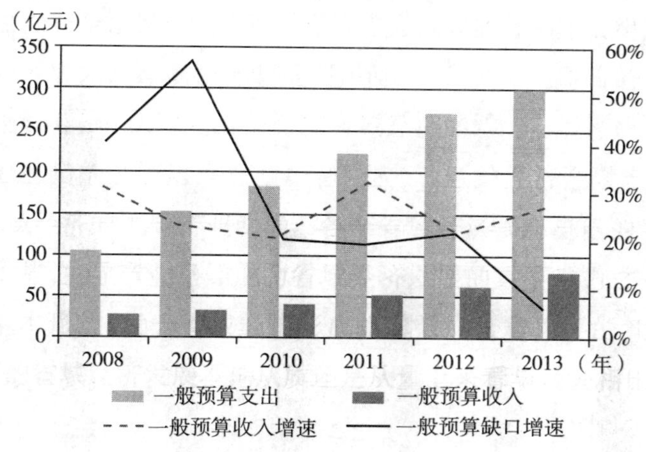

图 9.2　2008～2013 年黄冈市一般预算收支情况

数据来源：黄冈市 2008～2013 年统计公报

2012 年，黄冈市城乡居民收入稳定增长，生活质量不断提高。全年城镇居民人均可支配收入 16765 元，增长 13.81%；农民人均纯收入 6141.91 元，增长

12.94%；2013年，黄冈市城镇居民人均可支配收入与农村居民纯收入分别为18432元和6966元，如图9.3所示。但同湖北省平均水平相比，黄冈市城镇居民人均收入和农村居民人均收入均处于相对较低的水平。

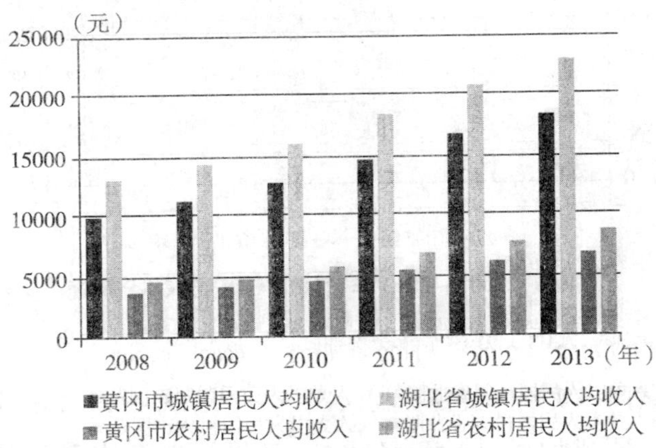

图9.3 2008～2013年黄冈市城镇、农村居民人均收入情况

数据来源：黄冈市2008～2013年统计公报

2012年，黄冈市银行业金融机构存款余额达1434.4亿元，而贷款余额为554.8亿元，存贷比为38.68%；2013年，黄冈市银行业金融机构存贷规模分别为1719.43亿元和654.21亿元，银行业金融机构存贷比自2009年来一直处于下降趋势，如图9.4所示。

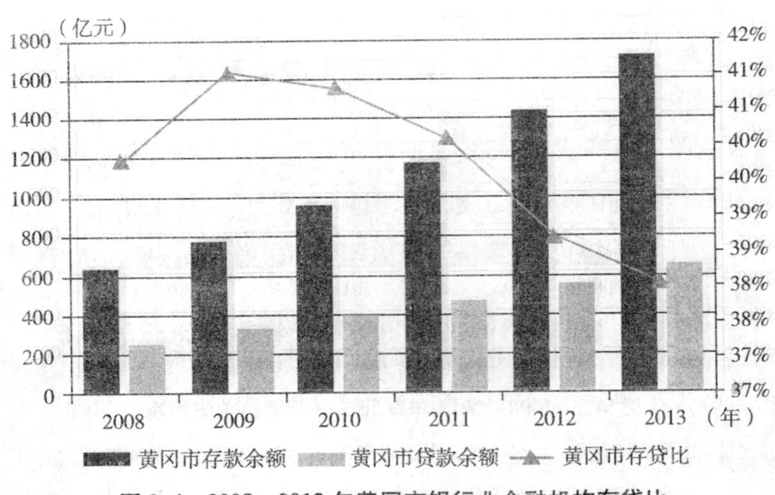

图9.4 2008～2013年黄冈市银行业金融机构存贷比

数据来源：黄冈市2008～2013年统计公报

另外,黄冈市市本级则保持着较好的增长势头。2012 年,黄州区抢抓武汉城市圈"两型"社会综改区和大别山试验区建设的重大机遇,大力实施"一港三区"战略,着力开展"重大项目建设年"活动,奋力推进市域发展中心城建设,经济呈现出增长速度快,产业结构合理的良好格局,全区经济总量增长较快,GDP 达到 140.31 亿元,同比增长 25.90%,远远高于湖北省平均增长速度。

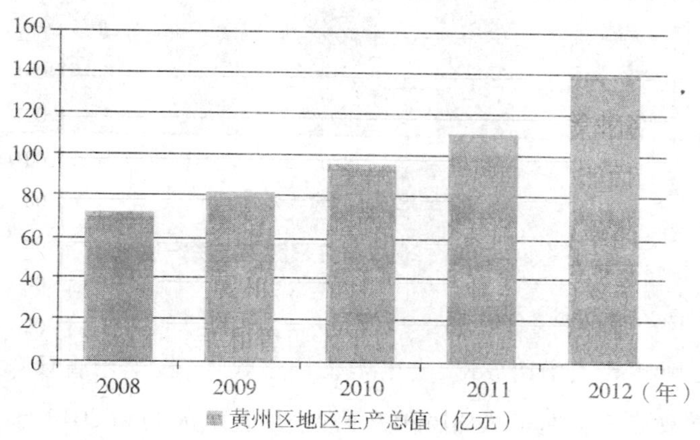

图 9.5　2008～2012 年黄州区 GDP

数据来源:黄冈市 2008～2012 年统计公报

黄州区固定资产投资平稳增长,大项目支撑作用明显。2012 年完成全社会固定资产投资额 139.97 亿元,较去年增长 34.44%,这主要得益于 3000 万元以上重点项目的支撑。上半年,全区在建计划投资 3000 万元以上项目 21 个,同比增加 6 个,其中亿元项目 8 个,同比增加 2 个。新入库项目 12 个,其中 3000 万以上项目 6 个,亿元以上项目 2 个,社会发展动力明显增强。

此外,黄州区的财政收入自 2008 年至 2012 年呈现出较为平缓的增长态势,2012 年增长率为 29.85%,虽然保持了两位数的增长态势,但影响财政增收的不确定因素还是较多,一是经济形势总体趋紧,部分行业市场疲软,产品滞销、积压,造成企业经营困难,影响税收征收,二是政策性减税影响大,随着国家房地产调控政策继续施行,全国各大中城市楼市成交日渐低迷。同时,财政支出在 2012 年时突然出现了大幅度的增长,增长率达到了 347.52%,造成该现象的主要原因是黄州区园区和重大项目建设、一般预算支出、政府性基金、社会基金、民生工程实施等方面的刚性支出需求不断加大,致使财政支出呈大幅增长

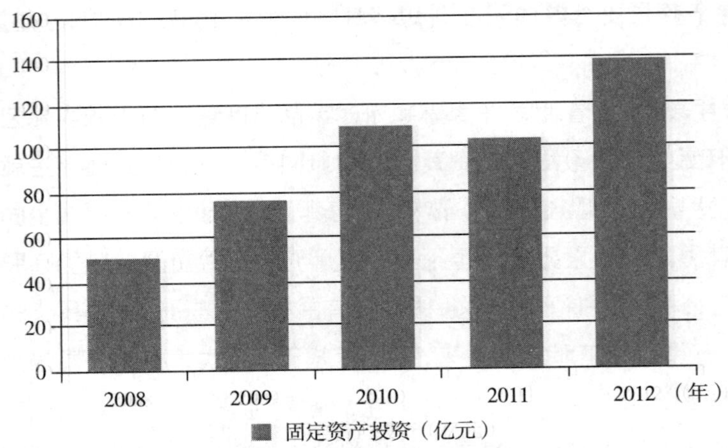

图 9.6　2008～2012 年黄州区固定资产投资

数据来源：黄冈市 2008～2012 年统计公报

之势。总之，财政收入增速放慢，支出增长快于收入，收支矛盾日益突出。2012 年，黄州区财政缺口迅速扩大，由 2008 年的 3 亿元扩大到 2012 年的 35.55 亿元，财政缺口占 GDP 的比重已经达到了 25.34%，较 2011 年的 3.78% 而言，增长规模尤为显著。黄州区财政收支连续出现资金缺口，且资金缺口占 GDP 的比重不断增大的事实表明，政府的财政支出与政府投资是拉动黄州区经济增长的主要动力，但随着时间的延长，这种内生性的增长效应会逐渐弱化，黄州区政府亟须通过招商引资或税收政策引导等方式吸引区县外资金，从而促进经济的发展。

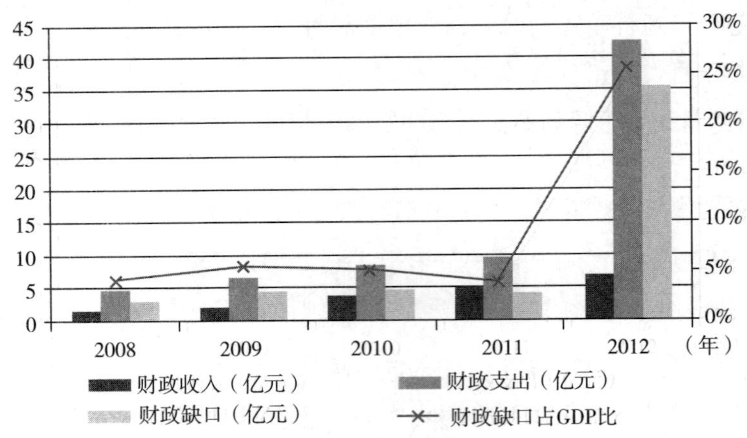

图 9.7　2008～2012 年黄州区财政收支情况

数据来源：黄冈市 2008～2012 年统计公报

黄州区金融业发展在黄冈市处于前列。截至2012年12月，全区金融机构人民币各项存款余额226.37亿元，比年初增加51.67亿元，增长22.83%；全区金融机构贷款余额为104.81亿元，比年初增加15.08亿元，增长14.39%。2012年黄州区贷款余额的增长速度赶不上存款余额的增长速度，存贷比为46.30%，如图9.8所示，低于湖北省平均水平，除去存款准备金上交外，存贷差约为76.29亿元，说明有76.29亿元的资金流出了区县外，资金外流现象较为严重，这一点在很大程度上制约了本区域的经济发展。

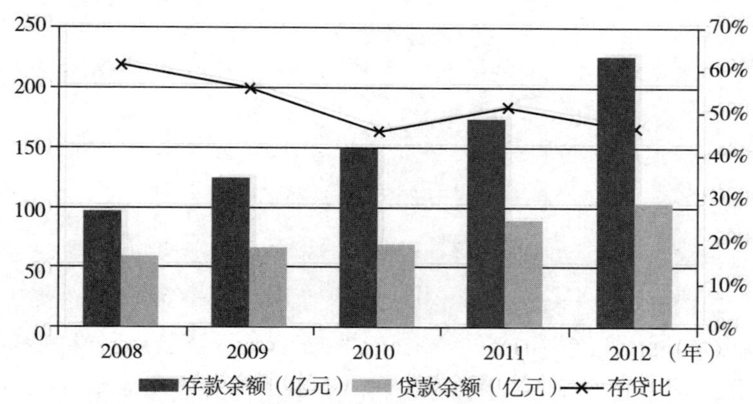

图9.8　2008～2012年黄州区金融机构存贷情况

数据来源：黄冈市2008～2012年统计公报

三、市域资源配置中面临的主要问题

（一）经济实力有待提升

黄冈市经济实力还有待提升。2013年，黄冈市地区生产总值实现1332.6亿元，在湖北省各市中名列第五，仅次于武汉、宜昌、襄阳和荆州，处于第三梯队，其规模相对于领先市区较小，在产业提升和金融发展方面处于相对不利的位置。

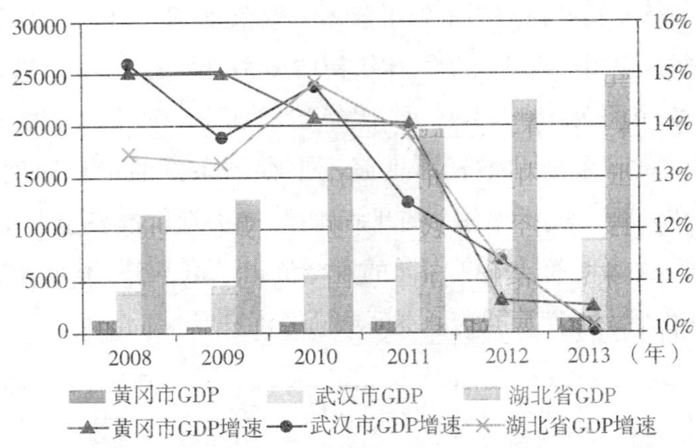

图 9.9　2008～2013 年黄冈市、武汉市、湖北省 GDP 指标

数据来源：黄冈市、武汉市、湖北省 2008～2013 年统计公报

（二）产业结构有待优化

黄冈市不仅经济规模在湖北省相对不高，其产业结构也有待优化。一方面，黄冈市自 2008 年以来 GDP 增速表现出不断下降趋势，已经落后于全省平均水平；另一方面，黄冈市三次产业结构同其他市区相比还有待优化，并存在产业不大、产业不强等问题，缺乏一批具有发展前景和领导能力的龙头企业，经济增长后劲相对不足。在经济发展新常态下，经济正从高速增长转向中高速增长，发展方式正从规模速度型粗放增长转向质量效率型集约增长。黄冈市在培育新兴产业的同时，也应加快传统主导产业的转型升级，使其适应经济发展的新形势。而产业的转型升级离不开金融手段的支持，黄冈市在这方面仍需加强，将资本和金融工具作为一种生产资料投入到产业生产，发挥金融资源的杠杆作用和带动作用，在控制风险的前提下实现产业价值的增值，推动产业的跨越式发展。

（三）城乡发展失衡

黄冈市还面临城乡及区域发展失衡的问题。2012 年，黄冈市城镇居民人均可支配收入为 16765 元，增长 13.81%，农村人均纯收入 6142 元，增长 12.94%，城镇居民收入水平增长速度与农村居民相比仍较快。2008 年，城镇居民人均可支配收入为农村人均纯收入的2.66倍,2012年时提高到2.73倍,城乡居民收入差距进一步扩大。

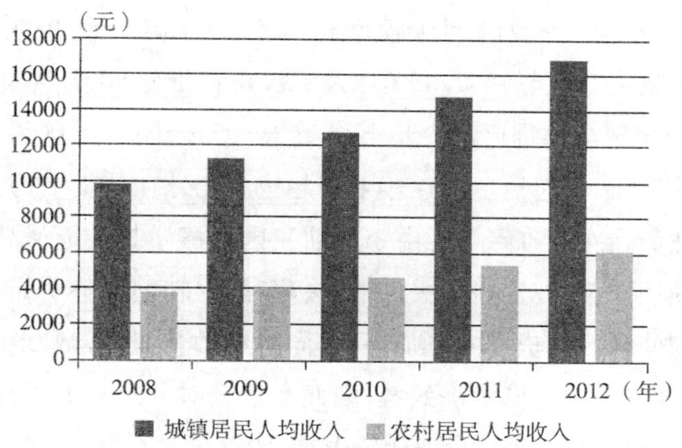

图9.10　2008~2012年黄冈市城镇、农村居民人均收入

数据来源:黄冈市2008~2012年统计公报

同时,黄冈市区域经济发展也严重失衡。2012年,黄州区人均GDP达38034元,排名黄冈市第一,而末位的黄梅县为15375元,仅为黄州区的40.4%,远低于全市平均水平,区域间收入差距显著。红安、罗田、英山、浠水及蕲春五县共占全市面积的55.68%和全市人口的50.47%,但其GDP仅占全市44.66%,区域间经济发展差异明显。

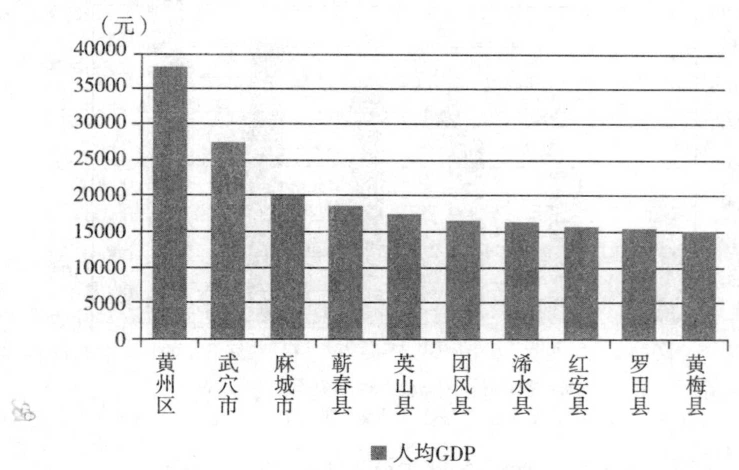

图9.11　2012年黄冈市各区县人均GDP

数据来源:黄冈市2012年统计公报

(四)金融资源利用程度低

黄冈市对于金融资源的利用程度相对不足。2012 年,黄冈市存贷比为 38.68%,同湖北省平均水平 67.35% 以及武汉市存贷比 88.15% 相比存在较大差距;2013 年,黄冈市存贷比进一步下降为 38.05%,同时注意到,黄冈市金融机构存贷比从 2009 年起呈现出逐年下降趋势。此外在信贷结构方面:一是中小微企业仍然面临融资难问题。由于目前我国经济增长逐渐从高速增长进入平稳增长的换挡期,积极发展的去产能、去库存、促转型态势明显,银行信用风险的不断暴露使各行信贷投向更加谨慎,同时小微企业经营管理不规范,财务不透明,信贷业务不具规模经济效益,因此在信贷对象选择上银行仍然偏好于大型企业和重点项目,中小微企业融资困难,融资渠道不活;二是农村金融服务仍需加强。黄冈市乡镇和"三农"金融服务仍处于薄弱环节,金融发展中的城乡结构、区域结构不协调问题比较突出。农村产权抵押困难。农村企业、农村合作社和农户在向银行融资时,并不缺少可抵押的产权,如土地经济权、民房、林权等,但是这些产权基本上没有得到确权,所以并不被银行认可,从而导致产生农村经济主体贷款难的问题。

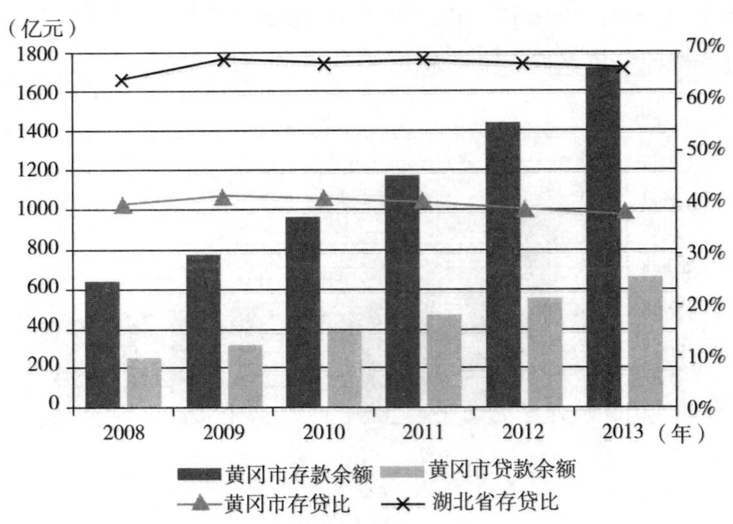

图 9.12　2008～2013 年黄冈市与湖北省存贷比

数据来源:黄冈市、湖北省 2008～2013 年统计公报

(五)金融集聚效应较弱

金融是现代经济活动的核心,其通过配置资源引导各种生产要素有机流动,并以其强大的辐射带动能力引领带动其他产业的发展,进而促进经济结构的合理化和地区经济的快速发展。其中,金融中心则是金融产业集聚效应的最优体现,对区域经济金融发展有巨大的推动作用。金融中心集聚效应与辐射效应,都会促进经济金融的发展。缺乏对于金融中心功能的了解,建设金融中心的进程较慢,将会错失金融高速发展的先机。

四、市域金融工程发展原则

通过市域金融工程的实施,不断完善黄冈市地方金融体系建设,促进资源要素的合理配置,达到区域金融资源供给与需求的动态平衡,进而有效推动黄冈市地方经济、金融的可持续发展。

(一)服务实体经济

黄冈市市域金融工程规划的初期目的是推动黄冈市金融机构与体系的健全与发展,但发展金融的本意在于为实体经济服务。因此,黄冈市金融工程整体设计不能一味追求金融机构数量上的扩充、交易品种的复杂、交易量的上涨。而要本着金融服务实体经济的基本原则,切实解决投融资难题,将推动金融业作为服务企业、产业的手段,使虚拟的金融最终起到服务实体经济的作用。

(二)发挥特色优势

市域经济的发展要着眼特色,要以其独特的交通区位、自然资源、文化底蕴以及政策环境为依托来完成重点项目的开发、优势产业的打造以及知名品牌的创建。充分利用当地的比较优势,走出市域差异化发展道路。

(三)有效控制风险

受国外经济金融环境变动、国内经济发展变动以及金融机构自身管理存在问题的影响,金融业发展总是伴随着较高风险。在发展金融业的进程中,可能面临的风险多种多样。例如,国际经济时局变动引起的利率、汇率变动风险;金融机构内部风险控制体系缺失或不完善带来的管理风险;金融信用观念淡薄导致的信用风险;产品设计缺陷导致的交易风险;以及人事变动风险、政策法规风险、流动性风险等。因此,制定市域金融工程规划时,需要本着有效控制风险的原则,设计适用于黄冈市金融发展的金融监管体系及制度,以此达到有效控制金融风险的目的。

五、市域金融工程发展目标

(一)总体目标

在未来三到五年内,黄冈市市域金融工程的实施将从金融机构体系和金融市场体系两个角度,着力提升黄冈市金融业发展水平;并以金融业为依托,发挥金融工程对黄冈市主导产业的支撑作用,通过企业上市、发展壮大产业链增加产出;通过金融创新工程,缓解中小企业和农户融资难、融资贵的问题;通过建立金融市场对冲市场风险,逐步将黄冈市打造成中部金融中心核心区,从而成为推动湖北省金融发展的最强金融增长极;扩大辐射半径,带动大别山地区产业发展,延伸完善黄冈市主导产业链,建设多层次金融要素市场,将黄冈市建设成中国大别山金融工程示范基地;围绕农业生产、初加工、深加工、新产品开发,在促进农村土地流转的基础上实现农业适度规模经营,形成农业生产新模式,实现大别山扶贫从“输血”到“造血”的转变,最终实现经济的跨越式发展。

(二)分期目标

1. 短期目标

金融方面:优化金融生态环境,加快引进金融机构,加快金融服务创新。

企业方面:企业挂牌上市,经营管理规范,盈利能力上升,形成优良企业文化。

2. 中期目标

金融方面:建设金融机构完善,金融市场活跃,金融功能完备的金融体系。建成区域性金融中心和钢铁产品交易中心等多层次要素市场。

经济方面:经济总量增加,产业规模扩张,生产风险减少。

社会方面:城市环境改善,人民收入增加,生活水平提高。

3. 长期目标

结合金融支持主导产业发展、金融支持人才引进和金融风险管理体系,联合市外金融资源共同推动黄冈经济发展。

简单地说,黄冈市市域金融工程的短期目标是通过金融创新增加黄冈市的产出;中期目标是通过整合资源和要素市场对冲市场风险,稳定收益;长期目标是增加收入来源,为经济发展提供资金支持。

第三节　市域金融资源支持体系

一、市域金融资源的界定

"金融是一种资源,是一种稀缺性资源,是一国最基本的战略资源。"金融资源是整个国家经济发展中不可或缺的一部分,起着全局性的决定作用。

关于市域层面的金融资源,主要从狭义和广义两个方面进行界定。从狭义上讲,运用资产负债表理论,金融资源主要是指能以货币计价的、对经济发展有重要影响的金融资产和金融负债,大体上包括来自政府的金融资源、金融部门的金融资源、非金融部门的金融资源和民间的金融资源;从广义上说,金融资源即金融体系或金融生态,包括服务于货币和货币资本交易的经济资源、金融环境、金融制度、金融机构、金融工具等。

二、市域金融资源配置研究

黄冈市大别山金融工程的实施是一项长期而复杂的工程,需要对多方面的工作进行系统和科学的规划。目前,黄冈市经济金融发展基础相对薄弱,需要本着由近及远、由简到难的原则,逐步推进黄冈市大别山金融工程的实施。

在第一阶段(2014~2015 年),应以提升黄冈市金融发展基础为重点,为后续金融工程各项工作的实施做铺垫,因此应着力于完善黄冈市金融体系的建

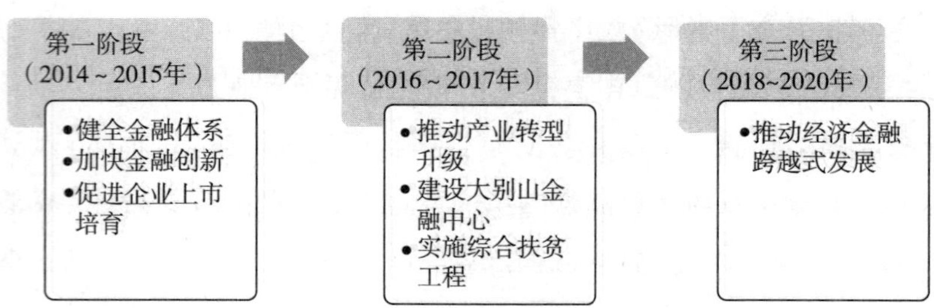

图 9.13 黄冈市市域金融工程实施路径

设，加强对于金融机构的引入和金融市场的建设，同时针对当前黄冈市中小企业融资问题，强化银企对接机制，大力推进有发展前景企业的上市工作，加强同武汉“新四板”的对接工作。

在第二阶段（2016～2017 年），在前一阶段加强金融基础建设和银企对接机制的前提下，着力于扶持一批有发展前景的企业，通过促进企业上市培育的方式，在主要产业中打造一批具有带动作用的龙头企业；随着金融体系的不断完善，还应以优化金融生态环境为重点；同时，还应提升黄冈市各金融要素市场的辐射力，打造具有黄冈市特色的“大别山金融中心”。

在第三阶段（2018～2020 年），在黄冈市经济金融已发展相对成熟的基础上，着力于各类金融要素市场的建设，并引导市内外金融资源投入到产业发展上，通过金融市场与实体经济的良性互动，推动黄冈市经济的跨越式发展。

（一）健全金融体系

1. 优化金融生态环境

黄冈市政府应尽快建立公共信用信息平台，完善黄冈市全体企业的信用纪录；加强市政府及有关部门对金融生态环境优化的重视，加大宣传力度，增强全市城市意识、还贷意识，加快评信建设和制度建设；适当放宽对金融机构的业务限制，放宽对金融机构的业务限制，调整、扩大黄冈市金融机构的业务范围，促使其进行金融创新，满足产业金融创新的需要；适当降低收费标准，减轻银企负担；严厉打击逃废债。加大打击、制裁拖欠和逃废金融债务行为，营造良好的金融经营环境；建立县市一体的信用档案。对于任何个人、农户、合作社或企业，如果有非诚信行为的，将其公示于黄冈市公共信用信息平台，该企业在黄冈全

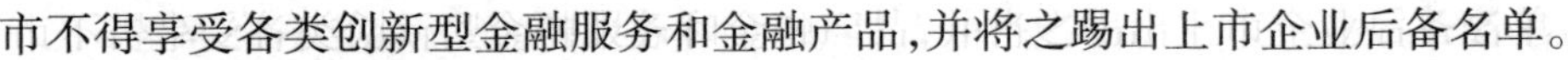

市不得享受各类创新型金融服务和金融产品，并将之踢出上市企业后备名单。

2. 发展与完善金融机构

提高现有金融机构的经营效率。扩大现有的政策性银行、国有商业银行、邮政储蓄银行、股份制银行的经营效率，积极拓展资金来源渠道；大力拓展业务范围，健全信贷风险防控体系；加强信息系统建设。

鼓励更多股份制商业银行、外资银行在黄冈市设立分支机构。从财政资金补助和税收补助等方面吸引市外银行业金融机构进驻，引进更多城市商业银行、外资银行，以及其他股份制商业银行来黄冈设立分支机构。

完善小额贷款公司。建立健全小额贷款公司内部控制制度和内部审计机制，提高风险识别和防范能力，确保资产损失准备充足率始终保持在100%以上，通过健全贷款管理制度，明确贷前调查、贷时审查和贷后检查业务流程和操作规范，切实加强贷款管理。参照《湖北省地方税务局关于税收支持中小企业发展的实施意见》（鄂地税发〔2008〕76号），给予担保中介、小额贷款公司以一般中小企业优惠扶持政策；同时按15%的税率征收担保中介、小额贷款公司所得税。

鼓励发展地方性金融机构。优先发展、重点扶持地方性金融机构，改变目前地方性金融机构缺乏持续发展能力的现状，通过整合地方金融资源，大力培植地方金融龙头企业，全面增强金融实力。政府通过多种优惠政策，如减免或返还所得税、营业税等，降低抵押或担保财产的评估、登记过户、公证等费用，支持、引导地方性金融机构确立“立足地方经济、立足中小企业、立足城市居民”的市场定位与发展目标。支持民间资本多渠道进入各类银行机构，鼓励民营资本发起设立中小银行等金融机构，适应李克强总理当前提倡的“大众创业，万众创新”的融资需求。扩大民营银行试点范围，加快出台民营银行发展指导意见，完善民营银行持续监管框架。

3. 发展农村金融

推进金融服务下乡。鼓励各家银行下乡镇，让每一个大村都有金融服务窗口，每一个镇有三家以上的银行营业点。相关部门要从财政补贴、税收减免、市场准入、业务审批等方面积极鼓励金融机构到农村地区设立网点，通过构建多层次的农村金融组织体系，培育适度竞争的农村金融经营主体，改变目前以农信社和邮储银行为主的现状。在人口较少的村设立村组金融服务联系点，经过相关部门授权，在村组中心商店安装 POS 机和转账电话，在允许其收取少量手续费的前提下，可开展小额现金存取、汇兑、缴费、残损人民币兑换等业务，以达到普及金融知识延伸银行服务窗口的目的。积极开展电话银行、网上银行、网上理财下乡活动。

大力支持农民自发成立农村互助担保组织。结合农业产业化的深化，推进"协会 + 农户"、"合作组织 + 农户"、"公司 + 农户"、"基地 + 农户"等多种形式的信用合作模式，充分发挥农民专业合作组织的桥梁作用，引导龙头企业以多种形式与农户建立风险共担、利益共享的利益联结机制，弥补金融信用供给的不足。

实现农村金融品类的全覆盖。完善以政府统一组织投保、收费和大灾兜底，保险公司帮助设计风险评估和理赔机制并管理风险基金为核心的政策性农业保险。同时发挥政府再保险职能，依据单独立账、单独核算的原则，由政府设立再保险机构承担政策性农业再保险功能，给予其经营费用补贴，相关税负的减免等扶持政策。由政府筹集资金建立农业巨灾风险基金。该基金可以通过财政投入、税收减免、保险和再保险巨灾准备金等多种方式筹集，以备大灾之用。

建立农业贷款风险补偿机制。由市财政出资设立农业贷款风险补偿基金，对农业贷款出现的损失按一定比例给予补偿，引导信贷资源向农业领域配置。对商业性金融机构在农村的营业税和企业所得税采取优惠税率。

鼓励发展新型农村金融机构。经过多年发展，中国农村金融市场初具规模，形成了以政策性银行、农村商业银行、农村信用合作社和三类新型农村金融机构等为主体的农村金融业务。强化新型农村金融机构重点为服务"三农"和农村企业的基本特性和定位，满足农户和农村企业对资金的需求。在宏观视角下为了给予新型农村金融机构更好的外部支撑，吸引并激励资本进入，应实施降低准入门槛、加强非现场监管、完善退出机制等政策；在中观视角下为了促进新型农村金融机构与农户之间的长期稳定发展，应扩大金融政策和业务宣传，完善农村征信制度；在微观视角下关注新型农村金融机构的自身发展，因此应积极开展金融创新，开发与农村发展相适应、迎合农户需求的金融业务。

（二）加快金融产品创新

其一，政府带头，鼓励各家金融机构或几家金融机构联合，推出针对黄冈市主导产业发展的创新型金融产品，如二级放大的贷款机制、场外信用衍生产品、中远期交易、场外期权交易等。

其二，大力发展动产、知识产权、土地经营权、林权、采矿权、股权、供应链融资、出口退税池等质押贷款业务。

其三，引导各金融机构积极发展授信开证、押汇、保理、融资租赁等金融业务，积极支持小微企业使用银行承兑汇票和商业承兑汇票，并简化手续，减少收费，降低融资成本。加大电子银行业务宣传，提高电子商业汇票在小微企业中的使用率。

其四，优选、培植一批优质中小企业进入债务融资工具发行后备企业资源库，推动短期融资券、中期票据、中小企业集合票据、中小企业集合债、集合贷款信托等满足小微企业融资需求特点的创新型金融产品的运用。

其五，对于积极参与金融服务创新的金融机构，黄冈市政府要给予一定的激励。首先，在税收上给予一定的优惠。其次，给予金融服务创新的金融机构在用地、选址上给予一定优惠。最后，设置金融产品创新奖：凡是金融机构，无论是国有银行、股份制银行、民营银行、证券公司、保险公司，还是小贷公司、担保公司，只要推出有利于黄冈大中小微型企业或农户融资的金融产品，均按一定的金额直接奖励给创新团队。

（三）促进企业上市培育

1. 建立上市企业后备库

市经信委、农业局和商务局等部门负责统计并整理辖内企业信息，根据企业经营水平、发展前景及企业股东上市意愿等帮助辖内企业确定其上市目标（主板、中小板、创业板、新三板、四板），并将辖区内企业上市进程的状态进行分类，建立上市企业后备库。

2. 引导上市后备企业，选择金融中介机构

引导上市后备企业着手进军资本市场。根据已选择的主业突出、经济效益

好、成长性强的企业,加强跟踪培植、贴身服务和重点辅导。有针对性地对企业主、高管等进行集中宣讲。对于上市意愿不强、思想解放程度不够的企业主,则可邀请业内专家和教授及股权交易所、中介机构的专业人士对其授课;对于已经有上市意愿的企业,则着手引导证券公司、投资公司及律师事务所、会计师事务所等中介机构对这些企业进行股份制改革、财务审计等工作,从而解决历史遗留问题。选择优质的金融中介机构。不仅要利用好本地中介机构的渠道,还要引入其他优质的有实力和背景的中介机构,利用中介机构的经验来带动企业安排上市筹备工作。

3. 落实对挂牌企业的奖励和社会责任要求

对挂牌企业的奖励政策由黄冈市政府制定,黄冈市政府要帮助挂牌企业,落实市里的奖励。此外,还应要求挂牌企业承担一定的社会责任,要求它们对黄冈市综合扶贫基金每年有一定数额的捐助,服务黄冈当地百姓。同时,也应要求挂牌企业为员工定期缴纳社保,加强员工福利待遇。

(四)推动产业转型升级

主导产业金融工程是市域金融工程中的重要环节,也是黄冈市引导金融资源服务于实体经济的落脚点。主导产业金融工程是指以工程化的思想运用金融手段支持产业链各个环节发展,进而培育和支持主导产业发展。其中,包括推进主导产业中的龙头企业在多层次市场挂牌上市,建立相关产业要素市场,以及成立各类产业投资基金和互助基金等。对于主导产业金融工程来说,市域金融工程规划中的健全金融体系、区域金融创新、企业上市培育和区域金融中心建设都为壮大黄冈市产业发展奠定了良好的基础。但要实现黄冈市产业的长足发展,还需要对之进行系统的规划,构建产融联盟,发展壮大产业链,以金融资源支撑产业资源,进而带动产业升级。

1. 依托产业链提升产业价值

产业价值增值是主导产业金融工程的基础,也是整个产业能否有发展潜力的关键性过程。通过发现与拓展产业的增值空间,才能使资金有理由进入产业。通过产业链的延伸,可以使整个产业具有规模效应。通过产业链的整合,可以使企业能够相互促进,将不同的企业优势环节联系在一起,使产业价值链上的各个环节都能够达到最优的水平,优化了企业的产业链结构。产业链上游企业大多为原材料采选企业和产品研发设计企业,这些企业的共性是风险较高且产业投入产出比不高。从产业自身角度出发,产业链中下游企业往往会涉足产业链上游,从企业内部形成完整产业链条。产业链中游企业主要负责产品加工环节,产业价值提升重点在于技术创新,进行产品深加工,提高产品的多样性和附加值。产业链中游企业应当形成集中化产业集群,避免过度竞争。龙头企业应积极参与整体产业建设,对于中小企业通过参股、控股形成对中小企业支持。中小企业可以通过大企业帮扶,拓宽融资渠道,与商业银行等金融中介制定信用合作机制,利用大企业规模和信用优势,增强自身实力,形成规模经济。产业链下游主要指仓储运输、产品销售及售后服务环节。仓储运输是一种可重复利用资源,政府应当在资金上给予支持并加以引导。产品销售环节涉及资金量大,风险系数较高。政府要完善票据市场和资本市场,为产业链下游企业提供可靠的资金供给。

2. 产业资金平台建设

主导产业金融工程的一个重要方面是为产业链上的每个价值增值环节筹集资金,通过引入资金的方式使产业链得以完成,为产业的发展提供完整的资金解决方案。产业资金平台是一个包含多个主体在内的资金平台,通过先建立平台,再通过平台来吸纳不同主体的资金。具体来说,可以包括政府、企业内外部、银行、保险、各类金融机构、各类产业相关的中介机构、投资者的平台建设。

(1)政府

政府在产业资金平台上起引导作用,一般来说,政府可以委托下属的投融资公司来承担产业资金平台的功能。由于这类公司的资金投入能力较强,并且公信力较高,通常对于一个产业如果能够吸纳政府的这类投资平台进入,那么,产业比较容易得到后续的发展。政府在产业资金平台建设上还有另外一个作用就是投入财政引导资金,作为某些项目的启动资金,撬动社会资本。

(2)企业

企业通过自有资金或者在社会上吸纳资金,再投入到产业中,这个过程就是企业参与产业资金平台的过程。企业通过自身的资本积累或者在社会上募集资金,再投入到企业的发展中,此时企业就完成了在产业资金平台上的运作过程。

(3)金融机构

金融机构在产业资金平台的建设中起着主要的作用,金融机构可以包含多种类型:银行、证券公司和信托公司等。一般来说,银行贷款是目前规模最大、最主要的融资方式。但如果企业不满足银行的贷款条件且企业有能够产生未来现金流的项目,那么可以依托证券公司采用资产证券化的方式获取资金,达到融资的目的。如果说政府在产业资金平台中主要起到引导作用,那么金融机构则起到主导作用。

(4)投资者

投资者是产业资金平台的重要组成部分。可以将投资者分为个人投资者和机构投资者。个人投资者可以根据自身偏好选择有关项目进行投资,而机构投资者以风险投资为主,在企业的初创期和成长初期,风险投资资金的介入能够迅速地为企业提供资金,帮助企业扩大规模。

3. 创新开展金融服务

(1)利用资本市场进行融资

黄冈市政府引导鼓励企业在通过银行贷款、民间借贷、债券融资等传统方式融资的基础上,积极开拓资本市场,利用股权融资扩大融资渠道。黄冈市可以考虑整合产业链上下游中小企业,引导企业兼并重组,组建集团公司,在重组后给予一定的税费优惠,打造企业品牌,并鼓励其上市融资,以达到产业价值链的全覆盖,将产业做大做强。

(2)成立产业基金

由金融办和融资担保公司组织黄冈市同一类型的企业、同一产业链上下游的企业共同出资成立产业互助基金,出资企业即成为基金的会员,会员有资格享受基金的短期资金拆借服务,这样就能在一定程度上解决过桥资金成本太高的问题。基金会长由会员选举产生,基金总经理面向社会公开招聘。基金按市场化运作,定向用于产业发展,如产品研发、产学研基地建设、产业人才引进等。我国已出台《设立境外中国产业投资基金管理办法》、《证券投资基金管理暂行办法》和《产业投资基金管理办法》,为基金的成立运作提供了法律保障。可按此三个管理办法组建产业风险互助基金,拓宽企业融资空间,亦可分担银行风

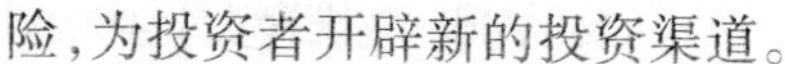

险，为投资者开辟新的投资渠道。

(3)基于产融结合的供应链金融创新

黄冈市政府引导鼓励金融机构大力发展针对黄冈市主导产业的产业链全套金融服务，在传统融资方式的基础上，全方面拓展融资租赁、商业保理、供应链金融、黄金租赁等新型金融服务，把产业链与金融综合服务深度融合，完善供应链管理服务体系，加快金融创新，能够根据企业个性化融资需求，提供灵活、便捷、高效的融资服务，为产业链上下游企业提供综合解决方案。

现代产融结合强调金融与产业经营的协同效应，产业可以借助金融资本使金融服务渗透到原材料、设备采购、生产和销售的各个环节；而金融资本也可以利用产业的资源和品牌优势支持金融的发展。基于产融结合的供应链金融，是指核心企业通过持股和人事参与等方式，与供应链上的上下游相关企业相互参股、相互渗透，核心企业也可对金融机构(如商业银行)进行持股，是一种跨越企业组织形式的创新型管理方式。其借助先进的信息技术和管理思想，运用产融结合理念优化和再造业务流程，通过构建内外部供应链各节点单位的紧密协作关系，整合客户的信息资源，在整个供应链中实行客户信息和资源的共享，提高供应链对需求的响应能力，为客户提供更经济、快捷、周到的产品和服务，改进客户价值、满意度、盈利能力以及客户的忠诚度，保持和吸引更多的客户，最终实现供应链利润的最大化。

既可以通过供应链上的核心龙头企业发挥其在行业和金融领域的影响力，组建自己的金融服务公司向其供应链上的成员提供融资服务；也可以以政府组建为主导，鼓励黄冈市某条产业链上各企业参股共同构建金融服务公司，依托产业链提供全链条融资服务，为客户提供"一站式"综合服务，能够凸显服务优势，提高客户黏性，促进行业的投融资和发展。

同时，公司还可建设产业链金融服务综合信息化平台，通过与大别山大宗商品交易中心等大宗商品交易中心对接，涵盖供应链业务信息化管理运营、产业链全套金融服务与风险控制，将线下客户及业务与线上信息化系统有机结合起来，能有效建立起为决策支持服务的完善的数据体系和信息共享机制，结合大数据，实现客户信息共享、资讯互动及线上交易撮合。

（五）建设大别山金融中心

大别山位于我国湖北、安徽、河南三省交界处，不仅拥有丰富的农产品及自然景观旅游资源，同时也是我国红色旅游文化的重要区域。目前，受地域发展限制，大别山区域经济发展同周边其他地区相比还较为落后，具体表现在经济发展规模不高、经济结构有待优化、产业实力相对较弱以及金融发展较为滞后等方面。大别山金融中心是以黄冈市大别山金融工程思想为基础，通过整合黄冈市及周边区域资源，打造具有大别山区域经济发展特色的各类金融市场及泛金融市场，通过金融的杠杆作用和辐射效应，带动黄冈市及大别山区域经济的跨越式发展。

黄冈市建设大别山金融中心，应以黄冈市金融大厦为载体，从金融交易市场和泛金融交易市场两个方面来进行，其中金融交易市场包括产权交易市场、金融资产交易市场、民间金融市场等，泛金融交易市场包括林权交易市场、碳排放交易市场、大宗商品交易市场、金融人才市场、金融服务市场等。

第一，黄冈市产权交易分市场。黄冈市可与武汉市光谷联合产权交易所进行对接，在黄冈市本地建设区域性的产权交易分市场，开展在光谷联合产权交易所授权下的相关产权交易业务，如提供股权登记托管、股权转让、公司治理结构规范、推荐企业进入全国证券场外市场挂牌、融资等增值服务、私募股权投资基金进入和退出通道等业务。

第二，黄冈市金融资产交易分市场。黄冈市可与武汉金融资产交易所进行对接，在黄冈市建立金融资产交易分市场，在授权下从事武汉金融资产交易所开展的相关业务，包括不良金融资产交易、金融企业国有资产交易、委托债权投资交易、应收账款交易、商业汇票收益权交易、中小企业集合融资产品交易、信托收益权交易等，以及同业存放信息发布、中小企业投融资信息发布等信息咨询服务。

第三，黄冈市民间金融分市场。黄冈市可以与武汉江汉区民间金融街进行对接，或整合黄冈市当地金融资源，建立黄冈市本地的民间金融分市场。包括传统的民间个人借贷业务，同时也可以创新性地开展 P2P 网络借贷、中小企业私募债、资产证券化、民间金融同业拆借等新型民间金融业务。

第四，黄冈市林权交易分市场。黄冈市可与湖北省林业产权交易所对接，在黄冈市建立林权交易分市场,开展林产品交易、林权交易等业务。

第五,碳排放交易分市场。目前,湖北省批准建立"湖北碳排放权交易中心",该中心由武汉光谷联合产权交易所有限公司牵头,联合武汉钢铁(集团)公司、大冶有色金属集团控股有限公司、湖北省农业生产资料集团有限公司等机构共同组建。黄冈市可与"湖北碳排放权交易中心"对接,在黄冈市建立碳排放交易分市场,开展碳资产管理、碳金融等服务。

此外,黄冈市还应积极向省一级乃至国家争取相关市场建设的试点政策支持,加快其他金融或泛金融市场的建设力度。在建设上述金融市场的同时,还应以现有主导产业为基础,着力发展相关金融要素市场的建设,包括农产业交易中心、服装纺织交易中心、医药物流中心等,初步完成相关主导产业的市场建设,并通过金融要素市场与企业对接,促进相关企业在产品销售、资金融通方面的便利程度,进一步提高企业经营利润,增强产业竞争力。

(六)实施综合扶贫工程

长期以来,我国的扶贫工程都把重点放在改善贫困地区基础设施、增加贫困地区的产出上,但是当前中国绝大部分贫困地区的扶贫工程不是解决贫困人口有没有饭吃的问题,而是解决他们如何增加收入奔小康的问题。一个不容忽视的事实是,产出增加后农民收入不一定增加,因为产出增加后,产品的价格有可能大幅下降,卖出农产品的收入可能连农药、种子、化肥和人工的成本都收不回,农民的收入可能不增反减。如何解决农民增产不增收的问题是当今中国扶贫工作要解决的最核心的问题。所以,传统的以增加产量为目标的扶贫模式必须改变,金融工程认为,扶贫既要解决产出的问题,也要解决产品销售和定价的问题,解决这些问题,必须运行金融市场和金融工具,即使用金融工程的方法。综合扶贫金融工程是在区域金融创新工程、企业挂牌上市工程、主导产业金融工程、金融要素市场工程的基础上,在管理控制金融风险的前提下,实现黄冈市贫困地区产业发展、收入增加、脱贫致富。

1. 借鉴推广"通山模式"

黄冈市政府可带领辖内各县市政府领导班子赴咸宁市通山县进行考察和调研,并就金融工程支持通山县经济跨越式发展的"通山模式"进行专题讨论和学习，敦促大别山地区积极开展金融工程规划及实施，同时加强市级对大别山区域的政策和资金支持，发挥市级层面的扶持和推动作用。将“通山模式”在大别山地区推广应用。

2. 发展“金融+科技+产业”的综合扶贫模式

根据当地特色与实际情况大力发展主导产业，并整合扶贫资源、政府资源及其他相关资源，并以之为杠杆撬动货币市场资金和资本市场资金，在科技创新的基础下推动贫困地区企业和产业发展。农业方面，围绕农业生产、初加工、深加工、新产品开发等，在促进农村土地流转的基础上实现农业适度规模经营，形成农业生产新模式；旅游业方面，黄冈市旅游资源丰富，但存在景点分散及规模较小的缺点，应将旅游资源进行整合与集中，并加大宣传力度，将旅游业与农业相结合，发展生态农业，形成完整体系；科技方面，将地方科技创新工作的重点放在促进扶贫产业发展上，积极培育产业创新能力与创新实力，加大政府的支持力度，将科技创新与阳新当地的扶贫产业的各个环节相结合，推动企业技术革新，促进产业链升级。

3. 扶贫板块上市

推动黄冈市大别山地区优质企业到区域股权交易市场登记并接受股份制改造辅导，建立现代企业制度和完善的财务管理体系，到武汉“四板”交易市场挂牌上市。借扶贫做大农业、旅游业、医药化工业等优势产业，在武汉“四板”市场上形成独特的大别山扶贫板块。

4. 扶贫金融服务创新

利用扶贫资金、财政资金和专项资金吸引社会资金，共同注资建立融资担保平台。在湖北省恩施市的实践中，扶贫金融服务创新的实施思路具体化为“两社两司一库一卡两平台”。两社是指建立扶贫互助农民专业合作社联合社和村级扶贫互助社；两司是指小额贷款公司和担保公司；一库是指信用体系库；一卡是指农民信用卡；两平台是指农村产权综合交易平台、资本市场对接平台。这样的制度设计和市场化操作，可以实现以少量政府资源调动社会资金投入，形成全社会参与金融扶贫的局面。

5. 建立综合扶贫基金

利用市场化的资金来源建立扶贫基金，并进行市场化管理。杜绝权力寻租

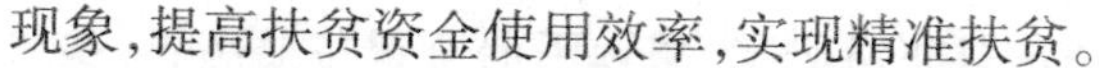

现象，提高扶贫资金使用效率，实现精准扶贫。

（七）实现经济跨越式发展

在黄冈市建设市域金融工程的第三阶段，应推动金融全面发展和经济跨越式发展。

对于重点发展产业，可以在上市的基础上，通过资本重组，对市场、旅游、服装纺织、医药化工、产业化农业进行资源重组和产业链重组，发挥规模效应优势，促进产业链整体的经济发展。同时完善黄冈市服装纺织中心、医药物流中心等市场建设，各中心应立足于湖北省建立相关产品的电子交易平台，并连通全国和世界各地市场，推动市场向国际化方向发展，以交易平台为中心，最终形成涵盖多种交易方式并且可靠、安全、开放的交易系统。

第四节　市域金融风险管理体系

一、区域金融风险管理与绩效评价体系框架

区域金融风险管理与绩效评价体系主要包括两方面：区域金融风险的识别、度量和管理，以及金融支持地方经济发展的绩效评价体系。

区域金融风险的识别、度量和管理主要借助市场价值的宏观资产负债表来实现，通过监测地方政府、区域内企业、金融机构、家户部门总资产的市场价值波动风险，对宏观四部门面临的金融风险进行度量和管理；同时，收集并整理黄冈市经济金融发展的宏观数据，如地区生产总值、财政收入、固定资产投资、社会就业率、进出口规模、金融机构存贷规模、社会融资规模等数据，构建黄冈市经济金融发展的金融支持地方经济发展的绩效评价体系。

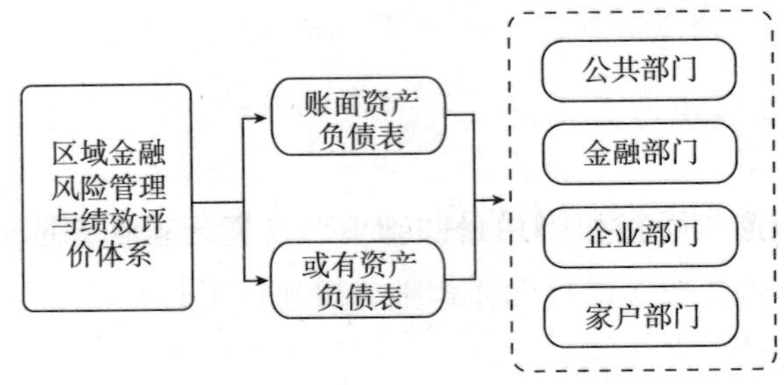

图 9.14　区域金融风险管理与绩效评价体系框架

二、区域金融风险管理与绩效评价体系构建

黄冈市区域金融风险管理与绩效评价体系的构建主要建立在四部门宏观资产负债表的基础上，对资产负债表中的各项总量指标与结构指标进行分析，从而对区域金融风险进行度量和管理。

宏观资产负债表的核心思想是构造分部门的资产负债表分析框架，即公共部门、金融部门及企业部门资产负债表，并在此基础上对各部门的期限错配、货币错配、资本结构以及清偿能力等问题进行研究，以此揭示在各部门存量结构中所表现的宏观金融风险问题，并通过资产负债表矩阵分析不同部门间资产、负债、权益间的关系，研究各部门间的金融风险传递问题，在结合存量和流量分析的基础上，对金融风险影响各资产负债表的表现和程度进行研究，同时根据历年各部门资产负债表变动情况，建立反映区域经济金融运行的考核指标，以此达到区域绩效考评的目的。

区域金融风险的管理和绩效评价主要通过指标体系的构建来实现，通过构建包含金融风险和经济发展的指标，反映区域金融运行中的风险大小及对经济的促进作用。具体来讲，区域金融风险管理与绩效评价体系指标的构建包括两个方面，一方面是单个风险指标的选取，即区域金融风险指标体系应由哪些单个的风险指标所组成；另一方面是权重的确定，即被选取的相关风险指标在区域金融风险指标体系中的贡献程度。

第五节　市域金融政策保障体系

一、强化市金融办职能

第一，拟定全市金融发展规划与政策。负责贯彻执行国家和省有关金融工作的方针、政策和法律、法规、规章；研究分析金融形势和全市金融运行情况，拟定全市金融业发展规划和政策，提出改善金融发展环境、促进金融业发展的建议；负责编制黄冈市金融规划并组织实施。

第二，协调配合对全市金融机构的监管。负责协调、配合金融监管机构对全市各类金融机构的监管工作，负责联系协调黄冈市的金融机构，做好相关的服务工作；负责全市小额贷款公司的设立初审和监督管理；协调有关部门推动新型农村金融机构的规范发展；加强与国内外金融机构的联系，引导其在本市设立分支机构，并协调解决相关问题。

第三，拟定全市融资性担保机构管理政策。拟定全市融资性担保机构管理政策，负责全市融资性担保机构设立、变更、初审和业务监管工作。

第四，有计划地引导优质企业上市。鼓励经营良好的优质企业上市或在武汉股权托管交易中心挂牌，并对重点优选企业进行上市辅导，拟定全市多层次资本市场培育、改革和发展的政策措施。

第五，组织协调有关部门防范化解和处置地方金融风险。组织协调有关部门防范化解和处置地方金融风险，处理地方金融突发事件和重大事件；协调有关部门依法查处非法集资和非法证券活动。

二、引进各类金融机构

应尽快出台明确的金融相关政策，结合产业发展特色需求，吸引境内外金融机构。境内金融机构：(1)鼓励全国性金融机构在市内增设分支机构和服务窗口，开展业务创新；(2)争取所有政策性银行均能在本市设立分支机构或服务窗口；(3)吸引各类别金融机构到本市设立地区总部和专业机构。境外金融机构:(1)引进境外知名金融控股集团、主权财富基金、私募股权投资机构等,到本市设立投资基金和分支机构;(2)支持境外金融机构参股本市相关金融机构;(3)鼓励外资发起设立创业投资企业、融资性担保机构、融资租赁公司和小额贷款公司等。

三、整合民间金融机构

着手市民间金融机构等发展现状的调查工作,摸清市场主体对于民间金融的需求及攻击情况,规范现有民间金融业务,促进民间金融交易正常有序地进行,并整合民间金融资源,在金融中心规划基础上建立集中性的民间金融市场,为市内外民间金融交易的供需双方提供对接平台,推动民间融资的阳光化和规范化发展。

四、推进金融中心建设

加快本市金融中心的选址、融资、规划等建设工作,加强金融中心大厦对于各金融机构的招商工作,通过出台相关配套的优惠政策,鼓励并引导本市已有的各金融机构迁移,吸引更多暂缺的银行类金融机构及信托、保险、基金、证券、期货、租赁等非银行金融业态入驻。另外,市政府还应积极向省一级乃至国家争取相关市场建设的试点政策支持,加快其他金融或泛金融市场的建设力度。

五、组建金融控股公司

根据本市金融资源分布状况和行业竞争力,依托本市现有的金融资源和财政资源,逐步通过收购和国有资产划拨的方式,整合已有的地方性金融资源,初步完成本市金融控股公司的组建与运营工作,市金融控股公司应以服务本市本地产业为目的,实现金融促进实体经济发展,实现本市特色金融核心区的建设。

六、强化保险金融功能

引导保险市场参与金融市场,农业方面可以提供政策性农业保险,工业方面提供信贷保险,开展银行贷款保证保险试点。通过保险市场参与金融市场建设，减少企业发展所面临的风险。在信贷紧缩、利率上调的背景下，可以积极引导担保机构创新担保模式，以政府出资增信、组团担保、集合贷款为手段，联合多家担保机构为企业提供担保贷款。

七、加强金融人才建设

人才队伍建设是市域完成各项规划任务、促进金融经济发展的重要保障，市政府应加强对于人才的培养力度，特别是对于金融人才队伍的建设，通过组织讲座、会议、辅导班等形式，强化现有人才队伍在金融及经济方面的知识，同时通过财政补贴、优惠政策等形式，吸纳高校金融专业毕业生和高端人才，为市域金融工程规划的实施提供有力的智力支持。

八、出台金融配套措施

市政府应出台一系列吸引不同金融机构到本市的政策支持，包括融资优惠、税收优惠、租金优惠和企业服务等。在融资优惠方面，可以对符合条件的企业贷款利息率减免一半，另一半由市财政局来弥补缺口；税收优惠方面，可对入驻金融中心的金融机构和相关企业实行前三年写字楼租金全免的政策；服务方面，凡入驻本市的金融机构，涉及审批、工商注册、税务登记、一般纳税人认定等前期工作，由政府负责提供全程式服务，简化办理程序。

参考文献

[1]钱水土:《县域经济发展中的县域金融体系重构:浙江案例》,《金融研究》2006 年第 9 期。

[2]石全虎:《县域金融支持县域经济发展的理论思考》,《经济社会制度比较》2009 年第 2 期。

[3]宋继承:《区域主导产业选择的新思维》,《审计与经济研究》2010 年第 9 期。

[4]孙毅、徐明棋:《长三角地区市域金融生态的测算与评价》,《上海金融》

2013 年第 7 期。

[5]王成仁、景春梅:《从“新四板”看完善中小企业资本市场融资》,《经济研究参考》2013 年第 30 期。

[6]叶永刚、杨佳琪:《中国糖产业发展战略及糖产业金融工程》,《武汉大学学报》2013 年第 7 期。

[7]杨华:《江苏市域金融竞争力研究》,《南京师范大学博士论文》2014 年。

第十章　省域金融工程研究——湖北省

省域金融工程是区域金融工程的特例,具体来说,省域金融工程就是从一个省的层面上来研究金融支持经济发展的问题。省级行政单位是中央政府管辖下的最高一级地方行政区域,它是中央与地方最直接的联系者。从经济学的角度来看,省域经济在我国整体的经济构架中有着重要的地位。省域经济规模介于国家经济与县域经济之间,三者共同构成我国多层次经济体系。

第一节　省域金融工程概念总述

一、省域金融工程的概念

省域金融工程是指通过金融工具与手段创新设计、重新组合,以及金融结构调整和金融制度改革来解决省域内金融问题。省域金融工程将微观金融工程的有关思想和分析方法应用到省域金融层面,以省域经济体、经济部门等为研究对象,研究省域整体的金融风险和金融资源的使用状况,通过金融工具、手段、机制、结构等的创新,促进省域内经济的跨越式发展。一方面通过省域内宏观经济资本的合理配置来抵御省域内各个部门和省域整体的金融风险;另一方面由于经济资本要求必要的回报率,因此要对省域内宏观经济资本在各个部门间进行分配,从而提高金融资源的使用效率,促进省域经济的发展。

这个基本概念突出了省域金融工程的创新性、实用性和可操作性。创新性体现在两个层面,一个是各种金融工具和金融制度的创新,另一个是将金融工程用于省域经济的发展。这两个层面创新的意义在于能够将金融的活力注入经济发展中,使金融不再脱离实体经济而孤立发展。实用性体现在省域金融工程的研究不同于一般的理论研究,是以省域经济为基础,目标直指提高省域经济的发展速度。省域金融工程的研究重点不在于解决某一个理论上的问题,而在于如何运用金融的手段推动经济发展,其基础和方向都是实际经济状况,有着非常强的实用性。可操作性体现在省域金融工程的路线十分明确,推进经济发展的方法有很多,省域金融工程选择的是利用金融手段推动经济发展。在我国经济运行的诸多环节中,有相当大一部分受到金融因素的制约,导致发展缓慢,运用省域金融工程的思想和方法来解决这些问题,能够有效地打破发展中面临的资金“瓶颈”,提高增长速度。

省域金融工程概念的提出是基于我国现阶段经济发展现状,是与我国省域经济发展水平相适应的,随着经济发展水平的提高,省域金融工程的手段和方法会有新的尝试,但是省域金融工程的基本思想是不变的,即运用金融的手段来推动经济的发展。通过金融的发展推动经济的增长,反过来经济的增长也会促进金融的发展,如果我国省域经济能够进入这种良性循环,那么就有可能保持经济长期稳定的发展。

二、省域金融工程的研究目标

省域金融工程的总目标在于找到一套适合中国省域经济的方法,运用金融的手段来服务实体经济。在这个总体目标之下,有着以下几个分目标:

(一)完善宏观金融工程理论

宏观金融工程理论是在微观金融工程理论的基础上发展而来的,更加强调金融与宏观经济的结合。宏观金融工程在理论上已经有一套较为完整的体系,但是在实践上宏观金融工程还没有走得很远,省域金融工程的目标在于完善宏观金融工程理论,特别是在理论与实际的结合上。宏观金融工程多从理论上解释问题,建立抽象的数学模型来分析问题,省域金融工程的研究侧重于解决实际问题。研究的主要方法上也以理论与案例相结合的分析为主,通过案例使得理论能够更好地适应中国经济、金融目前的发展现状。

(二)加深对中国经济的研究

金融理论以及金融工程理论起源于西方,进步力量也主要来源于西方,我国学者一般都是参照西方金融学的研究思路和方法来研究中国经济问题。但是就目前的情况而言,我国金融与西方金融存在一定的差异,西方金融学的方法和结论并不一定都适应我国的实际情况。在这种环境下,我们应该力求找到一套适合我国国情的金融理论。从数量上来说,研究我国经济状况的文献不在少数,但是其中多数文献深度不够,缺乏理论根基,仅仅对中国经济现状做了一定的描述,而对现象背后的规律提炼不够。省域金融工程将理论与实践相结合,能够更好地研究中国经济。

(三)弥补省域经济研究的空白

在对我国经济的研究中,以总体研究和县域经济的研究为主,而对省域经济的研究相对来说很少。作为我国多层次经济体系的重要部分,省域经济起着承上启下的作用,省域经济无论是在市场方面还是政策方面都十分重要。目前对我国省域经济的研究集中在对经济现状的分析中,对于省域经济的发展方向和发展道路问题没有进行深入的探讨,所以说在理论研究上存在空白之处。省域金融工程的研究定位在一个省的范围之内,能够弥补目前对于省域经济研究的不足。

(四)提高有关理论的可操作性

有关省域经济的研究以往都集中在理论的探讨上,而理论相对于现实来说往往存在一段距离,使得理论不能马上应用到实践中去。省域金融工程有关理论要克服以往研究的弱点,提高可操作性,争取能够缩短理论到实践的距离。在省域金融工程研究过程中,我国对湖北省已经进行了大量的实践工作,从中提炼出省域金融工程相关理论。提升理论的可操作性的关键在于对我国目前经济金融发展状况的了解,只有在熟悉我国经济金融运行规律的基础上,才能总结出一套适合我国的一套理论。

三、省域金融工程的研究内容

省域金融工程的研究大体上可以分为理论和实践两方面的研究。理论研究主要用来证明金融发展对于经济增长具有促进作用,并且促进机制在理论上是可行的。关于实践的研究主要是搭建一个体系来完成金融服务实体经济的使命。

(一)探索金融支持下省域经济的发展模式

省域经济是我国经济的重要组成成分,在资源配置和行政管理上,省域经济有着县域经济不能比拟的优势。研究省域金融工程,省域经济发展模式这个问题是不能回避的。由于各省的资源禀赋以及现阶段的发展情况不尽相同,就需要根据实际情况设计每个省独特的发展模式。只有首先设计出省域经济的发展模式,才能够根据省域经济发展的需求制定出相应金融服务的方案。在省域金融工程的实施过程中,金融的定位是服务实体经济,金融政策的制定与实施一定要与省域经济发展战略相匹配,才能保证资源得到最优化的配置。

(二)设计与省域经济相匹配的金融体系

省域金融工程的工程化思想体现在金融体系的设计之中,在明确了省域经济的发展模式后,相应的金融体系设计是接下来要完成的工作。目前我国金融体系的建设多是从整个国家的角度着手,设计出的方案体现了我国整体金融的发展方向,但是没有体现出各个省在金融上的差异。通过省域金融工程的研究,要能够根据省域经济的发展模式设计出一套与之匹配的金融体系。金融体系是整个省域金融工程的核心内容,它不仅要体现我国金融未来的发展方向,也要为当下的实体经济提供最直接的金融支持。

(三)完善省域金融风险管理体系

笔者认同金融发展能够有效推进经济增长这个观点,但是在 2008 年国际金融危机后,金融风险使各国的政策制定者对于发展金融的态度变得谨慎起来,因此金融风险问题也是省域金融工程需要研究的重要问题。金融工程的一个重要功能就是解决风险管理的有关问题,省域金融工程根据金融工程的思想和方法设计出一套完善的风险管理体系,来应对金融推动经济发展过程中带来的有关风险。目前,我国金融风险的防范主要在国家层面,在省域层面金融风险管理的主动性行为并不多,完善省域风险管理体系对于省域经济以及我国整体经济的健康发展都有积极作用。

第二节　省域经济概况

省域经济是我国经济的重要组成部分，在我国经济发展的过程中，省域经济扮演着重要的角色。省份是我国的最高地方行政单位，具有一定的政策自主权，所以省域经济的特点不同于全国经济，也不同于县域经济。在我国的经济发展过程中，许多具体的经济实践都是由省份来承担的。

一、我国省域经济的特点

随着我国经济的快速发展，省域经济在全国经济中的地位日益被研究者和实际工作者所重视。省域金融工程的关键在于如何有效地利用金融的手段推动省域经济的发展，所以对于我国省域经济特点的研究是十分必要的。

（一）经济发展速度稳步提高

改革开放后的三十多年内，我国整体经济出现了翻天覆地的变化，中国的经济发展速度处在全世界前列。省域经济作为我国经济的重要组成部分，发展速度也十分惊人。无论省域经济的基础如何，都能实现较高的经济增长速度。省域经济的增长有如下几个特点：首先，省域经济的格局已经形成。目前，我国每个省份都有各自的经济增长点，对于省内各地区的经济金融定位也较为明确。其次，省域经济的主导产业明确。各个省域经济都有自己的主导产业，围绕各省份的优势，主导产业已经成为省域经济发展的重要动力之一。最后，省域经济中心基本形成，对于省域经济形成规模效应有着重要的意义。总的来看，目前我国的省域经济发展不论从质还是从量上来看与过去相比都有了明显提升。

（二）经济发展方向明确

我国省域经济在发展方向是工业化、城市化和市场化。从我国各个省份的情况来看，上述的三个发展方向是我国省域经济的主流选择。工业化是省域经济实现大跨步发展的主要目标，特别是随着我国农业现代化的发展，工业发展被提升到一个很重要的位置上来。在工业发展的过程中，对于农业和服务业的带动作用也是不可忽视的。城市化是省域经济发展的另一个特点，城市化不仅可以提供经济发展的动力，也能够提升人民的生活水平。通过劳动力由第一产业向第二、三产业转移，可以提升居民收入。市场化也是我国省域经济发展的重要方向，对于经济发展中面临的机遇和问题，市场已经成为解决这类问题的重要手段，社会主义市场经济制度的建设离不开省域经济的市场化进程。

（三）经济发展动力是产业

我国省域经济发展的关键是一个省域的产业，特别是省域经济中主导产业的发展，对于一个省的经济竞争力有着决定性的影响。由于主导产业发展速度的波动，在一定程度上造成了省域经济发展速度的波动，所以说主导产业直接影响了省域经济的发展问题。目前我国处于产业转型升级过程中，在一定程度上导致了不同省份在经济发展态势上的差异。企业是发展产业的基本元素，所以产业发展的关键在于企业。省域经济的重点问题之一就是如何有效地促进省内企业的快速发展。企业是经济发展的关键力量，我国企业面临诸多问题，其中金融问题是主要问题之一，企业融资难、融资贵成了制约企业发展的重要因素。

二、我国省域经济面临的主要问题

随着我国经济发展进入一个新的时期，省域经济发展面临的主要问题也逐渐浮出水面。总体来看，无论是省内还是省际之间，我国省域经济发展都不平衡。同时省域经济中的某些关键环节出现了一定程度的风险问题。

（一）省域经济发展不平衡

我国省域经济在省份内部和省际之间都存在经济发展不平衡的问题。从省份之间的对比来看，东部沿海省份与中西部省份之间的经济实力差异较为明显。造成各省份之间经济实力差异的因素很多，经济基础、历史沿革和国家经济政策是主要原因。省域经济之间发展不平衡对于我国的经济发展和社会发展造成了诸多不利因素,同时,这种不平衡的趋势还在逐步扩大。

在一个省份内部,也存在较大的经济发展水平差异。在省份内部,通常可以按照经济发展水平划分出几类区域。在不同区域之间,不论是人均GDP还是其他经济指标差异都比较明显。甚至在某些省份内部,经济发展的绝对指标与相对指标都出现了分化,体现出经济发展的严重不平衡,并且这种差异水平呈现扩大化趋势。省份内部经济发展水平的差异主要也来自自然及历史因素、经济基础和自身投入。

(二)产业转型升级压力大

产业升级主要是指产业结构的改善和产业素质与效率的提高。产业结构的改善表现为产业的协调发展和结构的提升;产业素质与效率的提高表现为生产要素的优化组合、技术水平和管理水平以及产品质量的提高。产业升级必须依靠技术进步。

(三)部分环节出现风险问题

近年来,为了应对金融危机,各省级政府纷纷出台政府主导型投资推动的经济刺激计划,这些投资计划在促进经济增长的过程中,极容易导致投资过热,给地方经济带来系统性的危机与风险。

同时,各地在产业结构调整、资源环境利用等方面存在着较多的矛盾和冲突,省域经济部分环节出现的风险问题日益凸显。

三、省域经济发展模式

目前,对我国省域经济发展模式类型的研究还未见系统研究报道,根据经济活动中的要素作用、组织方式、市场依赖等关键性节点,我们对省域经济发展模式做以下分类。

从聚集经济角度看,有中心外围开发模式、点轴开发模式、网状交织模式、圈层开发模式等。中心外围开发模式是“中心——外围理论”在区域经济学中的典型运用。这一模式的实质是区域经济核心区通过发挥其支配效应、信息效应、心理效应、现代化效应、联动效应、生产效应等来巩固和强化自身的支配地位，并通过核心区创新带动扩散区的创新，以核心区的增长促进整个空间系统的发展。

从对区域内外生产要素和产品市场依赖程度的角度看，有外源主导型发展模式和内源主导型发展模式。不同地区根据其资源禀赋条件和发展环境，对本地区内外的生产要素及市场依赖程度有所差异。采取外源主导型发展模式的地区往往拥有优越的区位条件和资源禀赋等不可移动要素的天赋优势，对外资具有很强的聚集力，外资进入后往往有利可图，这些地区往往利用加工贸易、转口贸易和金融服务业等大力发展开放型经济，来推动本地工业化进程和经济发展，如广东在这方面非常典型。而内源主导型发展模式主要依靠本地的资金、技术、人才等生产要素，利用自身不断增强的经济聚集力完成累积循环，实现后天的分工和专业化及规模经济和外部经济优势，推动本地工业化和现代化进程，其经济具有很强的根植性，如温州就是这方面的典型。

从地缘经济的角度看，有珠三角模式、长三角模式等。所谓地缘经济，就是依靠地理区位优势发展起来的一种经济。地理位置相近的多个行政经济区域通过资源共享、优势互补，实现联动发展已成为加速经济发展，提高经济竞争力的有效途径。为增强综合竞争力，不同的省际之间向区域经济一体化方向发展，共同打造超行政区划的共同经济区，已成为一个较为普遍的现象，如长三角就包括了上海、浙江、江苏三省市的有关地区，目前珠三角也由初期的“小珠三角”扩大到现在的“泛珠三角”区域。这些经济共同区是相关省市通过共同发挥地缘经济优势，从而实现各自发展目标而形成的一种泛省际行政区划的经济发展模式。它们在产业结构调整、产业链组建和产业集群打造诸方面极力追求联动协作、共同发展，对省域经济及经济区域的经济发展起到了重大推动作用。

第三节　省域金融概况

省域金融表现为一个相对完整的地理单元，金融时期内容，省域是其空间表现形式。省域金融的重要特征就是要把金融运行和发展置于一定的时空范畴加以考察，研究一个地方金融结构与运行在空间上分布的特点和状态。显然，由于自然条件、经济条件、社会条件和技术条件的地域差异，经济地域运动呈现出明显的不平衡性和地域性。金融作为省域经济发展的重要推动力，不仅要直接反映经济的区域性特征，而且经济发展的区域性很大程度上要借助于金融的省域化运行来实现。

一、省域金融特点

在我国省域金融的发展过程中，受到我国经济金融发展方式的影响，形成了以下的三大特点。

（一）以银行为基础

银行不论是在全国的金融体系还是在省域金融中都扮演着极为重要的角色。从总量上来看，截至 2012 年年末，我国银行业金融机构资产总额达到了 133.62 亿元，远远超过了证券业和保险业的规模。在资产的增速上来看，银行业 2012 年年末比 2012 年年初的资产增加了约 20%，增速也相当惊人。银行在金融系统中的作用也是远远高于金融体系中的其他元素。不管是从企业的融资、居民的投资还是从政府的调控来看，银行都占据了最主要的地位。在我国的金融体系中，其他行业如证券业和保险业，均以银行业作为其运营的基础。在省域经济中，银行业的作用相比全国范围内更为突出，这是由于我国资本市场的资源集中在少数几个省份和城市中，大部分省份的金融资源主要集中在银行业。在地方金融发展的过程中，也是优先发展银行业，其次考虑发展证券业与保险业。

造成我国这种以银行为主导的金融结构的原因很多。发展中国家的发展初期多数以银行业为金融业的根本是金融发展的规律之一，在我国金融的发展过程中，银行业的起步要早于其他行业，银行业的改革步伐也快于其他行业。在现行的金融体制下，银行业占有了多数的金融资源，也配置了较多的金融资源。短时间内，不论是我国整体上还是省域上，以银行业为基础的金融结构不会改变。

（二）二元金融结构

在国际上，二元金融多数情况下指的是正规金融与非正规金融。但是，在我国二元金融结构指的是与二元经济结构相对应的城乡金融发展不平衡问题。目前,我国城市金融体系较为发达,结构也相对完整,但是我国农村金融水平落后,金融服务体系不健全。这种二元金融结构总体来看能够集中我国的金融资源,优先促进大中型城市的金融发展,在较短的时期内能够迅速建立起一个金融功能健全、经济发展迅速的城市金融中心,为我国经济发展提供金融支持。

随着我国经济和金融的发展,我国的二元金融结构带来了诸多问题,特别是经济结构二元化的问题。由于金融行业本身的发展规律,金融的逐利性以及对风险控制上的要求,一定程度上造成了我国金融二元结构的产生。同时,在我国的制度设计上,也较多倾向于大型城市的金融发展。但是,随着日益发展的农村经济带来的金融需求,我国的农村金融问题亟须得到解决。在我国整体上呈现二元金融结构的背景下,省域金融在发展过程中需要在一定程度上考虑到这个问题。

(三)金融与财政配合

财政与金融是政府对经济进行调控的两只手,不论在中央还是地方,两者在配置金融资源中都发挥了巨大作用。在我国,财政与金融配合是金融体系中的一大特点,在布局金融发展或者筹划金融改革的过程中,要同时考虑到财政与金融两个方面,在实践中也多采取双管齐下的办法。金融与财政在经济的诸多部门当中都发挥着相同的作用,特别是在金融风险的应对上,财政对于抵御金融风险起到了关键性的作用。

在我国省域日常金融运行中,财政与金融两者缺一不可。在地方进行金融改革时,如果只是利用金融的力量,没有财政资金或者财政政策的引导,则进行金融运作的难度极高,资金进入的兴趣会大大降低。目前,我国地方政府债务风险问题受到越来越多的关注,这个问题实际上是财政与金融的双重风险。金融风险与财政风险之间存在相互影响的关系,当金融风险增加时,政府的财政风险也会相应增加。财政与金融两者之间相互依存、相互影响和相互竞争的关系,也是我国省域金融的一大特点。

二、省域金融面临的问题

伴随着我国经济的快速发展,我国省域金融运行的过程中出现了省份共有

的一些问题。总的来看,金融支持经济发展的力度不足是我国金融发展过程中面临的最大“瓶颈”,同时,我国省域金融还存在发展不均衡和区域性风险增加等问题。

(一)金融支持经济发展力度不足

金融支持经济发展是我国政府对于金融的核心定位,金融的发展要以实体经济的发展为导向,从我国近年的金融实际运行情况来看,虽然基本上符合这个定位,但是在力度上稍显不足,在许多环节上都没有完全发挥出金融的力量来支持实体经济的发展。造成这种现象的原因有两个,一个是部门省域金融本身的发展速度没有跟上经济发展速度,金融力量薄弱。另一个原因是实体经济发展过程中对于金融资源的利用不足,没能够发挥金融的巨大杠杆作用。在我国某些省份,并没有完全发挥金融的作用,依旧是以商业银行作为金融的核心部门,金融改革和创新的力度不足。部分企业由于没有完全理解金融,过分强调金融风险,没有动力去探索金融帮助企业发展的新路径。

(二)金融发展不均衡

金融发展不均衡的问题与我国经济发展不均衡一脉相承,从全国来看,经济发展水平较高的省份相对来说金融体系较为完善,规模也比较大,但是部分省份的金融发展程度明显不足。在省内,也是经济较为发达的大中型城市金融发展水平较高,三、四线城市以及农村地区金融发展缓慢,未能充分满足当地的金融需求。金融发展不均衡在一定程度上造成了我国经济发展不均衡的现状,使我国经济中出现了部分结构性问题。在我国部分农村地区,金融体系单一,风险比较突出。县以下金融机构的存贷比远低于县以上金融机构的存贷比,说明县级区域对于金融的应用程度明显不足。如果不能有效缓解金融发展不均衡的问题,我国农村金融环境就会迅速恶化,对我国经济的整体发展将会带来诸多不利影响。

(三)区域性风险增加

省域金融面临的另一大难题是区域性金融风险问题。区域性金融风险虽然在波及面上要低于国家金融风险,但是对于整个区域的金融系统会产生强烈的冲击，并且由于金融风险具有一定的传导性，影响范围可能不止一个区域。对于系统性、区域性及金融风险的防范是我国政府监控的重点。

从目前来看，我国省域金融风险主要表现在以下三个方面。一是地方政府的债务风险问题。目前以地方政府投融资平台为主体的地方政府债务问题是我国省域金融的主要风险点，由于目前对于地方政府债务的规模以及结构尚未完全调查明晰，因而地方债务问题一直是潜在隐患。二是省域内部的信贷违约风险，在我国进行产业结构调整与升级的大背景下，部门产业受到很大影响，容易形成不良贷款，同时目前我国整体经济处在一个调整结构的过程中，在一定程度上也加大了企业清偿能力不足的可能性。三是省域内部的“影子银行”风险，集体包括银行的理财产品、信托贷款和民间融资。虽然目前对于“影子银行”尚无明确界定，但是上述几个环节确实存在一定的风险，如果这种违约风险大规模出现，很有可能引发区域性金融风险问题。

三、省域金融中心发展模式

由于国内各省经济金融发展水平差异较大，不同省份之间的省域金融发展模式会有所区别。这里的省域金融发展模式主要是指省域金融中心的发展模式，之所以这样定义是因为省域金融中心的发展最能体现一个省的金融发展路径和经济发展特点。总的来看，可以将省域金融发展模式分为以下三个模式。

（一）国内金融中心型

在我国经济金融发展水平最高的省份，其金融发展目标就是争取成为国内金融中心，由于这些地区已经拥有了完整的金融体系和较为完善的金融服务功能，所以其发展路径就是建立起在国内具有明显优势的特色金融中心。这种优势可以表现在金融机构、金融市场或者金融制度方面。从国内的具体发展情况来看，北京、上海和深圳应该是国内金融中心的候选区域。从这些地区来看，金融发展的模式与一般地区有所不同，重点不在于一般地区引进金融机构、发展金融市场，而是要从金融机构的质量以及金融市场的辐射范围来考虑未来的发展方向。

(二)地区金融中心型

在经济金融发展水平稍低的省域,可以考虑建设地区金融中心。地区金融中心的辐射范围一般是一个省及其周边省份,所以这个省相比相邻省份要具有一定的经济及金融上的优势。从国内目前的金融资源分布来看,可以按照我国省份的地理方位来建设地区性金融中心。地区性金融中心的要求主要是在金融机构、金融信息以及金融服务上,特别是必须拥有一定数量的金融机构以及金融机构的总部,地区金融中心对于周边省份要具有相当的辐射以及带动作用,通过与周边省份形成金融互动效应来促进经济的发展。

(三)区域金融中心型

区域金融中心的辐射范围要低于以上两种金融中心,主要原因在于,区域金融中心的作用主要是引导省内地区的经济金融发展,而不是周边地区。通常来说,区域金融中心的主要任务是引进金融机构、发展金融市场、完善金融基础设施建设和构建良好的金融生态环境。通过这几个方面的发展就能够起到一定程度的带动作用。通常每个省的经济中心都致力于建设区域金融中心,所以区域金融中心的目标在于带动一个省份的经济发展。

第四节　湖北省经济金融运行情况

一、湖北省经济运行情况

(一)湖北省经济发展情况

湖北省 GDP 总量和湖北省人均 GDP 逐年递增,并且近几年增速明显加快。2011 年湖北省 GDP 总值在全国排名第 10 位,比 2010 年上升了 1 位,人均 GDP 排名全国第 13 位,比 2007 年上升了 3 位。从 GDP 的增速来看,由于国际国内经济减速、国家宏观经济调控以及省内产业结构调整等共同影响,2011 年湖北省 GDP 增速较 2010 年有所下降,但仍比全国(9.2%)高出 4.6 个百分点。2011 年湖北增速排名居全国各省市区第 7 位,居中部六省第 1 位。湖北省人均 GDP 水平低于全国平均水平,然而从增速来看,与全国其他省市相比处于较快水平。

从产业结构来看,"十一五"期间湖北省第一、第二、第三产业比重为 13.6∶49.1∶37.3。从第一产业来看,农业的综合生产能力有所增强,农产品加工业发展迅速,农产品加工业产值与农业总产值之比达到 1.25∶1。第二产业中新型工业化进程加快,重点产业调整和振兴取得重大进展,高新技术产业增加值占全省生产总值的比重达到 10.8%。第三产业发展提速,增加值年均增长 13.8% 以上,现代物流、金融、旅游、信息、文化等服务业快速发展,武汉成为国家首批服务外包示范城市。

(二)湖北省经济发展模式

一个地区的经济发展模式具有一定的规律性,而这样的规律性结合地区所处的时期以及地区资源特色就组成了特定的区别于其他地方的经济发展方式与路径,这种经济发展方式与路径称为经济发展模式。通过对湖北经济发展模式的分析研究,可以从以下几点进行分析。

第一,由于湖北省的微观市场主体力量相对较为薄弱,地方政府在湖北省的经济发展中发挥着较为重要的作用,在经济发展中外部力量的作用凸显,湖北经济发展道路的演进路径需要外部的行政性力量来引导。在现实条件下,"湖北模式"只能是一种政府驱动模式,而不是市场驱动模式。第二,区域发展推进模式是"两圈一带",即武汉城市圈、鄂西生态文化旅游圈和长江带。优化空间布局,着力推进新型工业化、新型城镇化和农业现代化,促进区域联动协调发展。第三,经济发展的资本积累和其他资源聚集问题,根据湖北的情况,必须通过三种途径解决:一是充分利用现有的国有资本,二是政府招商引资,三是培育调动民间资本,实现国资、外资、民资"三轮驱动"。东南沿海经济强省经济发展的主要载体是民营企业,经济发展具有明显的内发性、自组织性和可持续性,而湖北民间自主解决工业化的资本积累和其他资源聚集问题的能力较差,导致湖北经济发展缺乏内发性、自组织性和可持续性。政府不仅要肩负促进经济发展制度的供给责任,还要肩负招商引资、培育民间资本的责任。

（三）湖北省经济发展的主要问题

第一，居民可支配收入水平和“GDP 含金量”还有待提升。据国家统计局数据，2011 年湖北省城镇居民可支配收入水平为 18374 元（增速 14.4%），在全国居于第 16 位，不仅低于全国平均水平（21280 元）和全国中位数（19118 元），也低于同样位于中部的湖南（18844 元）和安徽（18606 元），甚至低于位于西部的广西（18855 元）和云南（18576 元），与湖北目前的总体经济增长水平不太相称。另据《中国经济周刊》旗下智囊机构中国经济研究院编制的“2011 年全国 31 个省、区、市 GDP 含金量（单位 GDP 人均可支配收入）排名”，湖北处在第 17 位，在全国处于中等偏下水平。这表明，湖北居民的“幸福感”和分享经济增长成果的能力还亟待提升。

第二，创新能力相对不足，亟待构造“自主创新驱动的经济增长”。2011 年 12 月，中国科技发展战略研究小组从知识创造、知识获取、企业创新、创新环境、创新绩效 5 个方面，对各省（自治区、直辖市）创新能力予以评价，并发布了《中国区域创新能力报告 2011 年》，湖北创新能力未进入全国前十。这份排名表明，湖北企业创新能力明显不足；自主创新的软环境和硬环境都有待优化；总体创新实力不仅未提升，反而较上年有所下降；比较优厚的科技资源、人才资源优势还没有充分发挥出来；人才外流、知识外流、技术外流依然是困扰创新发展的因素。笔者认为，自主创新能力的开发和积累，直接关系到湖北中长期经济增长的态势和潜力，应该给予充分重视。

第三，现阶段产业结构还存在诸多不尽合理的因素，亟待加快推进工业化进程。根据湖北省统计数据，近三年来，全省第一产业占比的下降速度仍然有限，第二产业占比仍在明显提高，而第三产业占比反而有所下降。比照各国经验，第三产业比重以较快速度增加，并逐渐超过 50%，是完成工业化的一个重要标志。因此，湖北仍需不断调整经济结构，加快促进工业化进程；走出“第二产业不强”、“第三产业不大”的困境，建设具有自主知识产权、跨国知名企业、国际知名品牌、强大技术能力的现代制造业，同时不断发展金融、商贸、物流、信息、文化创意等现代服务业，建设高附加值的现代服务业体系。这是湖北省中长期经济发展面临的重要任务。

第四，经济发展现阶段面临环境压力加重的挑战，必须协调增长速度与增长质量之间的矛盾。在我国经济发展中，中西部地区承接了东部转移的许多高耗能高污染产业。因此，既要满足经济持续较高增长的需要，又要解决好环境保护、资源节约问题，是湖北省现阶段经济发展的又一个特征。湖北省地处中部，在现阶段发展高耗能的重化工业有一定的必然性。但从中长期经济发展角度，必须正视和有效解决增长速度与质量之间的矛盾。

二、湖北省金融发展情况

（一）湖北省金融结构分析

湖北省近几年来金融机构发展较快，且呈现日益多元化的特点，但是从总量上看，国有商业银行、政策性银行和股份制商业银行在湖北省金融结构中仍占据较为主导的地位。从信贷市场来看，目前湖北省大型金融机构仍为信贷投放主体，小型银行贷款增速较快。从信贷结构上看，重点领域的信贷投入增加，信贷结构进一步优化，但还有调整的必要，仍需进一步优化。从证券市场来看，虽然湖北省上市公司数量有所增加，但企业债券发行数量较低，融资结构需要进一步优化，2006 年成立的光谷联合产权交易所对于优化资源配置产生了有效作用。近几年随着经济的发展，湖北省民间金融也有了较大发展。但是由于其非正式性和隐蔽性，在操作和监管过程中缺乏一套完善的风险控制机制，容易导致风险失控，从而一个普通的信用问题就可能导致严重的社会问题。

（二）湖北省金融发展的主要问题

目前湖北省金融业呈现出较好的发展势头，但在金融发展中也出现了较多问题。第一，金融业信贷结构不合理情况仍然存在，主要体现在中长期贷款占比较高，“三农”和中小企业贷款的增幅和占比虽然在逐步提高，但是相对“三农”和中小企业发展对金融支持的需求还有差距。第二，县域经济信贷投放不足。与湖北省县域经济快速发展的需求相比，目前县域经济信贷投放仍然不足，县域资金大量外流，存贷比和满足率较低。第三，金融创新力度不够。虽然湖北省加强金融创新力度，金融产品不断推陈出新，但是整体创新力度仍然较弱。

三、湖北省现有金融资源

(一)湖北省金融机构现状

1. 银行业金融机构状况

表 10.1　2010 年银行业金融机构情况

机构类别	营业网点			法人机构(个)
	机构个数(个)	从业人数(人)	资产总额(亿元)	
一、大型商业银行	2685	59950	12155	
二、政策性银行及国家开发银行	95	2375	2915	
三、股份制商业银行	159	6225	3755	
四、城市商业银行	176	3976	1393	6
五、城市信用社				
六、农村合作机构	2163	26908	2954	85
七、财务公司	7	504	725	5
八、邮政储蓄	1530	6130	1569	
九、外资银行	8	239	74	
十、农村新型机构	17	306	22	12
合计	6840	106613	25562	108

数据来源:中国人民银行武汉分行

湖北省银行业近几年来发展势头良好,结构日益呈现多元化。如表 10.1 所示,2010 年湖北省国有商业银行、政策性银行和股份制商业银行从总量上来看在湖北省金融结构中占据了较为主导的地位,同时规模优势在促进湖北省经济发展中发挥了较大的作用。国有商业银行由于股份制改革的顺利进行,以建立现代产权制度和现代公司治理结构为核心的各项改革措施正逐步到位,资产质量和经营效率有所提高。

2010 年之前,湖北省共有汉口银行等六家城市商业银行,2010 年 12 月 24 日,银监会正式批复同意湖北省将黄石银行等五家城市商业银行合并以筹建湖北银行。2011 年 2 月 27 日，湖北银行正式开业。新成立的湖北银行可以将五个城市商业的资源进行整合，在经营中实现规模效益，提高社会形象和公众认同度，能为贯彻落实省委、省政府经济增长、产业结构调整的战略部署提供更大的金融支持。一方面，大多数的城市商业银行由于经营地域集中、决策链短、信息传递较快，相比大银行来说具有经营灵活、对市场变化反应快、决策迅速的特点；另一方面，由于与地方经济交融的地缘性优势，大多数城市商业银行与地方政府和企业有着密切的关系，在获取信息方面具有地缘优势和时效优势。然而，城市商业银行也存在总体资产质量差、股权结构不合理、内部控制和风险管理薄弱、经营结构以及信贷资产状况不合理、市场定位不明晰、业务特色不突出等方面的劣势。

湖北省的农村合作金融组织由农村信用社、农村商业银行、农村合作银行构成。农村信用社的业务特征、服务对象与商业银行基本相同，管理方式和资金投向又深受各级政府控制，常与政策性银行混淆，成为中国金融体系的“四不像”。我国合作金融组织是一个不断偏离合作金融性质的异化过程，农村信用社已成为国家银行在农村的基层组织，由合作制变成了官办机构。2004 年 8 月国务院确定湖北省为全国第二批深化农村信用社改革试点省份，2005 年湖北省对农村信用社进行改革，成立湖北省农村信用社联社，启动统一法人改革试点工作，转换农村信用社经营机制，有序推进增资扩股和申请发行专项票据工作，改善农村信用社的资产负债结构。虽然在深化改革的进程中，全省农村信用社的发展取得较好的成效，但是，农村信用社发展中还存在一系列突出问题，应引起足够重视。第一，持续发展能力脆弱，农村信用社在同业竞争中仍然处于明显的弱势地位。第二，经营环境较差，农村信用社的经营风险仍然很高。第三，转换经营机制难，农村信用社建成服务于农村的现代金融企业仍是一个长期的过程。

湖北省在 2010 年已设立村镇银行、贷款公司和农村资金互助社等农村新型金融机构 17 家。建立村镇银行是解决我国现有农村地区银行业金融机构覆盖率低、金融供给不足、竞争不充分、金融服务缺位等“金融抑制”问题的创新之举，对于促进农村地区投资多元、种类多样、覆盖全面、治理灵活、服务高效的新型农村金融体系的形成，进而更好地改进和加强农村金融服务，支持社会主义新农村建设，促进农村经济社会和谐发展和进步，具有十分重要

的意义。但作为新生事物,村镇银行在建立及发展中还存在一些新的问题,需要得到有关部门的关注和解决,以促进其健康发展,进而发挥应有的作用。

2. 证券期货机构

表 10.2 证券期货机构总部

项目	数量
总部设在辖内的证券公司数(家)	2
总部设在辖内的基金公司数(家)	0
总部设在辖内的期货公司数(家)	3

数据来源:湖北省 2010 年统计公报

2010 年年末,湖北省湖北证券营业部数量在全国排名第八,占全国营业部总数的 3.4%。法人证券机构资产规模进一步壮大,两家法人证券公司净资产同比增长 4.3%,全省证券市场交易额同比增长 3.6%。目前湖北省已拥有 3 家期货公司、35 家期货营业部,5 个品种、11 个期货交割库,辖区期货市场规模位居中部省份第一,一批企业充分利用期货市场的价格发现、风险规避和套期保值功能,期货市场服务地方经济发展的功能逐步显现。

3. 金融后台服务中心

金融后台服务中心,是指与金融机构直接经营活动(即前台)相对分离,并为其提供服务和支撑的功能模块和业务部门,如数据中心、银行卡中心、研发中心、容灾备份中心、档案管理中心、客服中心、培训中心等。金融后台服务支持体系因其科技含量高、中高级人才密集、吸纳就业量大、提供数据集中、技术保障能力强、直接支持前台业务发展的特点,日渐成为金融机构创新发展的重要支撑。2011 年年底,金融机构在武汉签约入驻的后台服务中心达到 33 家,超过上海的 22 家位列全国第一。金融机构在武汉建立后台中心,可以加强武汉与金融机构的联系,推动武汉成为区域金融中心。

（二）湖北省金融市场现状

1. 信贷市场

表 10.3　湖北省存贷款情况

	2005	2006	2007	2008	2009	2010
总资产	9451.5	12069.2	13308.4	16529	21023	25562
贷款余额	5866.7	6703.8	7788.1	8752.4	12057.2	14648
短期贷款	2460.3	2603.7	2960.9	3041.6	3667	4232.7
票据融资	380.4	404.3	313.6	386.6	600.7	361.5
中长期贷款	2850.1	3435.3	4248.9	5001.8	7100.4	9157.8
本币贷款	5649.7	6434.9	7496.5	8465.7	11659.4	14170.9
外币贷款	217	268.9	291.6	286.7	397.8	477.1
总负债和权益						
存款余额	8335.9	9711.2	11211.1	13574.9	17678	21769
企业存款	2503.6	2954.5	3677.1	4379	5819.8	6856.9
储蓄存款	4465.8	5190.3	5489.7	6800.4	8223.4	9851.3
本币存款	8185	9571.4	11093	13439.5	17505.9	21568.3
外币存款	150.9	139.8	118.1	135.4	172.1	200.7

数据来源：中国人民银行武汉分行

2011 年湖北省贷款增长回归常态，信贷投放节奏基本均衡。如表 10.3 大型金融机构仍为信贷投放主体，小型银行贷款增速较快。从信贷结构上看，重点领域的信贷投入增加，信贷结构进一步优化。从行业上看，农林牧渔、制造业、建筑业等行业的新增贷款占比上升。从对象上看，金融机构对中小企业和"三农"等实体经济的信贷支持力度继续加大。然而湖北信贷结构还有调整的必要，信贷资金配置尚需进一步优化。2011 年湖北省贷款短期化趋势明显，中长期贷款占比持续下降，这样在一定程度上挤压了生产性企业的贷款需求，放大了银行资产负债错配的风险。另外从整体来看，银行业存贷比略高，面临较大的流动性压力，制约了银行的放贷能力。

2. 证券市场

湖北省证券市场近几年取得了较大的发展。2010 年，全省上市公司新增 5

家,其中创业板4家。2010年年底湖北省共有境内上市企业73家。全年股票(A股)境内市场融资217.8亿元,创近年新高,其中通过IPO募集资金68.6亿元,通过增发募集资金149.2亿元,创业板公司融资10亿元,然而相对于全年新增贷款不到10%,还有巨大的提升潜力。另外,湖北省2011年符合发行公司债条件的上市公司共有34家,但实际只有两家公司发行公司债,融资27.8亿元,也有巨大的提升空间。由此可见,虽然湖北省融资结构呈现多元化发展趋势,然而对比湖北经济发展总量和区域优势与湖北上市公司情况,湖北资本市场仍然有较大的发展潜力。2011年湖北GDP占全国GDP的4.2%,但截至2012年5月15日,湖北上市公司数量占全国数量比重仅3.4%,市值占比仅1.8%。另外,2011年数据显示,湖北上市公司市值占湖北GDP比重为20%,而全国平均证券化率为45.5%。

场外交易市场(Over－the－Counter,OTC)又称柜台市场,是指在证券交易所以外进行股权交易的市场,是达不到上市条件的中小企业进行股权融资的平台,是多层次资本市场体系的基础板块。武汉光谷联合产权交易所成立于2006年12月,标志着省内各类产权交易机构成功地实现了优化整合,已经形成统一的区域性产权交易大市场。目前,武汉光谷联合产权交易所主要是企业资产尚未实现单元化、证券化的企业进行整体性产权交易的场所。它与证券资本市场最大的区别在于,存在非标准化的产权交易方式,如协议转让、竞价交易、招标转让、合作开发等。中小企业的基本特征就是信息不透明,且行业特征、成长前景、治理结构等差异极大,不知情的外部股权投资者往往面临着严重的信息不对称问题。做市商制度使做市商的利润同其所负责做市的证券交易活跃程度直接相关,故该制度能够有效激励做市商挖掘信息。因此,武汉光谷联合产权交易所的成立对于解决湖北省中小企业融资难问题有一定的帮助。

3. 民间金融市场

民间金融是一种自发的金融制度安排,随着经济的不断发展,民间金融逐渐发展壮大,对经济的影响也越来越大。湖北民间融资采用的主要形式有民间借贷、向股东或职工集资、商业票据转让或贴现融资、关联企业间融资,其中民间借贷是民间融资活动中应用最广泛的形式。在一些经济发达的市县,民间融资已逐步成为县域经济尤其是民营经济资金支持的主体。随着中小企业发展对资金需求量扩大，湖北民间融资呈现出日渐活跃的势头，融资额度也逐渐扩大。

一方面，在正式金融制度逐步从农村退出的背景下，民间借贷的发展对缓解广大农村的生产和生活过程中的资金需求发挥着积极的作用。对于城乡的个体和民营经济而言，在资本市场不发达，而向银行贷款又困难重重的情况下，民间借贷为其融资提供了一个可供选择的出路。另一方面，民间借贷由于具有非正式性和隐蔽性，在操作和监管过程中缺乏一套完善的风险控制机制，容易导致风险的失控，从而一个普通的信用问题就可能导致严重的社会问题。特别是大规模的个人集资行为，在大额的资金诱惑面前，依靠传统道德来维系的信用链禁不起任何贪欲的考验，从而引发道德风险和支付危机，最终必将引起金融体系的动荡。

（三）湖北省金融创新现状

虽然同东部发达地区相比，湖北省金融创新整体水平还比较低，但是近几年来湖北省金融创新力度不断加强，金融产品不断推陈出新，取得了一定的发展。2010 年，湖北省金融创新力度加大，金融产品不断推陈出新。全省继续推广“行业协会 + 联保基金 + 银行信贷”及“龙头企业 + 种植基地 + 行社联合 + 财政贴息”信用模式，推进林权抵押贷款业务，完善农村土地承包经营权抵押贷款试点。在各市州因地制宜地探索开展活物抵押贷款、“产业集群 + 专业担保公司 + 银行贷款”和采矿权质押等贷款业务，缓解了县域和小企业融资难题。重点推进科技金融创新，进一步加大对高新企业的支持力度。推广知识产权质押贷款、股权质押贷款和应收账款质押贷款等产权融资业务，积极开展创投贷款、科技推荐贴息贷款、高新企业产业引导基金、私募股权投资基金担保贷款及中小企业集合债等新型融资模式。

第五节　省域金融工程研究体系

省域金融工程的一般模式总体上包括省域金融规划、省域金融市场建设、省域主导产业金融工程支持体系和省域宏观金融风险控制体系。针对一个省的经济金融发展情况,可以从以上五个方面着手打造省域金融工程,这五个方面是省域金融工程中的主要部分和核心部分,通过这五个方面的实践,可以优化配置金融资源,突破经济发展的金融“瓶颈”,使省域经济得到跨越式发展。

一、省域金融规划

省域金融规划是指针对省域经济发展的目标以及路径,来制定金融发展的方针。从定义上来说,省域金融规划与一般所指的国家整体金融规划类似,但是由于省一级政府的政策权力范围要小于国家,在诸如货币政策制定等方面没有规划权力,所以省域金融规划具有一定的特殊性,其主要包含以下几个主要内容。

(一)金融机构及金融市场建设

金融机构与金融市场建设是省域金融规划的核心内容,它们共同构成了一个省的金融中介。从金融机构来看,银行、证券公司与保险公司是最主要的金融机构,小贷公司、担保公司和信托公司等其他金融机构目前也在迅速发展。省级区域要大力引进和培育各种机构,特别是组建新的金融机构,如地方性商业银行。可以重点引进具有较强带动效应的分支机构,同时对于外资金融机构可以在省域内设立代表处。

从金融市场来看,由于省级政府审批权的限制,部分国家性的金融市场难以引入,所以要重点打造地方性金融要素市场。金融市场中最重要的当属资本市场,它是企业募集资金的重要通道,根据我国多层次资本市场的定位,省级部门可以建设地方性股权市场,通过引导企业上市来发展实体经济。

(二)省域金融布局

省域金融布局指的是如何在一个省的范围内实现金融产业的协调配合。由于在一个省的范围内经济金融发展水平会存在较大差距,所以需要统筹整个省的经济金融运行情况来配置金融资源。从规划的范围来看,省域金融规划一般可以分为三个层次:省级区域、地级区域和县级区域。把握好这三个层次金融规划的联系和区别是规划的重点。

首先要打造省域金融中心,凸显金融对于经济发展的支持作用。一般来说,省域金融中心能够反映出全省的经济金融发展水平,同时通过重点支持省域金融中心的发展,发挥其辐射带动作用。金融创新一般发生在金融中心,省域金融中心对于全省金融发展水平起着至关重要的作用。省域金融中心是金融与经济发展相互促进的最好场所,一方面较高的经济发展水平吸引众多的金融资源,另一方面丰富的金融资源带动了省域经济的发展水平。在省域金融中心的规划布局中,要密切关注相邻省份金融中心的发展情况,与其他省份金融中心可以采取合作发展的方式,壮大区域内金融产业规模。

其次是发展地区性金融中心,地区性金融中心一般由一个或者几个地级市构成,可以按照地域、产业或者城市圈的方式形成一个地区,再根据经济金融的实际运行情况形成地区性金融中心。由于地区性金融中心在金融产业中的发展水平与省域金融中心存在差距,其竞争力来自当地的金融资源。因此,政府在地区性金融中心的发展中要起到推动作用,特别是在区域内的组织与协调工作中,要处理好相邻区域内的合作与竞争关系。一般来说,省域内会存在多个地区性金融中心,一个金融中心的辐射范围通常是几个地级行政区域。从目前全国金融资源的分布情况看,地区性金融中心的发展重点不在于培育大型金融机构,而在于引进金融机构,特别是新型金融机构。特色产业也是地区性金融机构的重点服务对象,通常地级区域能够产生比较强烈的产融结合效应。

最后是升级县域金融,省域经济是我国经济的重要组成部分,在我国整体经济构成中有着重要的地位。但是在我国广大的省域地区中存在很大的金融发展不足问题,特别是偏远地区的省域金融发展仍处于起步阶段,所以不同省域金融发展的重点会有所不同。对于处于起步阶段的省域来说,当务之急是引入金融机构服务网点,开展金融业务的最基础渠道。对于有一定金融基础的省域来说,金融机构的配备已经齐全,要做的就是改善金融机构的组成,促进金融机构间的竞争发展。同时要加强金融对于实体经济的服务力度,特别是对于省域经济中的企业,在适当的时候可以采取金融创新的手段为企业提供金融服务。

省域金融布局的重点在于行政区域金融发展的层次性,这就要求金融规划要着眼于当地的金融发展水平,发挥好所在层次的金融功能。省域金融中心、地级金融中心与省域金融三者之间争取做到很好地承接该区域的金融服务

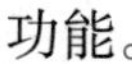

功能。

（三）金融生态环境建设

金融生态环境指的是影响金融活动的要素集合，对于金融业的发展有着举足轻重的作用。一般理解的金融生态环境指的是金融运行所需要的外部条件。金融生态环境对于发挥金融的功能有着很大的意义，我国由于实行社会主义市场经济的时间不长，在金融生态环境建设上相比发达国家较为落后，这也是造成我国金融服务实体经济力量不足的原因之一。从目前主流的观点来看，金融生态环境一般包括诚信环境、法制环境和金融服务环境。

诚信环境是金融环境的重要内容，构建社会信用体系是我国整体金融业发展的目标。诚信是市场经济的立足之本，由于我国还处于社会主义市场经济的发展阶段，经济法制的观念不强，社会信用水平整体来看仍然较低。从全国的范围来看，每年由于诚信缺失导致的经济损失高达数千亿元，所以改善诚信的经济环境至关重要。

法制环境对于金融的发展也有很大的影响。目前可以采用以下三种方法来改善法制环境。首先，要加强出台法律法规的规范性，提高出台文件的质量，争取既不出现盲区也不出现法规相互矛盾的状况。其次，要维护好企业和个人的合法权益，特别是保障民营企业生产经营活动的正常进行。对于经济中的竞争关系，政府要起到调节的作用。最后，要加强对于有关经济与金融方面法律的宣传和教育力度，逐步提高公民的法律意识。

金融服务环境主要指的是金融中介对于非金融部门的服务环境。目前，我国金融服务整体环境不断提升，但是部门经济落后地区的金融服务水平依然较低，严重抑制了当地的经济发展速度。所以我国金融服务环境的改进重点就是加强对于经济落后地区和中小企业的支持力度，在此基础上，再着眼于提高服务质量，注重经济效益与社会效益结合，提高金融对于实体经济的服务效率。

二、省域金融市场建设

狭义的金融市场主要指货币市场和资本市场，广义的金融市场包括能够发挥资金融通功能的市场。从目前理论研究和我国的实践来看，比较符合我国省域定位的是金融要素市场。

金融要素市场是一种专门从事资金融通的要素市场,通过配置金融资源达到促进实体经济发展的目标。金融要素市场多是以一个体系出现的,通过金融要素市场体系优化资源配置,对于虚拟经济与实体经济都能起到巨大的推动作用。金融要素市场的种类很多,可以包括货币市场、资本市场、产权市场、大宗商品市场、衍生品市场等。从我国省域经济的具体情况出发,较为适合省域经济大面积推广的是以下三种要素市场:产权交易市场、大宗商品交易市场和金融资产交易市场。

(一)产权交易市场

产权交易市场的交易对象是诸如股权、债权、林地使用权等产权,通过在交易市场公开价格和其他信息,促进交易顺利进行。总的来看,交易市场可以起到三个功能:降低成本、中介服务和价格发现。通过在交易市场交易产权,可以明确买卖双方的理想价格,减少议价成本,同时,也能节约交易费用以及交易时间。产权交易市场与一般交易市场一样,都能够起到降低交易成本的作用。交易市场同时具有中介服务的功能,由于办理产权交易需要办理一定的手续,通过交易市场制度化和规范化的运作,在明确这些流程的同时,交易市场在一定程度上帮助买卖双方减少了一些工作,避免了因为繁杂的手续而交易失败。同时,交易市场在对于买卖双方的监管、风险控制以及信息的披露上都能够起到良好的服务作用。最后,产权交易市场具有价格发现的功能,产权交易不同于商品交易,不通过交易手段很难进行行政上的定价,通过买卖双方在交易市场的供求状态可以形成价格,起到价格发现的功能。

(二)大宗商品交易市场

改革开放以来,我国商品市场迅速发展。现阶段商品市场可以分为现货市场、期货市场和大宗商品交易市场三种。传统商品交易方式已经远远不能适应当前市场经济条件下的需要,必须改革已有的贸易形式,发挥市场在商品资源配置中的基础性作用,完善价格形成机制,健全商品市场体系,同时建立符合社会主义市场经济要求和我国国情的商品市场交易机制,促进国民经济持续、快速、协调、健康地发展。

一般来说,建设区域性的大宗商品交易市场都希望能够获得某一个区域内此种商品的定价权,交易量就成了大宗商品交易市场发展的关键指标之一。所以,建设大宗商品交易市场的每个环节都要考虑到交易量的提升。商品、交易方式、合约设计等都是影响交易量的重要环节。在商品的选择上,可以按照各个省域的具体情况具体选择,既可以考虑将当地产量丰富的产品作为交易商品,还可以选择当地需求较大的产品。在交易方式的选取上,可以根据对于交易需求大小的估算来提供合适的交易方式,在合约设计上,要充分考虑到虚拟交易和实物交割的因素,在最小交易数量和最小价格波动幅度上除了参照国际上的交易标准外,还可以借鉴大型交易商的交易习惯。

(三)金融资产交易市场

金融资产是与实物资产相对应的概念,指单位或个人所拥有的以价值形态存在的资产,代表一种索取实物资产的无形的权利,是一切可以在有组织的金融市场上进行交易、具有现实价格和未来估价的金融工具的总称。根据交易属性和交易场所,金融资产可分为有交易属性且有公开平台支持、有交易属性但没有公开平台支持和没有交易属性三类,传统的股票、债券、公募基金和部分衍生品属于有交易属性且有公开平台支持的金融资产,但是还有大量的金融资产有较强的交易属性却没有足够的公开平台支持,造成交易效率低下、金融资产流动不足,这部分金融资产包括应收账款、应收票据、贷款、垫款、其他应收款、应收利息等。

三、省域主导产业金融工程支持体系

省域主导产业金融工程是用金融工程的手段推动产业的发展,通过产业的发展来带动经济发展。具体来说,就是通过金融工具与金融手段的创新设计与重新组合、金融结构的调整和金融制度的设计来解决产业发展所面临的各种问题。在省域经济体系中,产业处于一个十分重要的位置,在传统的定义中,产业是指社会中的主要物质生产部门,主要是利用生产产品的不同来定义产业。所以说,产业几乎包含了社会经济中的绝大部分内容。省域产业金融工程支持体系包含了产业增值的四个过程,分别是价值创造工程、产业资金工程、产业风险

管理工程与产业政策制度设计工程。

（一）价值创造工程

产业价值的创造是基于整个产业链的价值增值过程。通过产业链的调整可以使产业价值发生改变，从而达到产业增值的目的。产业价值创造可以按照如下几个方法进行。

首先可以通过产业链的整合，使得企业互相促进，将不同的企业优势环节联系在一起，使产业价值链上各个环节都能够达到最优水平，优化企业的产业链结构。对产业链的资源整合，实施标准化生产、企业内部成本管理等内容，可以有效地在物流、库存、包装和销售等环节降低成本。

其次可以延伸产业链，由此企业收获的不仅仅是新的盈利空间，更是企业生产和运营成本的降低以及相对于其他企业而言的比较优势。通常而言，产业链的延伸往往能够形成产业集群。产业集群在技术创新方面具有创新所需的组织架构、产业文化基础、知识积累和扩散的内在机制，产业集群为创新型区域的构建提供了现实的基础。

最后可以打造品牌。通常来说，单个企业的品牌效应是有限的，最好的办法是打造区域品牌。以往的经验表明，单个企业想要打造品牌，难度是非常大的，对于区域经济的发展来说难以起到决定性的作用，然而企业通过集群的力量打造区域品牌，能够使这一集群中的所有企业都获利，并且能够使区域经济实现跨越式发展。

（二）产业资金工程

省域产业资金工程的主要内容是为产业链上的每个价值增值环节筹集资金，通过引入资金的方式使产业链得以完成，为产业的发展提供完整的资金解决方案。在具体的实施过程中，主要有以下四个方面的参与者。

（1）政府

政府在产业资金平台上起引导作用，一般来说，政府可以委托下属的投资平台承担产业资金平台的功能，如城市建设投资公司（通常简称城投公司）、城建开发公司、城建资产经营公司等各种不同类型的公司。由于这类公司的资金投入能力较强，并且公信力较高，通常来说一个产业如果能够吸纳到政府的这类投资平台进入,比较容易得到后续的发展。政府在产业资金平台的建设上还有另外一个作用就是投入财政引导资金。虽然省域经济的财政情况一般来说不及城市,但是财政资金的划拨可以为产业的某些项目作为启动资金加以使用。

(2)企业

企业通过自用资金或者在社会上吸纳资金,再投入产业中,这个过程就是企业参与产业资金平台的过程。通常来说,企业是产业升级的承载者,产业发展的每个步骤都要深入企业中实现。企业通过自身的资本积累或者在社会上募集资金,再投入企业的发展中去,此时企业就完成了在产业资金平台上的运作过程。

(3)金融机构

金融机构在产业资金平台的建设中起着主要的作用,而金融机构在产业资金平台中可以包含多个类型:银行、证券公司和信托公司等。一般来说,如果产业中的企业能够完全符合银行的信贷条件,那么从银行就可以直接得到资金。如果企业不满足银行的信贷条件,但是企业有能够产生未来现金流的项目,那么可以依托证券公司采用资产证券化的方式获得资金,起到融资的功能。如果说政府在产业资金平台中起引导作用,那么金融机构则起到主导作用。

(4)投资者

投资者是产业资金平台的重要组成部分。可以将投资者分为个人投资者和机构投资者。个人投资者可以根据自身偏好选择有关项目进行投资,而机构投资者以风险投资为主,在企业的初创期和成长初期,风险投资资金的介入能够迅速为企业提供资金,帮助企业扩大规模。总的来说,在产业资金平台中投资者是金融机构之外的一个有力补充。

(三)产业风险管理工程

从价值增值的角度界定产业风险,是指产业链(一般包括上游、中游和下游)的价值增值(投入产出)的不确定性。产业风险管理工程主要包含以下几个方面内容。

(1)产业风险的影响因素

宏观经济周期、产业经济周期、产品价格风险、信用风险、宏观经济政策的

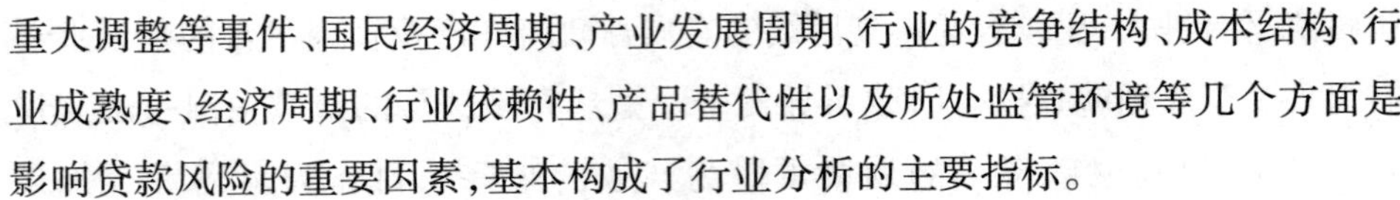

重大调整等事件、国民经济周期、产业发展周期、行业的竞争结构、成本结构、行业成熟度、经济周期、行业依赖性、产品替代性以及所处监管环境等几个方面是影响贷款风险的重要因素，基本构成了行业分析的主要指标。

(2)产业风险的分类

产业风险可以粗略地分为研发风险、生产风险、销售风险和自然风险。研发风险即投资者在进行研发时承担的风险。生产风险是指企业无法按照预期完成生产所产生的风险，这种风险产生的原因是材料、设备、技术人员、生产组织和生产工艺方面存在不确定因素，导致生产未能正常进行。销售风险指在销售过程中，消费者的偏好、市场环境和竞争对手存在很大的不确定性，推销产品的过程中很可能存在不及预期的情况。自然风险是指由于自然环境的变化造成的风险，如地震、洪水、旱灾等自然灾害造成的风险。

(3)产业风险的度量

产业风险的度量是指采用数量化的方法计量产业风险。我们这里要度量的产业风险指的是金融方面的风险。产业风险的度量方法可以分为流量风险和存量风险的度量。对于单个具体产业来说，有很多具有针对性的风险度量方法，本节主要采取宏观金融工程中的风险管理办法对产业中的风险进行度量。宏观金融风险度量的主要是错配风险，如期限错配风险和资本结构错配风险。

产业风险度量中的资产负债表方法包括账面资产负债表和或有权益资产负债表，这两种表的编制方式虽然有所不同，但是都可以起到度量产业风险的作用。

账面资产负债表的方法与一般企业中资产负债表风险管理方法类似，将产业中企业资产负债表进行加总，得到产业的账面资产负债表，然后按照财务指标的方式得到一批财务指标。或有资产负债表方法是在账面资产负债表基础上的一个发展，采用的资产与负债的市场价值，能够更加敏锐地发现产业的风险。具体的理论和方法可以参考高等教育出版社出版的《宏观金融工程：理论卷》。

(四)产业战略管理工程

产业战略管理工程就是建立一套完整的体系使产业能够顺利实现上述三个工程的目标，进一步地说，产业战略管理工程就是打造产业稳步发展的外部环境，顺利实现产业的发展。总的来说，产业战略管理工程包括产业发展战略设计和产业政策制度设计。

产业战略设计是指从产业的全局考虑，对产业的整个发展过程进行规划。在县域产业发展过程中，产业战略设计是必不可少的一部分，对于一个县域经济来说，不能没有产业的发展。第一步是确立主导产业。主导产业是县域经济中最具有发展潜力，能够最快带来最大收益的产业，在每个县的产业结构布局中，应该首先确立一个或者多个主导产业，作为县域经济工作的重点。第二步是找出主导产业发展"瓶颈"。在确立主导产业后，就要开始寻求以主导产业为中心的产业发展体系。第三步是提出对策打破"瓶颈"。在找到限制产业发展的"瓶颈"，弄清产生"瓶颈"的原因后，就要提出对策来应对。第四步是构建产业发展战略。在有针对性地提出解决"瓶颈"问题的方案后，就要为产业后期的发展做规划。一般而言，产业发展战略包括产业定位、发展步骤、重点项目设计和实施方案。

四、省域金融风险控制体系

省域金融工程的核心是在控制风险的前提下，用金融来推动省域经济的发展。所以风险管理是省域金融工程的关键问题，只有控制住了风险，经济才能够稳步推进。金融风险管理的手段有很多，但从目前来看，金融风险管理的研究主要集中在微观，而省域金融工程的风险管理采用的是宏观风险管理方法，其中最主要的是或有权益资产负债表方法。

资产负债表方法是宏观金融工程的核心方法，也是省域金融工程风险管理的最主要方法。与微观金融风险管理不同，宏观金融工程面对的是宏观金融风险。从方法上来看，资产负债表方法按照表的类型可以分为账面价值资产负债表和或有权益资产负债表，按照部门划分，可以分为公共部门、金融部门、企业部门和家户部门资产负债表。

（一）账面价值资产负债表

账面价值资产负债表来源于企业的资产负债表，即对一个时期、一个范围内研究对象的资产和负债情况加以分析，主要用来分析主体的错配风险。一般来说，我们可以通过以下风险指标对账面价值资产负债表的风险表现和集中程度进行分析。

(1)期限错配风险

期限错配风险是资产与负债的期限不匹配造成的风险。一般来说，不论是银行、企业还是个人，资产与负债都是不可能完全匹配的，但是在资金链断裂和利率调整时，期限错配风险就会导致主体发生损失。资金链的短缺会引起主体通过债务展期来偿还债务时发生失败，出现短期的流动性风险而发生损失。利率调整可能会引起融资成本提高，如果此时资产收益率并没有显著提高，那么主体就会发生短期的资金问题。期限错配风险在现实的金融运行中经常发生，通过资产负债表对于资产和负债的结构性分析，可以对期限错配风险进行监控。

(2)资本结构错配

资本结构错配风险主要指的是资本的结构性问题导致的风险。这种风险主要发生在金融部门和企业部门，企业的融资来源主要包括债务融资以及股权融资两类，一般来说，由于债务融资存在还本付息的问题，而股利的支付可以根据企业的经营状况进行调整，所以在企业市场不景气时，容易出现风险。金融部门也有可能出现资本结构风险，如由于资本结构错配可能导致银行的资本充足率不足，引发银行破产的风险。

(3)清偿力风险

清偿力风险指的是资产不足以偿还负债时产生的风险，由于其他类型的风险很容易诱发企业产生清偿力风险。资产负债表中的资产负债率可以有效反映企业的资产与负债情况，体现出企业的资不抵债的风险。同时，通过资产负债表对于其他风险类型的衡量，也有助于研究主体的清偿力风险。

资产负债表整体上衡量的是主体的存量，通过两张不同时期同一主体资产负债表的差额，可以体现出主体的流量变化，所以资产负债表可以衡量短期和长期风险。这种动态化的分析方法对于风险的控制十分有利。

(二)或有权益资产负债表

或有权益资产负债表是在账面价值资产负债表基础上的发展，它的主要思想是将或有权益方法与资产负债表方法相结合。通过这种方法，能够很好地衡

量主体的市场风险，并且在风险传导的分析上会有较大的作用。

(1)或有权益方法

或有权益方法来源于期权定价理论。在公司金融领域，期权定价理论认为股票、债券以及认股权证都可以看成一种期权，公司的资产与负债可以看成期权的组合。所以公司资产和负债的价值可以采用期权定价方法来度量，并且此时度量出的是市场价值。

根据或有权益方法，将风险性债务的价值分为两部分，一部分是债务的无违约价值，另一部分是债务的预期损失。其中前者可以看作债务账面上的风险，而后者反映出的是债务的市场风险。预期损失实际上是一种隐含的看跌期权，受到资产价值、资产价值的波动率、债务的无违约价值和时间的影响。通过或有权益方法的分析，可以明确企业的资产和负债的市场价值，使得衡量的风险不再仅仅是主体的账面风险，而是市场风险。

(2)或有权益资产负债表方法

或有权益资产负债表方法是将或有权益方法应用到资产负债表中，它结合了资产负债表方法的优点。资产负债表本身能够衡量主体的错配风险以及清偿力风险，并且是一种流量与存量相结合的方法。而或有权益方法是一种衡量市场风险的方法，两者的结合既保留了资产负债表方法的优点，也克服了其缺点。

或有权益资产负债表方法的核心是计算金融脆弱性指标，一般指的是违约概率。通过计算违约概率，可以很好地度量信用风险，将未来的不确定性直接转化为研究对象在某一时刻违约的可能性。这个过程利用的是市场对于资产和负债价值的判断，如果价格反映出了市场上的各种因素，那么通过资产与负债的市场价值就可以衡量出各种风险因素对于研究主体的影响水平。同时，利用或有权益资产负债表可以进行压力测试以及蒙特卡洛模拟，有助于了解经济受到冲击时的状况，对于风险管理提供帮助。

参考文献

[1]叶永刚:《省域金融工程》,人民出版社2015年版。

[2]刘飞:《省域金融结构调整与制造业结构升级》,《金融论坛》2015年第4期。

[3]林晓、韩增林、赵林等:《我国省域金融联系的空间格局及其变化》,《经济地理》2013年第33期。

[4]谢寿琼:《我国省域金融开放的空间格局研究》,《统计与决策》2017年第6期。

[5]邓薇:《我国金融业空间布局及影响因素分析》,《统计与决策》2015年第21期。

[6]栾贵勤、马韫璐:《区域视角下我国省域金融业聚集的影响因素分析》,《农村经济与科技》2014年第8期。

[7]殷炜晟:《我国中心城市金融集聚水平与空间格局研究》,《现代经济信息》2015年第16期。

[8]冉光和、李敬、熊德平等:《中国金融发展与经济增长关系的区域差异——基于东部和西部面板数据的检验和分析》,《中国软科学》2006年第2期。

[9]丁艺、李靖霞、李林:《金融集聚与区域经济增长——基于省际数据的实证分析》,《保险研究》2010年第2期。

[10]陆远权、郑威、李晓龙:《中国金融业空间集聚与区域创新绩效》,《经济地理》2016年第36期。

第十一章　中国国家金融工程研究

第一节　绪　论

改革开放三十多年来,中国经济持续快速增长引发全球关注,2008 年爆发的全球金融危机以及随之而来的全球经济结构性调整对中国经济的快速可持续增长提出了挑战,中国经济增长速度有所放缓,关于中国经济能否持续较快增长的讨论一直在持续。金融是经济的血液,是经济发展的内在推动力,此次全球金融危机告诉我们,金融如果脱离了实体经济孤立发展,只会造就投机行为并产生资产价格泡沫。区域经济作为中国经济发展的重要单元对整体经济的支撑起着重要的作用。探索中国区域经济发展的金融支持模式,对于坚持金融与实体经济紧密结合,实现中国经济的成功转型并保持持续较快发展至关重要。区域金融工程旨在创造性地利用各种金融工具和手段,在控制区域宏观金融风险的前提条件下实现区域经济的跨越式发展。

本节首先介绍了区域金融工程的研究背景及意义,接着对国内外关于区域金融的研究进行了总结和分析,在此基础上提出区域金融工程的概念、理论分析框架、研究方法和技术路线等。

一、研究背景

2015 年,全球石油和大宗商品价格下跌导致石油和大宗商品出口国公司部门的信用风险增大;新兴市场主权国家汇率风险暴露,汇率贬值增加了持有大量外币借款公司的压力,资本外逃严重,市场风险和流动性风险增加;美国利率上行的风险,增加了全球流动性的压力。全球经济下行压力不仅对中国进出口影响明显，而且加剧了人民币汇率的波动，增大了人民币贬值的压力。中国面临全球经济下行和国内经济下行的“双下行”压力，金融风险“上行”压力增大。

中国金融风险“上行”主要表现在以下方面：(1)中国金融结构中直接金融占比低。公司主要通过以银行为主体的间接金融市场融资，从而造成了公司的债务负担加重，一旦经济下行，公司便不堪重负。(2)中国金融体系中二元经济现象严重。农村资金流向城市，国内储蓄流向国外，严重地影响到全国各地的资金有效供给和有效需求。(3)金融波动率大，股票市场震荡，人民币汇率和贬值幅度加大。(4)制造业大量过剩，利润率下降，坏账率上升，进而影响金融业坏账率上升。(5)互联网金融风险造成信用风险增大。互联网金融实际上是在利用互联网工具和互联网平台发展金融，但是它所缺少的却是金融机构中应有的规范化管理，因此埋下了巨大的信用风险隐患。(6)房地产风险逐渐显现。在过去几年里，民间金融和间接金融中有很大一部分进入了房地产，导致三、四线城市房的供大于求，2015 年全国房地产库存压力巨大，价格也随之下行，这势必造成金融风险进一步集聚。(7)区域性风险上升。由于经济下行压力增大，区域经济中投资增速大幅放缓，而消费水平没有明显提升，经济增速放缓，造成区域金融风险呈现上行压力。公司倒闭和互联网机构的“跑路”使这种压力进一步加重。

从部门层面来看，中国公共部门风险主要集中在地方政府，地方政府投融资平台风险不断暴露，地方债成长速度高于经济增长率，地方债违约概率增加，同时地方债多用于周期长、持续性高的基础建设投入，地方债期限错配风险增加。金融部门中银行信贷资产质量恶化，不良贷款率上升，金融市场波动性加大。银行业表外业务持续增加，“影子银行”潜在业务风险加大。公司部门资产负债率较为稳定，资本结构较为合理。国际大宗商品价格下跌导致部分产业产能过剩，部分传统行业公司利润下降。家户部门个人消费贷款占储蓄存款比例较低，整体风险水平较低，但是房地产价格下跌和金融市场波动导致家户部门金融资产收益率波动风险加大。

如何实行有效的战略部署和措施来防控金融风险并推动中国经济的稳健发展，是当前中国经济发展面临的重要课题。因此，研究中国宏观金融风险状况，并提出风险防范机制与政策，对于促进中国经济平稳发展具有十分积极的意义。

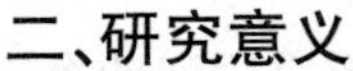

二、研究意义

（一）理论意义

在宏观金融工程理论体系下进行延伸与完善，将对宏观金融风险的识别和管理上升到国家经济发展的战略高度上来，从宏观角度对风险管理和战略发展问题进行理论和方法的创新，进而提出"国家金融工程"理念。从研究方法上看，构建基于资产负债表和或有权益方法的宏观金融风险分析框架，研究风险演变与传导机制，并从宏观经济资本的角度出发研究宏观金融风险管理策略。

（二）现实意义

将虚拟经济与实体经济结合是金融服务实体经济的本质内涵。宏观金融工程正是在金融服务实体经济这个思路下应运而生的，它与金融服务实体经济的要求是一脉相承的，但是更加具体，将影响实体经济的不稳定因素进行整体的关联分析，利用金融工程的手段以达到支持实体经济发展的目的。本章将立足国家资产负债表，进行宏观金融风险研究，并针对性地提出修复资产负债表、防范宏观金融风险及促进经济发展的机制和政策，包括部门风险准备金机制、各项政策工具（货币、财政、产业）组合等。

第二节　国家金融工程理论体系

历史上发生了多次波及范围较大且影响深远的全球性金融危机，如 1637 年的荷兰郁金香危机、1720 年的英国南海泡沫事件、1995 年的墨西哥金融危机、1997 年的亚洲金融危机和 2007 年的美国次贷危机等。因此，正确认识、测度和管理宏观金融风险显得尤为重要，这也是各界关注的焦点。虽然中国在历次全球性金融危机中尚未受到严重影响而发生实质性动荡，但是中国自身存在的一系列隐性结构性问题随着全球经济一体化发展和中国经济增长放缓而逐步显现出来，其中宏观金融风险也引起了监管当局的高度重视。本节将对宏观金融风险相关研究进行分析和总结，主要包括宏观金融风险内涵研究、宏观金融风险成因研究、宏观金融风险度量研究和宏观金融风险传导研究四个方面，进而为本章进行国家宏观金融风险传导与监测研究提供借鉴。

一、宏观金融风险内涵研究综述

近年来全球范围内金融危机频频发生，实务界和理论界开始重新审视和研究风险，尤其是宏观金融风险引起各界的广泛关注，而对于宏观金融风险的内涵却一直还未形成共识。

对于风险的理解和认识尚未达成统一。清耶斯（Haynes，1895）最早提出风险的概念，定义风险为损失发生的可能性；威利特（Willet，1902）认为风险是对于不愿发生的事件发生的不确定性的客观体现；奈特（Knight，1921）将风险界定为一种可以用概率度量的不确定性。风险不同于损失，即风险的存在既有可能导致损失，也有可能导致收益，或无损失无收益。相对风险的概念而言，人们对于金融的理解基本一致，即金融是指资金融通及其包含的社会关系的总称。相应地，宏观金融风险是指由于资金融通带来的整体经济的不确定性。具体而言，宏观金融风险是指由于家庭、公司、政府、国外部门等经济主体在资金融通活动造成宏观经济产出出现不稳定的可能性（叶永刚等，2007）。有两个层面的概念需要厘清，一是金融风险和微观金融风险，二是宏观金融风险、金融系统性风险和金融危机。

宏观金融风险和微观金融风险存在本质区别。微观金融风险关注的是经济实体的个体引发的金融风险，是个体风险，经济社会影响较小，相应的微观金融风险管理对象多是单个机构；而宏观金融风险关注的是整个国家及国家内部国民经济各部门产生的金融风险，表现出的是具有整体性、传染性的社会公共风险，经济社会影响较大，宏观风险管理的对象是整个金融体系。在一定条件下，微观金融风险的积聚会转化成宏观金融风险。

关于系统性风险，BIS（1994），IMF、BIS 和 FSB（2009），以及 ECB（2010）均对其进行了界定。虽然这些定义的具体内容不同，但大都体现了系统性风险的共同特征，包括源于金融系统不稳定（系统性风险事件），通过金融参与机构的联系而扩散，以及对宏观经济（实体经济）产生严重影响。金融危机则是金融系

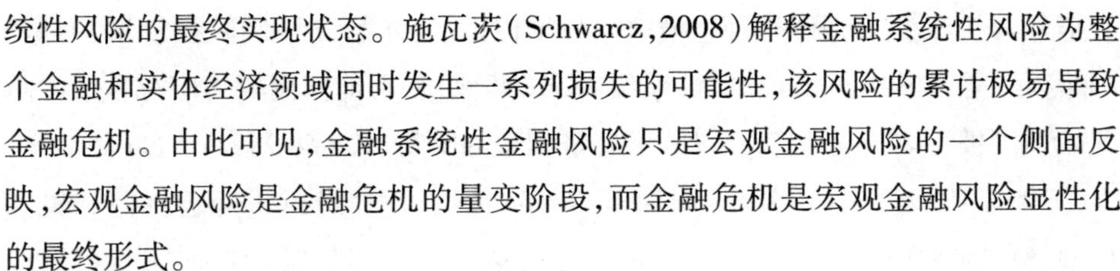
统性风险的最终实现状态。施瓦茨(Schwarcz,2008)解释金融系统性风险为整个金融和实体经济领域同时发生一系列损失的可能性,该风险的累计极易导致金融危机。由此可见,金融系统性金融风险只是宏观金融风险的一个侧面反映,宏观金融风险是金融危机的量变阶段,而金融危机是宏观金融风险显性化的最终形式。

二、宏观金融风险度量研究综述

在定性识别宏观金融风险的基础上,需要对其进行定量分析研究,为监测与管理宏观金融风险提供可靠依据。目前,关于宏观金融风险的测度理论和方法多种多样,也是讨论最多的议题。以下对本节研究所涉及的指标分析法、评估模型分析法和资产负债表分析方法进行归纳总结。

(一)基于指标分析法的研究

指标分析法是宏观金融风险测度中使用较为广泛的方法,通过一定的规则筛选指标,以指标实际值与正常区间值进行比较分析来衡量风险状况。通过选取宏观经济与金融主要指标作为分析变量,进行宏观金融风险评估,并基于此构建宏观金融风险监测体系。然而,指标的选取一直是研究中的重点和难点,学界并没有达成统一的共识与研究框架。简(Jan,2005)提出运用引入了金融机构清偿力准备和金融机构股票波动率的金融稳定状况指数研究金融稳定性。格洛普、韦沙离和乌尔普斯(Gropp、Vesala 和 Vulpes,2002)提出以股票价格为基础的违约距离、违约概率和次级债券的信用溢价作为判断金融危机发生与否的领先指标。莫拉莱斯、舒马赫(Morales、Schumacher,2003)基于市场信息能够反映金融安全水平的思想构造了相对水平的波动性作为金融稳定性指标。阿斯帕赫和古德哈特(Aspachs、Goodhart,2006)在前期构建的基于存在异质代理人、市场不完备、信贷市场存在违约的一般均衡理论模型的基础上,引入了银行部门违约概率、银行利润率、GDP 增长率和通货膨胀率等指标来分析金融脆弱性。

(二)基于评估模型分析法的研究

宏观金融风险评估模型与方法的改进一直是学界关注的课题,较为典型的有信号分析法模型、概率模型、横截面数据模型、马尔科夫区制转换模型和神经网络模型等。其中,信号分析法模型(KLR 模型)是目前使用较为广泛且最为重要的预测模型之一,由卡明斯基、里总督和莱因哈特(Kaminsky、Lizondo 和 Reinhart,1998,1999)建立,并由卡明斯基(Kaminsky,1999)进行了完善。博利奥和德丽曼(Borio、Drehmann,2009)使用信号提取技术构造风险指标对宏观金融风险的顺周期性进行监测评估。弗兰克尔和罗斯(Frankel、Rose,1996)创立了概率模型(FR 模型),该模型使用一定的估计方法估计危机预警模型因变量的联合概率分布来衡量危机发生的可能性大小,然而后续研究中发现该模型在预测金融危机上具有相对的准确性。萨奇斯、托内尔和瓦拉斯科(Sachs、Tornell、Velasco,1996)提出了 STV 模型,即横截面回归模型。他们通过线性回归的方法建立预警模型,以检验新兴市场国家发生危机的原因和机制,分析发现主要有经济基本面的恶化和危机传染两种原因。汉密尔顿(Hamilton,1989,1990)把马尔科夫区制转换模型应用于经济学实证分析,之后该模型被广泛应用于研究世界经济周期、经济冲击、金融波动或国家间经济关联等方面。纳格和米特拉(Nag、Mitra,1999)利用神经网络模型来构建货币危机的早期预警体系,将预测马来西亚、泰国和印尼的货币危机得到的结果与运用信号分析法模型得到的结果进行比较后发现该模型要优于信号分析法模型。

(三)基于资产负债表分析法的研究

资产负债表分析方法注重对主要部门的资产负债表存量信息和资产负债表头寸的分析。各个部门的资产负债表项目之间存在相互联系,因此该方法也为研究经济部门间的风险传导奠定了基础,并且为后续研究提供了可行思路。

艾伦和罗森博格(Allen、Rosenberg,2003)等提出了基于公共部门、金融部门和公司部门的关于金融危机的资产负债表分析框架。基本思想是构造公共部门、金融部门和公司部门资产负债表和资产负债表矩阵,然后以部门资产负债表为基础研究期限错配、货币错配、资本结构和清偿力等问题,以资产负债表矩阵为基础研究风险在部门间的传递。该研究对于资产负债表方法有奠定性作用,主要体现为三个方面:首先,编制部门和总体的资产负债表,研究各类冲击对资产负债表的影响,从而把金融危机和金融风险的研究建立在存量和流量相结合的基础上;其次,从部门资产负债表的结构性错配入手揭示隐藏在部门中的金融风险；最后，从资产负债表矩阵反映的跨部门资产和权益的对应关系来研究风险在部门间的传递状况，从而为风险部门传递机制分析提供了客观依据。鲁比尼和赛特赛尔（Roubini、Setser，2004）将度量期限错配、货币错配、资本结构问题和清偿力问题的有关指标进行细化，如使用股权占外债的比重、直接投资占国民生产总值的比重来反映资本结构问题，同时将存量错配指标和流量错配指标结合起来。马蒂森和比尔梅耶尔（Mathisen、Billmeier，2006）对资产负债表分析中部门划分、金融工具归类以及数据来源等进行了研究，他们认为部门可以根据职能和行为方式以及研究目标进行分类，如中央银行和财政部门都具有政策制定和宏观金融管理的职能，由此可以合并为公共部门进行考虑。对于金融资产可以按照债券与股权、期限与币种进行划分。在数据可获得性和可靠性方面，公共部门和金融部门的数据容易获得，并且可靠性很强，公司部门和家户部门的数据较难获得。在公司部门和家户部门的数据受到限制的情况下，鲁比尼和塞特塞尔（Roubini、Setser，2004）认为可以使用金融部门的相关指标，原因在于公司和家户部门错配与金融部门错配存在对应关系。

三、宏观金融风险传导研究综述

历史经验表明，经济体系内的任一脆弱环节都有可能引发系统性的金融危机。2008 年全球性金融危机对全球经济造成了剧烈冲击，再次推动学术界和实务界重点研究宏观金融风险和金融危机问题。随着全球经济一体化和金融自由化，宏观金融风险传导呈现出交互式动态特征，因此，研究宏观金融风险传导机制和量化分析宏观金融风险传导对于宏观金融风险管理有着重要的意义。

（一）宏观金融风险传导机制研究

目前，关于宏观金融风险传导机制的研究主要有以下几类。首先是马森（Masson，1998）提出的金融危机传导的季风效应、溢出效应和净传导效应。“季风效应”指的是同一种外部原因导致多个国家和地区同时或相继遭受投机性冲击压力的非接触性传导现象，其强调同时影响所有国家经济基本面的总体（或全球性的）冲击。“溢出效应”指的是部分经济要素在金融危机发生的不同阶段的变化引起其他要素变化，最终引起经济金融的整体变化，以致引发、扩大或缓解金融危机的跨国作用过程,旨在说明一个国家(或一组国家)的冲击如何影响其他国家的经济基本面。“净传导效应”指的是除季风效应和溢出效应外的传导,强调无法用宏观经济基础来解释的预期变化影响。其次是危机或有型与非危机或有型传导机制。前者指传导机制因发生的危机不同而不同,主要理论包括投资组合理论、多重均衡理论和政治影响理论等;后者指传导机制在稳定期和危机期都相同,主要从贸易联系、政策调整和随机性总需求冲击等方面展开研究。再次是多恩布什、帕克和克拉森(Dornbusch、Park、Claessens,2001)将金融风险传导划分为基于基本面的传导与基于投资者行为的传导。基于基本面的传导主要体现在股票、贸易渠道和金融渠道;基于投资者行为的传导则主要考虑理性假设前提下,投资者在面临不同的问题时做出的决策而产生的风险传导。最后是金融风险微观机理的研究,即对宏观金融风险传导进行微观结构化分析。清泷和穆尔(Kiyotki、Moore,1997)给出了信用链系统和资产负债表传导方式。克鲁格曼(Krugman,1999)在第三代金融危机理论模型中将危机传导与资产负债表问题相关联。Kiyotki 和 Moore(2002)对风险通过公司之间的资产负债表传导进行了深入研究,分别考察了间接资产负债表传导和直接资产负债表传导。Allen 和 Rosenberg 等(2002)建立了基于公共部门、金融部门和公司部门资产负债表的金融危机传导理论分析框架,而且 Grag 和 Merton 等(2006)在其基础上引入或有权益分析方法分析部门间金融风险的传递状况。

(二)宏观金融风险传导测度方法

关于宏观金融风险传导的测度方法主要有两种:基于金融网络结构模型的测度方法和基于动态相关的计量经济学方法。

全球经济已然是一个互相依存的网络,金融网络中的宏观金融风险传导一直都是理论和应用研究的重点,主要探讨传导机制的理论解释和最稳定网络结构等。艾伦和盖尔(Allen、Gale,2000)在拓展银行挤兑模型的基础上,探讨网络结构对金融稳定的影响机制,发现金融网络的不完备性会增加系统性风险。莱利维尔德和来卓普(Lelyveld、Liedorp,2006)运用矩阵法分析了荷兰银行业的风险传染情况。艾伦和巴比斯(Allen、Babus,2008)研究指出不同经济体通过金融产生的联系而构成的金融网络是宏观金融风险的重要来源。西(Shin,2009)建立了基于资产负债表的金融系统网络模型分析框架,研究指出资产证券化会提高整体杠杆率,增加金融脆弱性。盖和卡帕迪亚(Gai、Kapadia,2010)基于金融网络模型研究了金融体系的内部关联结构和反馈机制对于不同程度的外部冲击的反映。欧洲中央银行报告(ECB,2010)对运用 Network 模型进行系统性风险的研究进展进行了系统性的报告。该报告主要针对系统性风险进行研究,对 Network 模型所进行的汇总也较为全面。阿赛莫格卢、欧扎达勒和塔巴斯(Acemoglu、Ozdaglar 和 Tahbaz - Salehi,2013)研究指出具有平衡金融机构内部关联性的金融系统相对稳定。国内学者也从不同的角度针对金融网络中的风险传导问题进行了研究。马君潞、范小云和曹元涛(2007)利用矩阵法估算了中国银行系统的双边传染分线,并考察了不同损失水平下单个银行倒闭及多个银行同时倒闭所引起的传染性。范小云、王道平和刘澜庵(2012)通过构建网络模型考察银行间的关联性对系统性风险的影响。高国华和潘英丽(2012)研究了基于资产负债表关联的银行间市场双边传染风险,从信用违约和流动性风险角度对传染路径和资本损失进行估测,并深入分析银行间市场的不同结构对传染效应的影响。刘冲和盘宇章(2013)研究指出银行间同业拆借网络一方面为风险传染提供了渠道,另一方面也通过风险分担加强了金融稳定。

另外,基于金融机构动态相关的计量经济学方法也能在一定程度上反映金融风险传染路径。莱因哈特和罗格夫(Reinhart、Rogoff,2008)利用 1900 年以来的数据进行了实证研究,得出了银行的危机会转化为债务危机的结论,并指出公共部门与银行部门的传导并不是单向的,发生债务危机后,银行面临的风险也会提高。克里斯曼(Kritzman,2010)等通过主成分分析法提取了吸收比率指标,用于衡量金融关联度及宏观金融风险。而且通过实证研究发现吸收比率与金融系统的稳定性之间存在负相关关系。萨林和佩尔通(Sarlin、Peltonen,2011)将 SOM(Self - Organizing Maps)方法引入到金融风险的研究中,形成了 SOFSM 模型,该模型的最大优势就是直观,能够通过某一指标在不同区域间的转移线路清晰地反映风险变化情况。捷德和金(Giesecke、Kim,2011)基于随即概率理论提出了违约强度模型,研究外部违约冲击在各经济部门间的溢出效应。

(三)基于资产负债表的宏观金融风险传导研究

在资产负债表分析框架下进行宏观金融风险传导研究,主要是以描述经济主体或经济部门之间相互交叉的债权债务关系的资产负债表网络为研究对象。珍妮和泽特尔梅尔(Jeanne、Zettelmeyer,2003)认为是资产负债表的脆弱性导致了金融风险的扩散。资产负债表方法分为账面资产负债表和或有资产负债表两个层次,前者主要用于解释风险的直接传导,后者侧重于风险的间接传导。其中,账面资产负债表对于国家内部部门间和不同国家金融部门间的风险传导已有较为全面的研究,代表性的研究有 Gray(2007)等;或有资产负债表则主要运用于研究公共部门间的跨国风险传导。例如,格雷、林、卢克耶洛娃和马龙(Gray、Lim、Loukoianova 和 Malon,2008)针对债务危机问题,运用或有权益的方法研究了债务可持续问题,提出了计算外债的违约概率的计算方法。

基于资产负债表的宏观金融风险传导研究主要可以分为以下几类:第一类是承接现代金融危机理论对于风险传导问题的研究。马(Ma,2009)研究了盯住汇率制度如何在不稳定的外部环境下通过资产负债表传导效应发生崩溃。阿德里安、西和宋(Adrian、Shin 和 Song,2008)研究了美国次贷危机中流动性与风险传导之间的关系。第二类是以经济主体的资产负债表为主要研究对象,通过构建“信用链条”来研究金融风险传导。清泷(Kiyotaki)和穆尔(Moore)(1997)提出基于资产负债表的金融风险传导方式。资产负债表分析使用政府、公司和金融机构等的存量资产负债信息,通过反馈机制动态研究宏观金融风险。卡斯特伦和卡文思(Castren、Kavonius,2009)借助资产负债表网络研究了欧洲各大部门之间金融风险的暴露与传导过程。

第三节　国家资产负债表研究

资产负债表是三大财务报表之一,用来衡量会计主体在会计期内的财务状况,即资产、负债、所有者权益,反映了期间会计主体的经营情况。资产负债表中的项目为存量概念,可以较为直观地体现会计主体的资产组成、杠杆水平以及收益分配等;也正因如此,我们尝试将资产负债表这一会计工具拓展到产业、区域和国家等宏观层面,用来分析和评估宏观金融风险状况以及风险传导。

一、理论基础

（一）国家资产负债表的概念与内涵

1. 国家资产负债表的概念

马骏（2012）认为，国家资产负债表（National Balance Sheet）是将经济体视为与公司类似的实体，将该经济体中所有经济部门的资产（生产性和非生产性、有形和无形、金融和非金融）以及负债分别加总，得到反映该经济体总量（存量）的报表。其中，各经济部门的资产负债表为部门资产负债表（Sector Balance Sheet）。

叶永刚（2007）提出了宏观金融工程的理论和分析框架，认为可以将微观的资产负债表、期权、经济资本等思想和工具运用到宏观层面，利用宏观资产负债表来分析和研究一国经济金融发展状况，以及部门间的宏观金融风险传导。

我们沿用宏观金融工程的理论框架，将账面上的国家资产负债表的定义在三个维度上进行拓展。第一是部门维度，分为公共部门（中央政府、地方政府）、金融部门（银行、证券、保险、信托）、公司部门（非金融公司）和家户部门（城市居民、农村居民）四大部门。这主要是依据四大经济部门的不同经济职能和定位，同时便于研究四大部门之间经济活动的相互影响和金融风险的传导。第二是中观维度，即国家资产负债表可以下放用于产业和区域两个层面的研究。其中，产业层面是指任何一个经济行业中公司的加总，区域是指省域、市域、县域等区划级别中政府部门、金融部门、公司部门和家户部门的集合。第三是或有资产负债表维度，一般意义上的国家资产负债表更多的为账面资产负债表，我们根据或有权益分析法（Contingent Claims Analysis，CCA）的思想提出将或有国家资产负债表纳入国家资产负债表的分析框架，如此可以结合或有权益分析的相关工具对国家宏观风险进行度量，如图 11.1 所示。

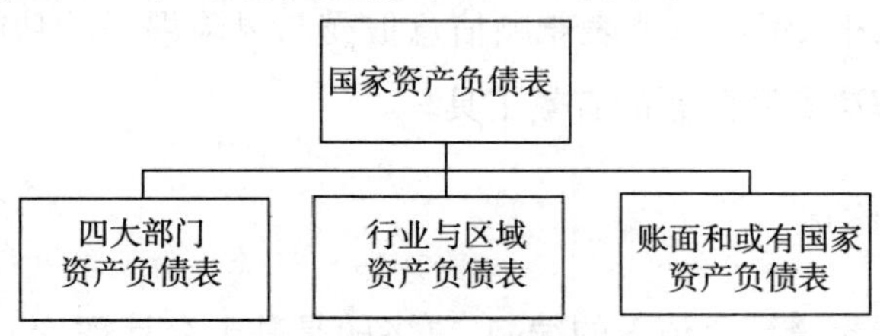

图 11.1　国家资产负债表的层级结构

本章中，我们将国家资产负债表定义为，借用会计财务报表的定义和分类，以及或有权益分析方法，将一国按照公共部门、金融部门、公司部门和家户部门四大部门划分，对其账面资产负债项目和或有资产负债项目进行汇总，形成的反映国家和部门存量经济状况的报表。因此，我们更多的是将国家资产负债表作为一个研究宏观经济和宏观金融风险的工具，它可以适用于相应的宏观层面，既包括国家层面，也包括区域、产业层面。其核心在于分别按照账面资产负债表(会计理论)和或有权益资产负债表(CCA 方法)将经济部门中的个体加总，并通过资产负债表的形式反映其经营状况和资产结构。

2. 国家资产负债表的意义

结合我国的实际，我们认为编制国家资产负债表对诸多领域和热点问题的研究具有非常重要的意义，具体包括如下三点。

第一，国家资产负债表直观准确地反映了国家、区域、产业等主体的资产状况、杠杆率、赤字缺口等关键问题，有利于我们了解国家当前的经济状况和可能存在的风险。

第二，国家资产负债表可以用于研究部门间的经济联系与风险传导。公共部门、金融部门、公司部门和家户部门四大部门基本涵盖了整个宏观经济的主要参与方，通过对照四大部门资产负债表的相应项目，我们可以把握风险传导背后的经济联系，同时有效度量和估计对应的风险敞口。例如，银行部门、公司部门之间的资产负债错配、期限错配，以及公共部门和家户部门的收支平衡等问题。

第三，国家资产负债表可以将诸多中短期经济政策的长期成本显性化(马骏，2012)，如地方融资平台的过度举债、养老金过度承诺带来的财政成本、环境污染导致的长期成本等。国家资产负债表可以通过量化短期债务、隐性债务，分解现金流，摊销长期成本等方式解决这些问题。

综合来看，国家资产负债表兼顾信息披露与风险揭示的功能，可以作为一项理论研究与解决实践问题的有效工具。

(二)文献综述

关于账面国家资产负债表的编制，更多的是基于会计理论。国外学者早在

20 世纪 60 年代即开始对国家资产负债表进行研究，部分国家也将国家资产负债表纳入国民经济核算体系。Goldsmith(1956)指出国家资产负债表作为一种新的分析工具，可以用于分析国家金融资产变化和金融机构的头寸变化，并进行国际横向比较。Goldsmith(1982)和 Bryant(1987)分别编制了美国 1953 ~ 1980 年和 1957 ~ 1985 年的国家资产负债表，并对美国国家财富状况、资产配置等问题进行了研究。雷维尔(Revell,2005)编制了英国的国家资产负债表，加拿大统计局 2009 年也发布了加拿大国家资产负债表。卡多根和科米斯(Cadogan、Comisari,2009)针对资产负债表中建筑物、土地、森林、矿产等的估计和折算进行了研究和讨论。国内方面，白海娜和马骏(2003)对国际上政府和公共部门负债的分析和管理办法作了系统综述，包括对金融机构注资的财政成本、地方政府隐性负债、养老金缺口以及环境污染造成的财政成本等热点问题。2007 年国家统计局编著的《中国国家资产负债表编制方法》对我国国家负债表的基本概念、项目、核算原则和制表方法等作了系统讨论。马骏(2012)和李扬(2013)分别出版了中国国家资产负债表的相关成果，结合国外经验和我国实际，编制出我国 2005 ~ 2012 年国家资产负债表，提出将我国国家资产负债表分为四大部门，即实体部门(公司资产负债表、居民资产负债表)、金融部门(中央银行资产负债表、商业银行资产负债表)、政府部门(中央政府资产负债表、地方政府资产负债表)和国外部门(中国国际投资头寸表)。这一系列部门资产负债表共同构成了我国国家资产负债表体系，也为政府债务可持续性问题、地方融资平台解决方案、城镇职工养老金收支预测和改革、中国卫生总费用及对财政压力的估算、中国国际投资头寸等问题提供了分析思路和工具。

在或有国家资产负债表方面。Gray(2007)基于期权思想及定价公式提出了或有权益分析方法(Contingent Claims Analysis, CCA)，为国家宏观金融风险的测度和管理提供了新的分析框架。而后，Gray 以及其他学者不断完善和拓展 CCA 方法，并将其运用于主权信用分析、跨国风险传导、系统性金融风险等领域。叶永刚、宋凌峰(2007)将 CCA 方法引入国内并提出了宏观金融工程理论框架，主要包括国家金融资产负债表、国家金融风险管理和国家经济资本管理三个方面，将国家资产负债表与宏观金融风险管理相结合。宫晓琳(2012)运用 CCA 方法建立了我国国民经济机构部门层面的风险财务报表，并利用之测度了 2000 ~ 2008 年我国的宏观金融风险，体现了或有资产负债表在宏观风险管理和跨部门风险传导方面的应用。沈沛龙和樊欢(2012)基于CCA方法编制出我国政府的可流动性资产负债表,对我国政府的或有债务规模进行估算,提出只要我国政府或有债务规模在一定范围内,债务风险即可控。

二、账面国家资产负债表编制

(一)公司部门账面资产负债表

公司部门账面资产负债表主要参考非金融公司的财务报表。其中,资产项分为流动资产和流动负债两大类,流动资产包括现金、交易性金融资产、应收项目(应收票据、应收账款、应收利息、其他应收款)、预付账款、存货及其他流动资产;非流动资产包括可供出售金融资产、持有至到期投资、长期股权投资、固定资产、投资性房地产、在建工程、长期待摊费用、递延所得税资产、无形资产及商誉、其他非流动资产等。负债项也对应分为流动负债和非流动负债两大类,流动负债包括短期借款、应付项目(应付票据、应付账款、应付利息、应付职工薪酬、其他应付款)、应交税费、预收账款、其他流动负债等;非流动负债包括长期借款、应付债券、长期应付款、递延所得税负债、其他非流动负债等。

表11.1 公司部门账面资产负债表

流动资产	总负债
现金及活期存款	流动负债
交易性金融资产	短期借款
应收票据	应付票据
预付账款	应付账款
应收账款	预收款项
应收利息	应付职工薪酬
其他应收款项	应交税费
存货	应付利息
其他流动资产	其他应付款
非流动资产	其他流动负债
可供出售金融资产	非流动负债
持有至到期投资	长期借款

续表

长期股权投资	应付债券
固定资产	长期应付款
投资性房地产	递延所得税负债
在建工程	其他非流动负债
长期待摊费用	
递延所得税资产	
无形资产及商誉	
其他非流动资产	净资产
	负债与权益
总资产	

(二)金融部门账面资产负债表

金融部门账面资产负债表主要是银行部门财务报表的界定和分类,资产项包括居民贷款、公司贷款、对其他金融部门贷款、国债、储备资产、国外资产及其他金融资产等;负债项包括居民储蓄存款、公司存款、对其他金融部门存款、对中央银行负债、金融债券及国外负债等。

表 11.2　金融部门账面资产负债表

居民贷款	总负债
公司贷款	居民储蓄存款
对其他金融部门贷款	公司存款
对中央银行债权	对其他金融部门存款
国债	对中央银行负债
储备资产	金融债券
国外资产	国外负债
其他金融资产	
	净资产
总资产	负债与权益

(三)家户部门账面资产负债表

家户部门账面资产负债表中,资产项分为金融资产和非金融资产两大类,非金融资产主要包括居民房地产和耐用消费品(汽车、家电等),金融资产包括现金及活期存款、储蓄存款、债券、股票、外币资产、保险准备金等;负债分为长期负债和短期负债,分别对应居民贷款和短期消费信贷。

表 11.3　家户部门账面资产负债表

非金融资产	总负债
居民房地产	短期负债
耐用消费品	消费信贷
金融资产	长期负债
现金及活期存款	居民贷款
储蓄存款	
债券	
股票	
外币资产	
保险准备金	
	净资产
总资产	负债与权益

(四)公共部门账面资产负债表

本章中公共部门指人民银行和中央政府,主要参考马骏(2012)的界定和分类。中央银行的账面资产负债表中,资产项主要包括海外资产、对政府、存款性公司、金融性公司、非金融性公司等的债权,负债项主要包括储备货币、不计入储备货币的金融性公司存款、发行的债券、政府存款、国外负债等。

表 11.4　公共部门—中央银行账面资产负债表

国外资产	总负债
外汇	储备货币
货币黄金	货币发行
其他国外资产	其他存款性公司存款
对政府债权	不计入储备货币的金融性公司存款
对其他存款性公司债权	发行债券
对其他金融性公司债权	国外负债
对非金融部门债权	政府存款
其他资产	其他负债
	净资产
总资产	负债与权益

中央政府的账面资产负债表中，资产项分为非金融资产和金融资产，非金融资产主要为各类非经营性资产（土地、自然资源、基础设施等），国有非上市公司权益等，金融资产主要包括中央财政存款、上市公司股票、四大资产管理公司（长城、东方、信达、华融）和中投公司资产，以及海外资产；负债项主要包括国债，四大资产管理公司及中投公司负债，国有部门专项债券（如铁道部债券）等。

表 11.5　公共部门—中央政府账面资产负债表

非金融资产	总负债
非经营性资产	国债
非上市公司权益	四大资产管理公司负债
金融资产	中投公司负债
中央财政存款	国有部门专项债券
上市公司股票	其他负债
四大资产管理公司资产	
中投公司资产	
海外资产	
	净资产
总资产	负债与权益

三、或有国家资产负债表编制

Gray(2007)提出,或有权益(Contingent Claims)是指未来支付依赖另一种资产价值的一类资产,期权则为一类典型的或有权益。这一思想用于分析信用风险时,需要以下三个基本条件:第一,负债价值与资产价值相关;第二,负债含有不同的偿付优先级(优先级、劣后级);第三,资产价格变动符合随机过程。

在任意时点 t,均有以市场价值表示的会计恒等式,即资产 = 权益 + 风险债务,用如下公式表示,其中债务到期时间为 T。

$$A(t) = E(t) + D(t)$$

此时,权益可以看成一个以资产为标的的看涨期权,其执行价格为风险债务面值,到期时间与债务相同。

另外,风险债务可以看成无风险债务减去预期损失,用如下公式表示,其中 B 为风险债务的面值,P(t)为预期信用损失。类似的,预期损失可以看成一个以资产市值为标的的看跌期权,其执行价格为债务面值 B。

$$D(t) = Be^{-r(T-t)} - P(t)$$

根据期权定价公式有:

$$E = AN(d_1) - Be^{-r(T-t)}N(d_2)$$

其中,$d_1 = \dfrac{In(A/B) + (r + \sigma^2/2)T}{\sigma\sqrt{T}}$,$d_2 = d_1 - \sigma\sqrt{T}$。$r$ 为无风险利率,σ 为资产波动率,则风险中性违约概率为 $N(d_2)$。

一般而言,资产因为没有交易而其市值无法被观察到,但利用 CCA 方法可以通过权益市值(二级市场价格)反解出资产市值。假设二级市场上权益市值为 E,其收益率波动率(标准差)为 σ_E;资产市值为 A,其收益率波动率为 σ_A。根据 CCA 思想有:

$$E = A_0N(d_1) - BN(d_2)$$

$$E\sigma_E = A\sigma_A N(d_1)$$

其中,d_1 和 d_2 与前文定义相同,B 作为违约点(即资不抵债时的临界点),*Moody's KMV* 中取值为账面流动负债加上长期负债的一半。当资产市值波动至 B 以下时产生违约,因此我们用资产市值与违约点 B 之间的相对距离来衡量违约风险。此违约距离 DD 越大，说明违约风险越小；反之违约距离越小，说明违约风险越大。

$$DD = \frac{In(A_0/B) + (\mu_A - \sigma_A^2/2)T}{\sigma_A\sqrt{T}}$$，μ_A 为资产预期收益率

（一）公司部门或有资产负债表

我们从公司部门（Corporation Sector）出发。经济体中所有非金融公司的账面资产负债表加总，得到公司部门的账面资产负债表，其中项目均用账面价值表示。对应到市场价值时，我们记公司部门资产市值、权益市值、风险债务面值及债务预期损失分别为 A_C, E_C, B_C, P_C，则有：

$$A_C = Ec + (B_C - P_C)$$

其实质为，公司部门的净资产可以看作以资产为标的、公司负债为执行价格的看涨期权；公司部门风险债务的预期损失可以看作以公司风险债务为标的、债务账面价值为执行价格的看跌期权。当然，这些都是以市场价值来表示的。

表 11.6　公司部门或有资产负债表

公司资产 A_C	负债
	公司债务 $D_C = B_C - P_C$
	净资产 E_C
资产	负债与权益

（二）金融部门或有资产负债表

与公司部门类似，我们记金融部门（Financial Sector）的资产市值、权益市值、风险债务面值、风险债务预期损失分别为 A_F, E_F, B_F, P_F，则有：

$$A_F = E_F + (B_F - P_F)$$

当金融部门资不抵债产生信用风险时，政府出于维护金融系统稳定性的考虑可能会考虑对金融部门进行担保或救助，救助的金额为其风险债务预期损失 P_F 的一部分，记为 $\alpha(0 \leqslant \alpha \leqslant 1)$。对上式进行变形，即得：

$$A_F + \alpha P_F = E_F + [B_F - (1 - \alpha)P_F]$$

表 11.7 金融部门或有资产负债表

贷款及其他资产 A_F	负债 $D_F = B_F - (1-\alpha)P_F$
对公司及其他金融机构贷款	存款
对家户部门贷款	债务
对政府贷款	
政府对金融部门的担保 αP_F	净资产 E_F
资产	负债与权益

(三)家户部门账面资产负债表

家户部门(Household Sector)或有资产负债表中,资产项包括家户部门金融资产 A_{FIN},家庭未来收入现值 A_I,房地产资产中的权益 E_{RE};负债项包括家庭未来消费支出的现值 C。因为家庭部门以房地产作为抵押获取贷款,房地产不能单纯作为一项资产,而应与相应的抵押贷款联系起来,作为一项或有权益嵌套进家户部门资产项中,因此有:

$$E_{RE} = A_{RE} - (B_{RE} - P_{RE})$$

其中,房地产资产市值、房地产抵押贷款(Mortgage Related Debts)账面价值、房地产抵押贷款预期损失分别为 A_{RE}、B_{RE}、P_{RE}。

因此,根据家户部门资产负债平衡,有:

$$A_{FIN} + A_I + [A_{RE} - (B_{RE} - P_{RE})] = C + E_H$$

表 11.8 家户部门或有资产负债表

家户部门金融资产 A_{FIN}	负债
家庭收入现值 A_L	消费现值 C
家户部门房地产资产权益 E_{RE}	
	净资产 E_H
资产	负债与权益

(四)公共部门账面资产负债表

公共部门(Sovereign Sector)或有资产负债表中,资产项主要有外汇储备 R,

政府财政净收入现值 A_G，其他资产 A_{other}；负债项主要有基础货币 M，外币风险债务 $D_{FX} = B_{FX} - P_{FX}$，本币风险债务 $D_{LC} = B_{LC} - P_{LC}$，对金融部门的救助和担保 αP_F。

表 11.9　公共部门或有资产负债表

外汇储备 R	负债
财政净收入现值 A_G	对金融机构担保 αP_F
其他公共部门资产 A_{other}	外币风险债务 $D_{FX} = B_{FX} - P_{FX}$
	本币风险债务 $D_{LC} = B_{LC} - P_{LC}$
	基础货币 M
	净资产 E_S
资产	负债与权益

四、国家资产负债表的应用

为了更好地利用国家资产负债表分析宏观金融风险，我们基于国家资产负债表的四部门体系选取了一系列的风险指标，同时补充了国家经济和金融发展概况的相关指标，以期全面深入地把握国家宏观金融风险状况。

（一）经济金融概况指标

为了反映国家宏观经济金融发展概况，我们分别选择了一系列指标，用以说明经济增长、民生和各个重要的金融数据。其中，经济概况指标包括 GDP 增速以及按照支出法分解各细项对经济增长的贡献度、三大产业比重、对外贸易收支平衡、通货膨胀率及失业率；金融指标包括货币供应量增速、主要利率水平、汇率水平、股票市场整体表现。这些指标能描绘一个基本的宏观经济轮廓，有利于更好地理解后续四部门的风险指标。

（二）公共部门风险指标

公共部门我们强调两方面指标。其一，中央政府的财政和外债状况，包括政府财政收支的绝对水平、增长率，财政缺口及其占 GDP 的比重，外债规模及其占外汇储备的比重;其二,中央银行的资产负债表,包括资产和负债的规模及增速,杠杆率变化等。这些指标集中体现了公共部门的债务负担大小,间接折射公共部门的违约风险。

(三)金融部门风险指标

金融部门方面主要包括两类指标。其一,银行、证券、保险等细分行业的运行情况,包括银行信贷规模、不良率等,资本市场中股权融资和债权融资金额,保险业中保险深度和保险密度;其二,金融部门整体的资产负债状况,包括账面资产负债表和或有资产负债表,以及基于或有资产负债表数据计算的违约距离。其中,或有资产负债表借鉴了 Moody's KMV 模型,运用权益市值、股指波动率、无风险利率及违约点,反解出资产市值和资产波动率,进而计算出资产市值与违约点之间的相对违约距离,以此来度量金融部门的违约风险。

(四)公司部门风险指标

公司部门方面主要包括两类指标。其一,公司部门的盈利能力与景气度,包括公司部门的 ROE、ROA 和制造业采购经理人指数(PMI);其二,公司部门的账面资产负债表和或有资产负债表,这一点与金融部门类似,包括账面和或有的资产负债数据、杠杆率,以及根据或有资产负债表计算出来的违约距离。

(五)家户部门风险指标

家户部门方面主要包括两类指标。其一,是家庭收入与债务水平,包括人均可支配收入的规模及增速,家庭主要负债种类为住房抵押贷款和消费信贷规模;其二,是家户部门资产负债表,包括资产负债规模和杠杆率、流动比率等。

以上指标整体衡量了国家四部门宏观金融风险水平,指标汇总如表 11.10 所示。

表 11.10　国家资产负债表风险指标体系

	指标名称	说　　明
经济概况	经济增速	GDP 年增长率
	GDP 增长贡献分解	居民消费、政府消费、资本形成、净出口对 GDP 增长的贡献率
	产业结构	三大产业产值及比重关系
	对外贸易	进出口金额及顺(逆)差
	通货膨胀率	CPI 增速
	就业情况	失业率
金融概况	货币量	M1 及 M2 增速
	利率水平	同业拆借利率及国债收益率
	汇率水平	兑美元汇率
	股票市场	主要股指
公共部门	财政收支	政府财政收支水平,财政缺口占 GDP 比重
	外债规模	外债规模及占外汇储备比重
	中央银行资产负债表	央行资产负债规模及杠杆率
金融部门	银行业	银行信贷规模及存贷比、不良率
	证券业	股权、债权融资金额
	保险业	保险深度、保险密度
	账面资产负债表	账面资产、负债水平及杠杆率
	或有资产负债表	或有资产、负债水平及杠杆率
	风险指标	上市金融部门违约距离
公司部门	公司盈利能力	ROE 和 ROA
	制造业景气水平	采购经理人指数 PMI
	账面资产负债表	账面资产、负债、杠杆率及流动比率
	或有资产负债表	或有资产、负债及杠杆率
	风险指标	上市公司部门违约距离
家户部门	家庭收入	人均可支配收入水平及增速
	家庭债务	住房抵押贷款、消费贷款
	家庭资产负债表	家庭资产、负债及杠杆率

第四节　国家金融风险管理体系

国家金融工程是在各项金融创新的基础上才能完成的金融创举，而金融创新的结果事先并不知道，具有一定的不确定性，有些创新可能会带来一定的损失，引发一定的金融风险，而且某些金融风险还可能在国家各部门之间传播。为了让国家金融工程更稳定地运行，更健康地为国家经济发展、人民脱贫致富服务，必须在国家金融工程中设计和安排宏观金融风险管理机制。在本节中，基于宏观金融工程以及区域金融工程给出国家金融风险管理体系，其包括国家宏观金融风险预警体系和国家宏观金融风险准备金体系，具体来说是度量国家宏观金融风险并预防、利用准备金体系提高整个国家金融系统的稳定性。

一、国家宏观金融风险预警体系

（一）宏观金融风险预警指标选取原则

1. 指标合理性

金融风险因时因地而有不同的成因和表现，指标必须适应具体情况。且金融风险的形成是经济、金融、外贸结构等多方面风险综合而成，指标体系内部的各项指标应该能够相互联系，相互补充，客观、全面地反映金融系统的安全状况。

2. 数据可得性与可操作性

用于测算指标量值的数据资料应该方便获取并用于分析，以此对整个金融状态做出准确的判断。同时，各指标及确定的指标合理量值并不是固定不变的，而是可以根据经济与金融的体制变化和周期运行态势的变化等做出相应调整的。

3. 指标系统性与全面性

该指标体系必须能够充分反映金融系统运行和经济波动的基本态势，综合

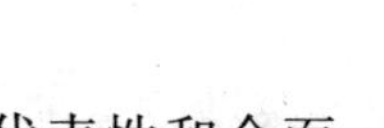

反映金融活动的主要过程和主要方面的实际情况，具有足够的代表性和全面性，并且指标数值的变化应对金融的正常运行和发展具有决定性的作用。

4. 指标灵敏性

选择的指标尽可能从微小的变动中直接反映金融风险的发展变化，迅速地判断各阶段的金融安全程度，为相关的决策提供准确的依据，防范金融危机的发生，充分体现指标体系的灵敏性与强警戒性。

（二）宏观金融风险预警指标体系构建

从我国的实际情况出发，建立我国金融风险预测指标体系，可将宏观金融风险分四部门考虑，同时兼顾宏观经济金融运行情况，建立宏观经济风险预警指标体系。

宏观经济金融指标可选取实际 GDP 增长率、通货膨胀率、失业率、消费价格指数等。

公共部门风险预警指标可供选择的有财政债务依存度、国债负担率、财政收入/GDP 、政府消费/GDP 等。

企业部门可选风险预警指标有股票市盈率、资产负债率、流动比率、净利润率。

金融部门风险预警指标可选取存款/M2、资本充足率、不良贷款率、贷款存款比率、信贷增长率等。

家户部门则可选取居民消费/纯收入、个人消费贷款/储蓄这两个指标。

二、国家宏观金融风险准备金体系

宏观金融风险准备金体系以金融稳定为主要目标，金融稳定事关一个国家政治、经济以及社会的稳定，通过构建宏观金融准备金这样一个风险防范体系，稳定国家宏观金融风险。在这样一个稳定的宏观金融体系之内，通过高效配置资源、合理利用资金，实现各个部门之间的共同增长，从而促进国民经济发展。所以，维持国家宏观金融稳定刻不容缓，同时也是国家经济持续增长的必要前提和重要基础。然而，随着国家金融市场的发展和金融创新的不断推进，金融自由化程度越来越高，产生金融风险和导致金融危机爆发的因素逐渐增多且种类复杂化，从历史上看，全球金融危机发生频率增高，全球经济增速放缓，金融体系动荡不断加剧。这使国际金融机构和各国政府、监管机构更加重视金融体系整体稳定的重要性，这需要建立一个宏观的金融风险管理体系动态跟踪、监测、控制宏观金融风险。

基于宏观金融风险准备金体系的宏观金融风险管理，不仅对金融部门中的各个金融机构设立风险准备金，建立风险补偿制度，而且对企业部门、家户部门、公共部门同样建立相应的风险防范体系，通过将国家分为四部门分别建立对应的金融风险准备金制度，在各部门出现风险时立即识别、预警，及时实行风险补偿措施，构建国家金融安全网，充分发挥宏观金融风险准备金体系隔离风险的金融防火墙职能。

宏观金融准备金是为管理宏观经济资本的一种体制，通过研究宏观经济资本的配置、管理、操作达到管理宏观金融风险的目的，稳定国家宏观金融体系，防范系统性风险及金融危机的发生。

目前，在中国宏观经济体系的运行中，将国民经济分为四个部门，根据不同部门经济发展和管理风险的需要，建立相应的风险准备金体系。由于各个部门所面临的金融风险和应对风险的能力有所差异，所以各个部门的宏观金融风险管理机制也不同。

（一）金融部门风险准备金

金融市场具有脆弱性，金融市场中的每一个参与者时刻面临着各种金融风险，如市场风险、信用风险、流动性风险、行业风险、突发事件等，往往难以预料且许多风险是投资者个体难以消除的，为了维持金融市场的稳定性，弥补市场自我调节的不足，需要建立一个基于市场外部的宏观监管体系，管理金融市场所产生的金融风险，建立金融部门风险准备金就是一种宏观金融风险管理手段。

1. 金融部门风险准备金的内涵

金融部门的宏观金融风险准备金与微观层面的风险准备金有所区别。宏观金融风险准备金是防范和处理金融部门中各类金融机构可能发生的宏观系统性金融风险所建立的专门公共准备金体系，这一体系基于宏观金融部门进行

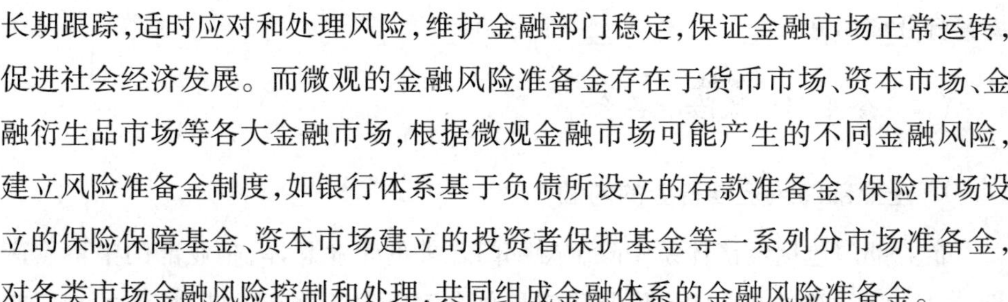

长期跟踪，适时应对和处理风险，维护金融部门稳定，保证金融市场正常运转，促进社会经济发展。而微观的金融风险准备金存在于货币市场、资本市场、金融衍生品市场等各大金融市场，根据微观金融市场可能产生的不同金融风险，建立风险准备金制度，如银行体系基于负债所设立的存款准备金、保险市场设立的保险保障基金、资本市场建立的投资者保护基金等一系列分市场准备金，对各类市场金融风险控制和处理，共同组成金融体系的金融风险准备金。

2. 金融部门风险准备金运行机制

随着金融创新的发展，金融体系逐渐呈现一体化、多元化的状态，金融机构趋向于分业经营，使分市场进行金融风险管理越来越难。宏观金融风险准备金综合管理各层面金融行业风险，全局把控宏观金融体系，各行业金融风险准备金仍需各金融机构承担，筹集资金后建立基金池，由宏观监管机构综合配置管理。我国金融风险准备金管理的主要参与者应包含中国人民银行、财政部、审计部门、风险准备金管理者等，应提高风险准备金运用效率，降低资金成本，协调风险准备金管理与宏观经济政策，所以提高宏观监管部门协调、管理能力刻不容缓。

鉴于中国内地金融结构已经出现多元化，在传统的银行体系之外，证券和保险等非银行金融机构迅速发展，金融风险就具有多层次性，资本市场、保险市场和银行体系的任何一个风险都有可能酿成系统性的金融危机。由于存款保险只是针对商业银行而设计的一项风险补偿和风险隔离机制，难以涵盖所有的金融风险，因此，也就无法满足金融结构多元化、金融活动全球化的风险补偿需要。保险保障基金也仅仅是针对保险领域而设立的一项风险隔离措施，如果证券投资者风险补偿基金得以设立，我国将在银行、保险、证券三大领域中建立起最终权益人的风险补偿机制，并通过这一机制的实施在各个金融机构之间建立起一道规避风险传染的防火墙。然而，这种各自为政的风险补偿机制可能仍然难以适应中国金融结构多元化的需要，毕竟金融风险的传播具有全局性的特征。事实上，中国内地在2003年成立银行业监督管理委员会之后，就正式形成了银行、证券与保险三足鼎立的分离式金融监管体制。在这种状况之下，各个监管机制之间的协调便成了一个现实的难题。因此，我们认为，着眼于金融体系，建立高效的协调监管体制和统一的风险补偿机制，将金融稳定的职责从中央银行分离出来。

(二)企业部门风险准备金

1. 企业部门风险准备金的内涵

企业部门包括经济体系中除金融部门之外的企业总体,企业部门中重点产业、支柱产业、基础产业的发展与稳定是整个国民经济体系繁荣、扩大的必要基础。企业部门风险准备金是支撑企业发展的坚强后盾,用于预防和及时应对企业可能遭受的系统性风险,维护企业发展稳定。

企业部门风险准备金的设立一般根据行业不同设立对应的行业风险准备金,如石油产业稳定基金、IT 产业稳定基金、农业稳定基金等;根据地区的不同也可以分为各个区域的企业稳定基金,如东部企业稳定基金、中部企业稳定基金、西部企业稳定基金等。从行业来看,企业部门稳定基金是包含各行业稳定基金的总和,规模是各行业稳定基金的综合,扣除具有相关性行业之间重叠的部分,涉及宏观经济资本在各个行业之间的分配以及划拨流转机制。

2. 企业部门风险准备金运行机制

从行业角度来看,不同的行业应该根据其自身经营特点,判断和分析自身风险状况,然后从该行业的企业中按一定比例提取资本作为风险基金,从而成立该行业的稳定基金,用于系统性风险暴露时的资本抵补。

在一定置信水平下,部门所面对的风险可以分为两部分,预期损失和非预期损失,其中预期损失即风险资本,由企业部门设置的准备金抵补,非预期损失由经济资本抵补。企业部门的生成性股本在企业经营发生危机的时候可以转化为非预期损失抵补资本。

(三)公共部门风险准备金

1. 公共部门风险准备金的内涵

公共部门包括各级政府与中央银行,它们的风险状况直接影响国家的整体内在稳定和对外的经济形象,公共部门在一国经济运行中主要提供公共服务和进行宏观调控。影响公共部门的宏观金融风险的因素有政府债务风险问题、汇率稳定问题、外汇储备管理、宏观调控行为等。

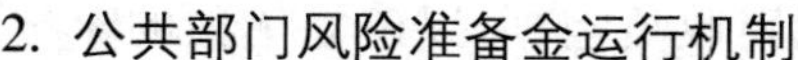

2. 公共部门风险准备金运行机制

政府部门主要面临的问题是债务问题。债务融资是政府融资的主要渠道之一,政府通过债务融资为国家和地方基础设施建设筹集了大量的资金,对经济建设发挥了积极的作用。但由于政府债务规模的扩大,融资形式的多样化,政府债务的不透明性与监管不到位,以及政府在国家中的特殊地位,政府债务问题常常超出了普通的经济问题,演变成社会和政治问题。因此,对于政府债务问题迫切需要建立一道防火墙,以保证政府在控制自身风险的前提下履行各项职能。

中央银行主要面临的问题是汇率稳定问题、外汇储备管理和宏观调控。一国汇率的稳定是良好金融生态环境的重要组成部分,汇率的稳定对于国内相关行业的稳定发展具有积极作用,也是一国经济稳定的体现。对于外汇储备进行有效管理是中央银行的职责之一,如何有效管理外汇储备,在保值的基础上实现增值是各个国家关注的焦点问题。宏观调控是政府的基本职能之一,如何进行有效的宏观调控值得研究。

建立公共部门风险准备金并对其进行科学管理,有针对性地解决以上相关问题,有助于加强公共部门的改革,提高创新能力,满足经济和社会发展的需要。公共部门风险准备金是建立在财政稳定基金、汇率稳定基金等一系列风险准备金的基础之上的,财政稳定基金主要针对财政预算的稳定性,是财政收入的一项缓冲机制;汇率稳定基金是为维持汇率稳定而采取的一种保护措施。公共部门风险准备金作为一个宏观经济部门的缓冲器,它将公共部门作为一个大的整体,对公共部门金融风险进行管理。

(四)家户部门风险准备金

1. 家户部门风险准备金的内涵

家户部门风险准备金是为解决家户部门面临的各种问题,防范家户部门受到外界因素的影响,保障家户部门利益,维护民生和谐的保障基金。家户部门面临着住房、医疗、教育、养老、失业救济等一系列需求,我国已设立相应的风险防范基金,如养老金、失业救济金、医疗保险等针对家户部门内具有特定风险的稳定基金。然而家户部门特定风险稳定基金常会出现入不敷出的现象,需要公共部门给予财政支持,同时加重公共部门财政负担,所以建立单独的家户部门风险准备金是很有必要的。家户部门风险准备金作为家户部门整体的风险准备金,对各个社会保障基金做宏观调控,协调其运作,从而达到高效率保障民生的目的。

2. 家户部门风险准备金运行机制

家户部门风险准备金主要表现在社保基金的运行上,社会保险基金是社会保险制度的物质基础,建立和完善社会保险制度,就必须要对社会保险基金的筹集、投资、支付、管理、监督等一系列环节进行明确的法律规定,确保社会保险基金的保值增值,充分发挥其在发展社会中应有的作用。

建立我国社保基金投资管理体系,深化和完善社保制度离不开稳定发展的资本市场,资本市场的深化改革又需要社保基金投资管理制度的支持与配合,社保基金可持续性的投资体系更离不开资本市场的支撑及其良好的成熟环境。因此建立一个既符合国际惯例又有中国特色的社保基金投资管理体制是深化社保制度改革和积极推进资本市场稳定发展的一个重要战略部署和一个关键环节;社保基金投资运营,一定要在制度上做出非常严格的规定。但是现在我们国家市场经济体制不是很完善,谋求比较高额的增值,就要冒很大的风险。社保资金要增值,应该多给它开辟一些投资渠道,但这个问题要逐步摸索,要持非常谨慎、慎重的态度。关于社保基金监管,就我国目前的实情来看,社保基金可以采取适度监管模式。所谓适度监管即为将严格限量监管和谨慎性监管有效地结合起来,通过对社保基金投资风险和收益相对运动所产生净效果的评价,在两者中寻找最佳的结合点,在积极维护市场秩序的基础上,充分调动社保基金各当事人的积极性,使监管适度有效而富有弹性。对社保基金进行监管,必须建立在科学理性判断的基础上,同时要遵循一定的原则。一般而言,社保基金监管的原则有:依法监管原则、独立监管原则、“内控”和“外控”相结合的原则、保值增值与风险防范原则、公正独立原则。

第五节　金融驱动下国家经济发展策略

系统地分析、跟踪宏观金融风险的产生与演化,识别风险性质与传导特征,并据此对风险进行有效的防范与控制,是宏观政策制定与实施的应有之义。基于本章针对中国宏观金融风险传导与监测的分析结论,以下从建立有效风险防范机制以维护宏观金融整体稳定的角度出发,提出完善宏观金融监管协调机制、建立宏观金融风险动态监测体系、构建宏观金融风险准备金体系和实施金融驱动经济结构转型升级等对策建议。

一、完善宏观金融监管协调机制

从前文的理论与实证分析结论可以看到,宏观经济体内部经济部门之间存在资产负债关联,形成了相互交织的网状结构,而且关联性随着经济金融活动的多样化而变得愈加复杂与强化,各经济部门之间的相互风险敞口不断加大,使中国宏观金融风险传递与扩散也具有明显的网络结构特征。宏观金融风险的网络化特征给中国宏观金融监管提出了新的要求,即监管应具有全局意识,在现有的监管框架内,完善不同监管部门之间的协调机制,提高沟通协调效率,逐步确立符合中国国情的综合监管模式,提高综合风险防控能力,以应对日益复杂的宏观经济金融运行中存在的不确定性。从现实情况来看,完善宏观金融监管协调机制可以主要从以下几个方面进行加强。

第一,加强宏观监管与微观监管之间的协调。宏观表现是微观活动的总体反映,在强调着眼于宏观层面监管的同时也应注重对于微观层面金融参与者与金融市场风险的监管,进而在宏观监管和微观监管之间找到一个相互补充的协作平衡点。① 宏观监管弥补微观监管对于系统性风险识别与防控的不足,微观监管为宏观监管提供风险分析判断依据,并作为有效宏观监管的基础。目前,对于中国的监管实际有两方面需要进一步完善。一是现有的分业监管架构日趋不适应当前金融集团化经营、混业经营和互联网金融创新等发展现实,从而产生了监管盲区以及应对跨行业的系统性风险隐患处置不及时等问题,因而需

① 2008 年金融危机之后,全球各主要经济体均开始对金融监管体系进行改革,宏观监管与微观监管协同是改革的主要方向之一。其中,英国的改革经验值得借鉴,其在英格兰银行下设金融政策委员会负责宏观审慎监管,同时设立审慎监管局,并单独设立金融行为局,二者共同负责微观审慎监管。

要建立有效的监管协调与合作机制，从宏观到微观形成维护金融稳定的合力；[①]二是中央与地方在金融风险防控与处置方面存在权责模糊等问题，而且不同区域之间的风险传导具有非对称性，需要进一步构建明确的中央宏观监管与地方微观监管相结合的分层式监管模式，提高区域金融监管的针对性和有效性，并促进不同区域之间的监管协调，有效防控区域金融风险的发生与扩散。

第二，加强监管政策与宏观经济政策之间的协调。监管的有效性需要有合适的宏观经济政策的配合。不恰当的宏观经济政策（如长期的宽松货币政策等）所导致的危机不是监管所能控制与阻止的。所以，在顶层制度设计时要有宏观思维，出台相关政策时需要考虑到政策之间的相互作用和叠加效应，加强监管政策与经济调控政策（如货币、财政、产业、外汇等政策）的协同配合。

第三，加强国内宏观监管与国际监管之间的协调。除了加强国内金融稳定，提升抵御风险能力外，还应加强与其他国家及国际组织之间的金融监管合作，增强跨境监管的协调性和有效性，合理进行风险分担，防范国际金融危机传导，平抑危机对国内的冲击效应。[②]

二、建立宏观金融风险动态监测体系

风险评估与监测是风险管理的基础，只有正确判断风险并有效捕捉风险的动态变化，才能及时采取风险防范与应对措施。正如前文中分析的，构建中国宏观金融风险监测体系，要能综合反映总体宏观金融稳定状况及内部结构性失衡风险状况，并以长期动态地追踪与监测宏观金融风险总体水平与结构分布，从而在此基础上对总体和结构风险进行及时准确的预警，为做好应急预案、采取针对性的防范与处置措施提供参考。因而，本文从经济金融运行环境、金融风险评估等方面建立以宏观资产负债表为基础的宏观金融风险监测体系，对国

① 在中国金融监管体制改革方面，国内学者进行了广泛地研究与探讨，并根据中国实情提出了较多建设性的建议。其中，巴曙松（2015）和卜永祥（2016）在借鉴国际金融监管改革经验的基础上，多角度分析各种方案对于中国的影响，认为对相应监管机构进行调整，构建以央行为主导的统一监管主体是最优选择，符合国家的监管与发展目标。

② 在跨境监管协调中，中国尤其需要注意与那些在全球金融体系中占有重要地位的国家和地区（如美国、日本、欧洲等）之间加强国际金融监管合作，因为该类地区的不稳定性极易通过全球市场的联动性扩散至其他相关国家。

家总体、经济部门、重点行业和重要区域进行跟踪监测和风险评估。同时,配套设计宏观金融风险预警机制,当风险水平接近或超过临界值时及时进行预警和处置。同时,关于风险监测与预警,从微观到宏观层面,有以下两方面内容仍需完善。一方面,通过微观监管与宏观监管的协同配合,建立及时的信息搜集、分析与处理机制,从而构建中国宏观金融风险监测数据库,利用“大数据”的思想和技术手段,实现自动化监测预警,实时跟踪经济金融各个层面的运行情况,并有效提示风险;另一方面,在动态监测数据库的基础上,建立“重要性节点”识别、监测与预警机制,从数据分析的结果中判别各层次宏观网络内的重要性机构、经济部门和经济区域,对其加强跟踪与监管,并在外部环境波动较大时,适时进行压力测试,做好应急处置预案。当前,中国面临企业部门和金融部门高杠杆化的问题,而在这种条件下,流动性风险容易引发区域性和系统性风险,因而通过“大数据”把握资金流动,分析其对于整体流动性的影响,在防范和化解风险中能够采取更有针对性的举措。

三、构建宏观金融风险准备金体系

宏观金融不稳定性反映在宏观资产负债表上为资产与负债的错配,这也是宏观金融风险积累与暴露的源头所在。宏观金融资产负债表的修复与优化应是风险防范与化解的重点工作之一。宏观金融风险准备金有助于针对性地修复宏观资产负债表,优化与重构宏观网络,进而形成良性的宏观金融风险疏散与分担机制,如此便可有效提升宏观金融体系对风险的抵御、吸收与化解能力,加强宏观金融稳定性,提高宏观金融风险管理水平和危机处理能力。金融风险的评价和监测是国家宏观调控和金融监管的基础,宏观金融风险准备金则是通过市场化手段管理宏观金融风险的制度安排。根据经济发展与风险管理的需要,从经济部门和区域两大层面,配合国家宏观经济政策与产业政策,建立与完善宏观金融风险准备金体系,既可以针对在风险监测过程中识别和预警的重点风险进行防控,又可以通过协调配置防范与处置宏观金融风险在部门间和区域间传导。然而,在宏观金融风险准备金政策实施的过程中,需要注意与其他宏观经济调控政策之间的灵活协调,而且作为应对国内外宏观金融风险爆发和作为弥补危机爆发带来损失的弥补机制,宏观金融风险准备制度的相关研究有必要得到更为深入和全面的研究。

四、金融驱动经济结构全面转型升级

宏观金融风险管理的目的是促进经济平稳发展，而宏观经济稳定是金融稳定的基础保障。中国当前存在企业部门债务杠杆率高企、金融部门资产质量下降以及东北地区金融风险突出等局部问题，而这些问题均由资源配置失衡所导致。金融的核心是资源的有效配置，对于国家层面而言，合理均衡配置资源显得至关重要，为防范风险在经济部门和经济区域间无序传递与扩散，需要从顶层设计层面制定合理的经济发展战略，均衡配置金融资源，满足实体经济发展需求。针对当前新常态下中国宏观金融风险特点，应确立金融支持下的经济发展战略，促进经济在产业和区域方面的结构性改革，从而增强宏观金融体系的安全稳健性，以应对内外部环境变化产生的不确定性，在控制宏观金融风险的前提下实现经济健康可持续发展。

第一，国家层面，应切实做好顶层设计，编制金融驱动下的国家经济发展战略规划，明确方向、目标和着力点。编制金融驱动下的国家经济发展战略规划，将金融推动国家经济发展上升至国家战略层面，并将金融创新项目细化、量化，充分发挥金融对经济的驱动作用。

第二，产业层面，创造性地利用各种金融手段（包括金融工具、金融工序、金融制度建设等）解决产业发展过程当中面临的各种问题（如资金需求、风险管理等），其核心是在控制产业金融风险的前提下实现产业价值增值，实现传统主导产业的转型升级和战略性新兴产业的快速发展。资源的不合理配置导致部分传统行业（如钢铁、电解铝和船舶制造等）产能严重过剩，而相关新兴产业发展支持力度相对不足，国家产业结构亟待调整。创新利用金融工具和金融制度建设等金融手段优化金融资源在不同产业和产业链环节的配置，以解决国家传统主导产业转型升级面临的资金“瓶颈”和风险管理等问题，并满足国家战略性新兴产业跨越式发展的资金需求。其一，引导金融机构开展金融创新，开发满足产业发展需求的金融产品和服务，为国家主导产业创新和战略性新兴产业发展提供有效资金支持；其二，深化多层次资本市场建设，规范发展区域金融要素市场（如区域性股权交易市场、产权交易市场、农村产权交易市场和大宗商品交易市场等),促进直接融资与间接融资有机结合,拓宽产业融资渠道;其三,建立有利于金融服务实体经济的配套机制,通过构建产业投融资平台和产业发展基金等方式,实现政府与市场的多方联动,并营造良好经营环境,鼓励担保、保险和租赁等产业金融服务业态的创新与发展。

第三,区域层面,通过金融结构调整和金融制度的变革,在控制区域金融风险的前提下,实现区域(县域、市域和省域)经济的稳步增长和区域间的协调发展。

金融的核心是资源的有效配置,体现在宏观层面,指的是稀缺资源如何流向最能产生价值的地方,即经过风险调整的资产收益最大化的地方。宏观金融工程建立在宏观金融经济学的基础上,通过金融工具与手段创新设计重新组合,以及金融结构调整和金融制度的变革来解决宏观经济与金融问题。确立金融支持下的经济发展战略是新常态的背景下宏观金融工程理论的具体应用。一方面,宏观金融工程理论通过编制区域、部门(公共部门、金融部门、企业部门和家户部门)和行业的存量宏观资产负债表和或有权益资产负债表度量与管理宏观金融风险;另一方面,宏观金融工程理论通过构建宏观经济资本管理体系实现金融资源的合理配置。从研究方法上看,宏观金融工程理论将微观金融工程中的无套利定价方法运用到宏观层面,并结合了经济学中的成本收益分析方法和计算机科学中的数据库技术。

产业金融工程和区域金融工程是宏观金融工程理论在产业和区域层面应用的具体体现,也是新常态背景下实现经济转型升级的两个重要着力点。产业金融工程是指创造性地利用各种金融手段(包括金融工具、金融工序、金融制度建设等)解决产业发展过程当中面临的各种问题(如资金需求、风险管理等),其核心是在控制产业金融风险的前提下实现产业价值增值。区域金融工程是通过金融工具与手段创新设计、重新组合,以及金融结构调整和金融制度的变革,在控制区域金融风险的前提下,实现区域(县域、市域和省域)经济的稳步增长和区域间的协调发展。

经济新常态背景下,运用宏观金融工程理论实现金融驱动下的经济发展战略,应主要从以下几个方面开展工作。

第一,编制金融驱动下的国家经济发展战略规划,实现金融支持经济发展的顶层设计。

运用宏观金融工程理论指导金融支持经济发展是一项系统工程，应切实做好顶层设计，明确方向、目标和着力点。编制金融驱动下的国家经济发展战略规划，将金融推动国家经济发展上升至国家战略层面，并将金融创新项目细化、量化，充分发挥金融对经济的驱动作用。首先要提高认识，从全局和战略的高度深刻领会金融支持经济转型发展的重要性和紧迫性；其次坚持金融领先战略，将金融作为推动产业和区域发展的核心驱动力，金融先行从而激活经济发展的要素；最后要加强组织领导，上下联动，明确任务分解，落实责任分工，完善沟通机制和考核激励机制。

第二，实施产业金融工程，实现传统主导产业的转型升级和战略性新兴产业的快速发展。

资源的不合理配置导致部分传统行业（如钢铁、电解铝和船舶制造等）产能严重过剩，而相关新兴产业发展支持力度相对不足，国家产业结构亟待调整。实施产业金融工程，创造性地利用金融工具和金融制度建设等金融手段优化金融资源在不同产业和产业链环节的配置，以解决国家传统主导产业转型升级面临的资金“瓶颈”和风险管理等问题，并满足国家战略性新兴产业跨越式发展的资金需求。其一，引导金融机构开展金融创新，开发满足产业发展需求的金融产品和服务，为国家主导产业创新和战略性新兴产业发展提供有效资金支持；其二，深化多层次资本市场建设，规范发展区域金融要素市场（如区域性股权交易市场、产权交易市场、农村产权交易市场和大宗商品交易市场等），促进直接融资与间接融资有机结合，拓宽产业融资渠道；其三，建立有利于金融服务实体经济的配套机制，通过构建产业投融资平台和产业发展基金等方式，实现政府与市场的多方联动，并营造良好经营环境，鼓励担保、保险和租赁等产业金融服务业态的创新与发展。

第三，实施区域金融工程，实现区域经济的稳步增长和区域间的协调发展。

区域经济作为中国经济发展的重要单元对整体经济的支撑起着重要的作用，而处理不同区域的发展关系也一直是国家区域发展战略的重点。国家实行区域发展政策（“西部大开发”、“振兴东北老工业基地”、“中部崛起”和“东部率先发展”等），地区板块之间经济发展不平衡状况得到了一定程度的改善，但仍然存在资源和要素空间配置效率低下等问题。实施区域金融工程，根据区域特色优势和发展潜力构建区域金融支持体系，结合要素流动的市场规律，通过宏观调控政策实现政策资源与金融资源在区域内部和区域之间的综合配置。一方面，以新型城镇化建设为契机，完善社会投融资机制和农村金融服务体系，推进中西部地区产业城镇化、空间城镇化和人口城镇化，提高其经济承载能力，培育新的经济增长点；另一方面，把握“一带一路”、“京津冀”和“长江经济带”等发展战略机遇，在明确区域资源禀赋、发展条件和分工定位的基础上，从地区板块角度出发建设国家区域性特色金融中心体系，并形成由上至下的区域金融服务分配格局。

第四，建立宏观金融风险监测体系和稳定基金体系，实现宏观金融风险的可测与可控。

金融支持经济发展务必要考虑金融风险的问题，必须在保证不发生区域性、系统性金融风险的前提下，实施国家经济发展战略规划。金融风险的评价和监测是国家宏观调控和金融监管的基础，金融稳定基金则是通过市场化手段管理宏观金融风险的制度安排。从金融风险环境监测、金融风险评价和金融风险预警三个方面建立以资产负债表为核心的宏观金融风险监测体系，对总体、经济部门、重点行业和重要区域进行跟踪监测和风险评估。同时，根据经济发展与风险管理的需要，从经济部门和区域两大层面，配合国家宏观经济政策与产业政策，建立与完善宏观金融风险稳定基金体系，进一步加强宏观金融稳定性，提高宏观金融风险管理水平和危机处理能力。

参考文献

[1]刘敏:《县域金融风险与经济发展研究》,《武汉大学博士论文》2014年。

[2]张培:《金融危机传导的理论和实证研究——基于宏观资产负债表的视角》,《武汉大学学报》2015年5月。

[3]姜欣欣:《运用金融工程理论实现宏观风险的有效防控》,《金融时报》2014年第3期。

[4]林忠华:《国家和政府资产负债表研究》,《科学发展》2014年第4期。

[5]彭兴韵:《金融稳定基金犹抱琵琶半遮面》,《资本市场》2005年。

[6]陈秋玲、薛玉春、肖璐:《金融风险预警:评价指标、预警机制与实证研究》,《上海大学学报(社会科学版)》2009年。

[7]彭兴韵:《金融稳定基金犹抱琵琶半遮面》,《资本市场》2005年。

[8]郝会会:《开放经济条件下金融危机预警指标体系研究》,《市场周刊(理论研究)》2005年。

[9]叶永刚、刘宇奇:《以金融工程驱动湖北经济跨越发展》,《政策》2014年第11期。

[10]姜欣欣:《运用金融工程理论实现宏观风险的有效防控》,《金融时报》2014年第3期。

[11]叶永刚、刘春霞:《我国非金融企业部门信用风险评估:基于宏观金融工程分析框架》,《武汉大学学报(哲学社会科学版)》2008年5月。

图书在版编目（CIP）数据

区域金融工程／叶永刚等著. —北京：人民出版社，2017.11
ISBN 978－7－01－018489－0

Ⅰ.①区… Ⅱ.①叶… Ⅲ.①区域金融—经济发展—研究—中国 Ⅳ.①F832.7

中国版本图书馆 CIP 数据核字（2017）第 267130 号

区域金融工程

QUYU JINRONG GONGCHENG

叶永刚　张　培　宋凌峰　等 著

责任编辑：巴能强　张肖旸
封面设计：常　帅
出版发行：人　民　出　版　社
地　　址：北京市东城区隆福寺街 99 号
邮　　编：100706
邮购电话：（010）65250042　65258589
印　　刷：环球东方（北京）印务有限公司
经　　销：新华书店
版　　次：2017 年 11 月第 1 版　2017 年 11 月北京第 1 次印刷
开　　本：710 毫米×1000 毫米　1/16
印　　张：21
字　　数：350 千字
书　　号：ISBN 978－7－01－018489－0
定　　价：56.00 元